河南省普通高中教育发展报告(2023)

河南省普通高中发展研究中心　编

河南大学出版社
HENAN UNIVERSITY PRESS
·郑州·

图书在版编目(CIP)数据

河南省普通高中教育发展报告. 2023 / 河南省普通高中发展研究中心编. -- 郑州 : 河南大学出版社, 2025. 2. -- ISBN 978-7-5649-6251-7

Ⅰ. G639.286.1

中国国家版本馆 CIP 数据核字第 2025ZX1895 号

责任编辑 赵海霞 杨光辉

责任校对 张玉梅

封面设计 马 龙

出 版 河南大学出版社

地址:郑州市郑东新区商务外环中华大厦 2401 号 邮编:450046

电话:0371-86059701(营销部) 网址:hupress.henu.edu.cn

排 版 河南大学出版社设计排版中心

印 刷 河南印之星印务有限公司

版 次 2025 年 2 月第 1 版 **印 次** 2025 年 2 月第 1 次印刷

开 本 710 mm×1010 mm 1/16 **印 张** 16.25

字 数 282 千字 **定 价** 79.00 元

(本书如有印装质量问题,请与河南大学出版社营销部联系调换。)

编 委 会

主　编：蔡建东

副主编：肖　磊

编　委：王洪席　王海凤　兰国帅　苏　鑫
张红霞　陈元元　陈雪强　夏淑玉
徐　彬　罗子超　杨雨彤

目　　录

总报告

一、河南省普通高中教育发展的历史回溯

河南省普通高中教育的独立，可追溯至1922年“壬戌学制”的颁行。“壬戌学制”颁行后，我国教育体制进行了重大调整，高中教育从中等教育中独立出来，成为一个独立的学段。在河南省，这一学制变革同样得到了贯彻和执行，河南省高中教育的发展历程，也紧随这一国家教育制度的变革而展开。中华人民共和国成立后至今，河南省普通高中教育的发展经历了重点中学制度实施阶段、示范转型阶段、普及和多样化发展阶段三个关键时期：新中国成立后至1993年，随着国家对教育事业的重视，河南省的高中教育在恢复和重建中逐步发展，重点中学制度开始实施，一些学校被确定为省级或市级重点中学，河南省普通高中教育的规模和质量都得到一定程度的提升；进入20世纪90年代之后，随着国家和河南省政府相继出台了一系列政策措施，河南省的普通高中教育进入了一个相对稳定和快速发展的时期，整体规模相对稳定；2010年代末，为提供更加公平优质的高中阶段教育，满足适龄青少年接受高中阶段教育的需求，河南省教育厅等四部门发布了《河南省高中阶段教育普及攻坚计划（2017—2020年）》，提出2020年“全省普及高中阶段教育”的目标。同年，河南省公布了30所首批普通高中多样化发展示范校，标志着河南省普通高中教育进入普及和多样化发展阶段。

（一）探索期：重点中学制度实施阶段（1949—1993）

1949年10月1日，中华人民共和国成立，揭开了中国历史的新纪元和中国教育的新篇章，河南教育的历史也由此翻开了崭新的一页。在1949—1977年，河南

省的普通高中教育经历了在改革、发展和提高中前进的曲折之路。新中国成立初期,政府基于教育事业发展的需要,再三指明中学教育的重要性,并号召全社会都要重视和关注中学教育。在中央政策的支持引导之下,河南省普通高中教育事业蓬勃发展。

1951 年 10 月,中央人民政府政务院颁布了《关于改革学制的决定》,奠定了新中国学制的基础。该学制在“中等教育”一目指出,中学的修业年限为 6 年,分初、高两级,修业年限各为 3 年。1953 年 5 月,毛泽东在中共中央政治局会议讨论教育工作中提出“要办重点中学”。同年 5 月 26 日,为逐步提高中学教育质量,教育部要求在全国积极充实和重点办好高级中学和完全中学。这是新中国成立以来“重点中学制度”首次见诸国家公文之中。同年 6 月,在北京召开的第二次全国教育工作会议提出并讨论了《关于有重点地办好一些中学与师范学校的意见》,对各地应当重点办好的中学数量提出了具体要求,其中河南有 5 所。1962 年 12 月,教育部颁发《关于有重点地办好一批全日制中、小学的通知》,要求各省、市、自治区选定若干所中学,基础好的地区可以多一些,基础差的地区可以少一些。总的原则是数目不宜过多,以便集中力量,尽快地把这批学校办好,然后视可能条件再分期分批地扩大这批中小学校的数量。①

就河南省而言,新中国成立后,在国家政策的扶持下,为集中资源提升部分中学的教育质量,河南省于 1953 年开始实施重点中学制度,1963 年,河南省进行了重点高(完)中“小宝塔”规划,进一步强化了重点中学的建设。河南省的重点中学迎来了新中国成立以来的第一次发展高潮,学校数量和办学条件都得到了快速提高。与 1953 年相比,虽然受到教育“大跃进”的影响,1963 年河南省的重点中学占公办中学总数的百分比有所下降,但重点中学的数量却有所增加。

1966 年春夏之交,“文化大革命”的风暴席卷而来,迅速将教育界带入动乱的旋涡。各级教育组织全线瘫痪,各类教育活动全面停顿。这一时期,以提高教育质量与效益为出发点的重点学校制度,被部分人士认为是面向少数特权阶层和培养贵族精神的制度,在“文化大革命”时期被彻底废除。

---

① 杨希文,袁素瑛,吕宏艳.西部开发与陕西基础教育发展战略研究[M].西安:西安地图出版社,2009:119.

“文化大革命”之后,邓小平亲自主持教育工作。1978 年,党的十一届三中全会召开,决定把全党的工作重心和全国人民的注意力转移到社会主义现代化建设上来。党和国家针对普通高中教育事业的实际需要,制定了一系列行之有效的政策和措施,我国普通高中教育事业蓬勃发展,呈现出了前所未有的良好局面,各级各类学校加快发展速度,扩大发展规模,提高教育质量。就普通高中而言,党的十一届三中全会召开之后,尤其是我国提出普及九年义务教育之后,普通高中与初中相对分离,自是而后,“普通高中教育”成为一个相对独立并为社会广泛关注的教育类型和学段。

对于重点学校制度,邓小平在一次会议上指出:“办教育要两条腿走路,既注意普及,又注意提高。要办重点小学、重点中学、重点大学。要经过严格考试,把最优秀的人集中在重点中学和大学。”根据国家领导人的指示精神,1978 年 1 月 11 日,经国务院批准,教育部颁发了《关于办好一批重点中小学的试行方案》(以下简称《方案》),由此,重点学校制度再度恢复。《方案》指出,真正搞好无产阶级教育革命,中小学教育是基础,要切实办好一批重点中小学,以提高中小学的教育质量,总结经验,推动整个中小学教育工作的深入发展。1978 年 4 月,全国教育工作会议召开,提出新时期教育战线的新任务,要求全面贯彻党的教育方针,提高教育质量。为此,教育部组织开展制订和修订中学教学计划,编写中学各科教学大纲和教科书,修订和重新颁发《全日制中学暂行工作条例(草案)》。其中最为突出的是,当时国家再次提出,集中力量办好重点中学。1980 年 7 月,教育部召开了“全国重点中学工作会议”,在交流和总结的基础上,会议明确了对重点中学的如下要求:模范地贯彻执行全面发展的方针;按照教育规律办事;培养的学生质量高。同时,国家还强调要正确处理重点中学与一般学校之间的关系,要努力做到确保重点、兼顾一般。1980 年 10 月,教育部印发了《关于分期分批办好重点中学的决定》,要求各地实施。1983 年 8 月,教育部重申了办好重点中学的必要性,下发了《关于进一步提高普通中学教育质量的几点意见》,提出重点中学应成为模范地贯彻党的教育方针,教育质量较高,具有示范性、实验性的学校。重点中学应逐步成为本地区中学开展教育、教学研究活动的中心。

在上述政策的推动下,河南省重点高中快速发展。1981 年,河南省确定了 20 所学校为首批办好的重点中学,这些学校成为当时河南省高中教育的标杆,亦是当时河南省普通高中教育的领头羊。实际上,河南省普通高中教育发展很快,1977年,河南省在校生曾达到127万人,参加高考的人数有70多万人。1983年,河南省高等学校的录取分数线较其他一般省、市偏高。以理工农医类为例,仅次于浙江、湖南、湖北和江苏,居全国第五位。高校录取分数线较高,一方面说明河南报考人数多,录取人数少,分数线也相应提高;另一方面也说明河南省普通高中教育的质量在逐步提高。全国高等学校录取人数占报考人数的23.4%,河南仅占8.8%。高中毕业生升入高等学校的人数少,这是全国普遍存在的一个老问题,但这一问题在河南省尤为突出。河南省教育厅为了解决这一问题,在普通高中教育方面采取了举措,即大力压缩普通高中,改办农业、职业中学。1983年,河南省普通高中的在校学生已压缩到47.8万人,再加上实行三年制,每年毕业的高中生只有十五六万人。① 1985年,河南省根据《中共中央关于教育体制改革的决定》精神,提出了"调整中等教育机构,大力发展职业技术教育……有计划地将一批普通高中改为职业高中"的政策,使大部分地区各类高中阶段的职业技术学校招生数相当于普通高中的招生数。这一时期,河南省普通高中的数量有所减少,但重点高中的地位更加稳固。

(二)发展期:适度发展与示范转型阶段(1994—2009)

为贯彻落实1993年中共中央、国务院印发《中国教育改革和发展纲要》的要求,1994年7月,国务院印发了《关于中国教育改革和发展纲要的实施意见》,针对"大城市市区和有条件的沿海经济发展程度较高地区要在普及九年义务教育的基础上,积极普及高中阶段教育(包括普通高中和高中阶段的职业教育)"这一发展目标,提出到2000年"全国重点建设1000所左右实验性、示范性高中"的具体目标。原国家教育委员会副主任柳斌在《人民教育》发表的《基础教育要更好地为建设社会主义市场经济体制做贡献》一文中指出:

高中阶段从未讲不办重点。不但要办,而且要办好一批重点。目前也不设想每个县办好一所重点高中,有的县还没有这能力。到本世纪末,能不能办好一千所

① 河南省地方史志编纂委员会《河南年鉴》编辑部.河南年鉴1984[M].《河南年鉴》编辑部,1984:425.

重点高中，平均两县一所，要求在办学条件标准化的基础上还要实现教育的现代化，要有示范性、实验性，要为高校输送一大批合格的新生。①

由此，重点高中逐渐向示范性高中发展。1995 年，在“两基”攻坚背景下，原国家教委颁布了《关于大力办好普通高级中学的若干意见》，该文件提出“适度发展普通高中事业规模”，河南省普通高中教育进入“适度”发展期，整体规模相对比较稳定。

从此以后，河南省依据自身经济社会发展实际，陆续开展了提升办学水平和人才培养质量的普通高中建设。1997 年，河南全省普通高中教育事业在中等教育结构调整中继续得到发展，全省普通高中在宏观控制规模的同时，走上内涵发展的道路。这一年，通过调整布局，普通高中校数基本稳定并略有增加，规模效益明显提高。普通高中学校数为 645 所，比上年增加 10 所；在校生为 46.7 万人，比上年有所增加；校均规模 724 人，高于全国平均数。② 按照国家教委要求，为使会考命题对教学更具指导性、导向性，1997 年，河南省进一步加强对高中毕业会考工作的指导和管理，进一步完善会考考试。同年 10 月 16 日，省教委下发通知，规定从 1998 年开始，河南省高中毕业会考英语试卷，包括笔试和听力测试两部分，总分 100 分，其中笔试为 80 分，听力为 20 分，为全省会考成绩实行等级制度做了大量的准备工作。此时，河南省教委组织了第五届全国物理实验班考试（河南考区），全省 30 名考生中，有 7 名被北大附中、清华附中和上海师大附中录取。

1998 年 3 月 3 日，河南省教委下发《关于普通高中毕业会考报告成绩实行等级制度的通知》，决定从 1997 级起，普通高中毕业会考报告成绩实行等级制度，会考成绩分为“优秀”“良好”“及格”“不及格”四个等级。对因故未能参加当年会考的学生，补考成绩可按“优秀”“良好”“及格”“不及格”四个等级报告，对参加当年会考未达到“及格”标准的学生，补考成绩只按“合格”或“不合格”两个等级报告。同时，充分运用会考成绩指导高中教学工作，推动全省普通高中建立科学的评价体系，全面实施素质教育。1998 年 6 月 5 日，省教委制发了《河南省民办普通高中基本设置标准》，批准河南省科明外国语学校、开封清华中学、通许县杨坤中学、商丘

① 柳斌.基础教育要更好地为建设社会主义市场经济体制做贡献[J].人民教育，1994(02)：11-13.

② 河南省教育史志年鉴编纂委员会.河南教育年鉴 1998[M].郑州：大象出版社，1998：134.

师专外国语中学、商丘经昌中学、商丘立博学校、永城光明高中、虞城县春来高中、周口育才中学、许昌市私立华英高中、新乡县新河高中、鲁山县同仁高中 12 所民办高中从 1998 年秋季开始招生。

2001 年,河南省颁布《河南省人民政府贯彻〈国务院关于基础教育改革与发展的决定〉的实施意见》,提出“大力发展高中阶段教育”“逐步普及高中阶段教育”“启动示范性普通高中建设工程”,标志着河南省普通高中教育进入快速发展期,并开始进入示范转型期。至 2004 年,河南省加强了普通高中的建设工作。同年,河南省教育厅通过综合考评,确定了 57 所普通高中为首批省级示范性普通高中,省辖市也同时开展了市级示范高中的认定工作,此举对于普通高中建设规范化起到重要作用。2004 年 5 月,省教育厅印发《关于进一步加强和改进普通高中毕业会考工作的意见(试行)》,强化了会考的评价功能,将会考结果作为各级教育行政部门和督导部门检查评估学校办学水平和指导学校教育教学的重要依据,这个意见对普通高中完善评价体系起到重要作用。这一年,河南省普通高中学校总数略有提高,高中分校纷纷兴起,招生人数迅猛增加:2004 年河南省普通高中学校总数为 909 所,比 2003 年的 809 所,增加 100 所。2004 年 7 月,省教育厅审批了 87 所普通高中“国有民办”“公办民助”的分校,扩大了优质教育资源。2003 年,河南省普通高中的入学人数为 537749 人,2004 年,普通高中的入学人数为 613250 人,增加了 14 个百分点。同年,河南普通高中的入学率,大约是适龄人口的 25%,与 2003 年的22.6%相比,略有提高。①

在师资队伍建设方面,河南省发展很快,男女教师比例相对协调。2004 年,河南省普通高中教师的学历提升很快,尤其是本科及其以上学历。本科学历的专任教师,由 2003 年的 51719 人增加至 2004 年的 60155 人,增长了 16.3 个百分点;研究生学历的专任教师,由 2003 年的 971 人增加至 2004 年的 1167 人,增长了 20.2 个百分点。这一年,河南省普通高中本科学历及以上的专任教师占到总人数的 80.7%。另外,男女教师比例比较协调,女教师在教师总体人数中约占 40%,同时在各个学历层次,女教师都占到了相对合理的比例。在教育教学设施方面,河南省

① 河南省教育科学研究所.2005 河南教育发展研究报告[M].郑州:河南人民出版社,2006:54.

有了很大改善。2004年,河南省普通高中体育运动场面积达标学校在全省的普及率为71.5%,体育器械配备为72.5%,音乐器材配备为60.9%,美术器材配备为62.8%,理科实验仪器为73.7%。但是,建立校园网达标学校在全省的普及率仅为38.2%。这些器材配备,主要集中在城市,农村地区很少,一方面是因为经济所限,另一方面也是由于音乐、体育、美术等科目在农村普遍不受重视,导致素质教育开展不足。

从2005年秋季开始,河南省取消省、市重点高中称号,不许设重点班、快慢班,不得以重点学校名义高收费,严禁公布学生考试排名,改称“示范性普通高中”。建设示范性普通高中的目的,是以此带动高中整体教育质量,提高素质教育。与老的重点高中认定方法不同,新的示范性高中,必须经过专家全面评估才能命名,评估包括对学校办学方向、办学实力、学科建设、实地考察及校长答辩等内容。同年2月,河南省教育厅公布首批河南省示范性普通高中的名单,希望各地要总结此次创建首批河南省示范性普通高中的经验,研究制定做好市级示范性普通高中创建工作的思路和具体措施,并以此为契机,进一步加强领导,加大投入,加快普通高中发展和改革的步伐,不断扩大优质普通高中资源,为办好人民满意的基础教育打下坚实的基础。这次公布的57所省级示范性普通高中,是全省优质高中的典型代表,省教育厅要求这些学校进一步端正办学方向,以科学的发展观为指导,坚持以人为本,全面贯彻党的教育方针,大力推进教育创新,不断提高教育教学质量和办学效益,使之在办学理念、学校管理尤其是在实施素质教育方面发挥示范和辐射作用,以此带动并提升河南省普通高中整体办学水平,为提高全省人民素质、实施科教兴豫战略和实现中原崛起做出更大的贡献。

表1　首批河南省示范性普通高中一览表(57所)

所在市	学校
郑州市	郑州市第一中学、郑州市外国语学校、郑州市第四中学、郑州市第七中学、郑州市第十一中学、巩义市第二中学、郑州铁路第一中学
开封市	开封市高级中学
洛阳市	洛阳市第一高级中学、偃师市高级中学、孟津县第一高级中学、洛阳轴承集团有限公司第一中学、中国一拖集团有限公司高级中学
平顶山市	平顶山市第一中学、平顶山市第一高级中学

续表

所在市	学校
安阳市	安阳市第一中学、安阳市实验中学、林州市第一中学、汤阴县第一中学
鹤壁市	鹤壁市高级中学
新乡市	新乡市第一中学、辉县市第一中学、卫辉市第一中学、长垣县第一中学
焦作市	焦作市第一中学、温县第一高级中学、沁阳市第一中学
濮阳市	濮阳市第一高级中学、中原油田第一中学
许昌市	许昌市高级中学、襄城县高级中学
漯河市	漯河市高级中学、临颍县第一高级中学
三门峡市	三门峡市第一高级中学、灵宝市第一高级中学
南阳市	南阳市第一中学、桐柏县实验高级中学、内乡县高级中学、西峡县第一高级中学
商丘市	商丘市第一高级中学、睢县高级中学、虞城县高级中学、夏邑县高级中学
信阳市	信阳市高级中学、固始县高级中学、光山县第二高级中学
周口市	周口市第一高级中学、扶沟县高级中学、淮阳中学、项城市第一高级中学
驻马店市	驻马店市高级中学、上蔡县第一高级中学、遂平县第一高级中学
济源市	济源市第一中学
直属	河南省实验中学、河南大学附属中学、河南师范大学附属中学

2005 年,河南省首批 57 所示范性高中确定后,比原来全省 24 所重点高中新增近 7 万个优质教育学位,加上已有的 63 所市级示范性普通高中提供的近 13 万个优质教育学位,全省总的优质教育学位达到约 24 万个,占招生计划的 40%。示范性普通高中招收择校生,按考生志愿从高分到低分依次择优录取、一次录满,数量不得超过学校当年实际招生总数的 30%。在收费标准上,执行原河南省、市重点高中择校生的收费标准,严禁向择校生收取赞助费、建校费等。

此次评定的 57 所示范性普通高中,并不具备永久性。河南省为这些学校立下了 11 条新规,如果出现拖欠教师工资、强迫学生集体补课、下达高考升学指标并以完成指标情况奖罚教师、举办重点班及快慢班、公布学生考试排名并以此奖罚教师学生、违反政策规定乱收费、在职教师进行有偿家教等问题,违反其中任何一条,学校都有可能被“摘牌”。按照河南省出台的示范性中学新规,在规范办学方面,有一系列严格要求。这些学校不准开设重点班,不得分快慢班,严禁校内举办高考复读班;举办试验班、特色班必须经省教育厅批准;严格执行转学、休学、留级、退学、借读等制度,不得随意劝退或开除学生,不得办理以变换就读年级为目的的转学。此外,河南省还要求,示范性高中在进行办学体制改革试验时,必须按照有关规定严格履行审批程序;所办分校须坚持独立的法人、独立的校园、独立的校舍、独立的财务和人事管理、独立进行教育教学,严禁"一校两制"。推进教育教学手段与方式方法改革,积极组织教师运用现代教育技术进行教育教学,提高课堂教育教学效果。之后,这些"排头兵"中学,除了要接受更为严格的管理、提高办学水平外,还要肩负起支援一至两所薄弱高中共同发展的责任。与一至两所薄弱高中建立对口支援关系,在办学理念、学校管理、教师培训、教学研究、课程资源等方面提供支持,帮助其提高办学水平和教育质量。考虑到示范性普通高中建设的需要,根据《河南省教育厅关于普通高中教育改革与发展的意见》(豫教基〔2003〕34 号),2008 年,河南省出台了《河南省示范性普通高中的基本要求和评估办法(试行)》。对初审合格的学校,河南省教育厅安排专家组对其进行正式评估。专家组按照"评估办法"及"评估细则",通过听汇报、听课、召开座谈会、问卷调查、实地考察学校设施设备等方式,对学校进行全面评估,根据评估细则逐项打分,同时对当地高中教育发展情况等进行全面考察,得出综合评估结论,写出评估报告。评估结束后,专家组向省教育厅常务会议提交评估报告,汇报评估工作情况和结论性意见,经讨论通过的学校,由省教育厅授予"河南省示范性普通高中"称号,并给予适当奖励。

根据相关数据,1998—2007 年的 10 年间,河南全省普通高中教育事业得到了迅速发展和大幅提升,高中教育的规模与质量有了明显扩张与上升:一是河南省普通高中事业规模倍速提升,普高学校数由 1998 年的 643 所发展至 2007 年的 920 所,净增 277 所,增幅为 43.08%(见图 1)①;二是河南省高中阶段毛入学率实现了质的飞跃,由 1998 年的 34.04%发展至 2007 年的 67.7%,基本实现了快速提升,普高与职高的招生比例,也由 1998 年的 1∶2.03 调整至 2007 年的 1∶0.93;三是河南省普通高中在校生规模进一步扩张,在校生总数由 1998 年的51.13万人上升至 2007 年的 212.63 万人。

① 中国普通高中教育发展战略研究课题组.中国普通高中教育发展战略研究[M].北京:教育科学出版社,2011:235.

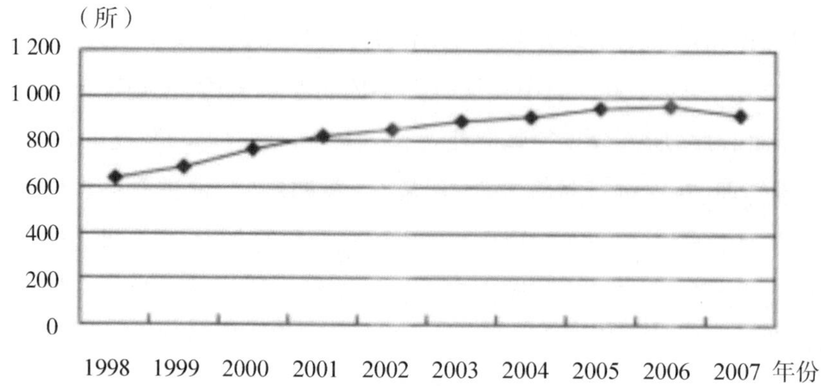

图 1　河南省 1998—2007 年间普通高中学校数一览

资料来源:"中国普通高中教育发展战略研究"课题组.中国普通高中教育发展战略研究[M].北京:教育科学出版社,2011:235.

(三)深化改革期:普及和多样化发展阶段(2010 年至今)

2010 年,《国家中长期教育改革和发展规划纲要(2010—2020 年)》(以下简称《教育规划纲要》)鲜明地提出了"高中阶段教育是学生个性形成、自主发展的关键时期,对提高国民素质和培养创新人才具有特殊意义""鼓励普通高中办出特色"。《教育规划纲要》从国家战略层面,提出推动高中多样化发展目标。普通高中多样化,是指普通高中教育的提供方式与管理方式、人才培养的类型定位与实现方式的多样化,主要包括办学体制多样化、办学模式多样化、人才培养模式多样化、办学特色多样化等四个方面的内容。

为探究普通高中多样化发展模式,大力推动普通高中内涵式发展,河南省于 2013 年开展了普通高中多样化发展试点工作。在发展路径选择上,确定了综合创新高中、学科特色高中、普职融通高中、国际特色高中四种类型,并对各种类型的发展定位进行了初步界定。同年 6 月,首批确定了四大类 58 所"河南省普通高中多样化发展试点学校",其中,综合创新高中 33 所、学科特色高中 18 所、普职融通高中 6 所、国际特色高中 1 所。河南省教育厅对试点工作高度重视,自 2014 年起,每年从有限的普通高中发展引导资金中,拿出近 1200 万元支持开展试点工作,同时成立河南省普通高中多样化发展试点工作专家指导组,为普通高中多样化发展试点学校提供咨询服务、理论指导和专业支持。

据统计，到 2011 年，河南省有普通高中 792 所，在校生 189.5 万人，高中阶段毛入学率达到 90%，基本满足了人们接受普通高中教育的需求。① 2013 年，河南省有 144.5016 万名初中应届毕业生离校。2013 年，河南省普通高中的招生计划数为 62 万，这意味着全省 42.9%的初中应届毕业生有机会进入高中继续读书。同年，河南省全省 30 个市、县中职和普通高中计划招生 125 万人。初中毕业生中，将有86.5%的人可以通过上中职或者高中继续学习深造。其中，本地户籍学生接受中等职业教育（以下简称中职）招生计划 63 万人，普通高中招生计划 62 万人。② 截至 2015 年，河南省共有普通高中 770 所，在校生 194.31 万人，占全国普通高中在校生总数的 8%，高中阶段教育毛入学率达到 90.3%以上。③

根据河南省普通高中多样化发展试点工作安排，按照《河南省教育厅关于开展首批河南省普通高中多样化发展试点学校终期评估工作的通知》（教基二〔2017〕134 号）要求，经综合考评，确定郑州市第一中学等 30 所试点学校，作为首批河南省普通高中多样化发展示范校。

表 2　首批河南省普通高中多样化发展示范校一览表

序号	学校	特色类型
1	郑州市第一中学	综合创新类
2	郑州外国语学校	综合创新类
3	南阳市第一中学校	综合创新类
4	西峡县第一高级中学	综合创新类
5	河南师范大学附属中学	综合创新类
6	新乡市第一中学	综合创新类
7	郸城县第一高级中学	综合创新类
8	许昌高中	综合创新类

① 韩俊杰.河南：3—5 年基本消除“大班额”现象［N］.中国青年报，2012-08-06(03).

② 河南省教育厅.我省普通高中将招生 62 万名［EB/OL］.（2013-04-22）［2023-12-31］. https://jyt.henan.gov.cn/2013/04-22/1623668.html.

③ 河南省教育厅.河南要建立完善普通高中教育经费保障机制［EB/OL］.（2016-09-29）［2023-12-31］.https://jyt.henan.gov.cn/2016/09-29/1624586.html.

续表

序号	学校	特色类型
9	河南大学附属中学	综合创新类
10	安阳市第一中学	综合创新类
11	河南省实验中学	综合创新类
12	开封高级中学	综合创新类
13	济源第一中学	综合创新类
14	汝州市第一高级中学	综合创新类
15	焦作市第一中学	综合创新类
16	鹤壁市高中	综合创新类
17	平顶山市第一中学	综合创新类
18	信阳高级中学	综合创新类
19	驻马店高级中学	综合创新类
20	栾川县第一高级中学	综合创新类
21	漯河市高级中学	综合创新类
22	郑州市第九中学	学科特色类
23	郑州市第二中学	学科特色类
24	三门峡市外国语高级中学	学科特色类
25	郑州市第一〇六中学	学科特色类
26	焦作市第十二中学	学科特色类
27	濮阳市油田艺术中学	学科特色类
28	郑州市第十中学	普职融通类
29	商丘市第三高级中学	普职融通类
30	郑州市第四十七中学	国际特色类

河南省普通高中多样化发展示范校建设，是创新人才培养模式、深化高中育人关键环节和重点领域改革、破解河南省普通高中“同质化”发展难题、促进高中办学质量提升的重要工作举措和抓手。河南省教育厅要求各地教育局为河南省普通高中多样化发展示范校做好政策、条件保障和智力支持，在经费拨付、招生批次设置、课题研究等方面给予适当倾斜。

自首批河南省普通高中多样化发展示范校名单公布后，河南省教育厅要求各示范校进一步完善学校多样化发展方案,积极践行科学育人观念,围绕学校特色发展类型,依托学科基地建设,打造特色课程资源、构建特色课程体系;要主动与高校、企业、社区、教研等部门合作,进一步深化课堂教学改革,创新学生培养方式,促进学生全面而有个性的发展;要切实发挥好示范引领作用,积极开展相关课题研究,总结多样化办学经验,每年要组织一次特色发展交流活动;要对口帮扶薄弱县域高中,开展校长、教师挂职交流和跟岗学习活动,带动薄弱县域高中发展提升。

普通高中多样化发展示范校采取省、市、县三级管理共建机制,坚持省级统筹,落实市县主体责任。省教育厅指出,第二批河南省普通高中多样化发展示范校将从市级示范校中推荐,同时至少要有一个和学校特色相关的省级学科基地。河南省教育厅对河南省普通高中多样化发展示范校采取动态管理机制,实行每年一次过程性考核和3年综合性考核相结合的考核制度,考核不合格的取消资格,及时予以调整。河南省教育厅对评估不合格的学校给予一年的整改创建期,并将于一年后对整改单位进行复评,复评通过的授予河南省普通高中多样化发展示范校称号。

2019年6月,国务院办公厅公布《关于新时代推进普通高中育人方式改革的指导意见》(国办发〔2019〕29号),从办好普通高中教育、巩固义务教育普及成果、增强高等教育发展后劲、进一步提高国民整体素质出发,对今后一段时期普通高中教育改革作出部署,提出了一些意见。这是国家围绕普通高中改革发展问题,继普及高中阶段教育、推进普通高中教育和中等职业教育协调发展、推进普通高中多样化有特色发展三个方面政策后,出台的第四个基本政策。为贯彻落实国务院办公厅《关于新时代推进普通高中育人方式改革的指导意见》,深化河南省普通高中教育教学改革,全面提高普通高中教育质量,2020年,河南省人民政府办公厅发布《关于新时代推进普通高中育人方式改革的实施意见》。

2023年,为贯彻落实河南省人民政府办公厅《关于新时代推进普通高中育人方式改革的实施意见》等文件精神,统筹推进普通高中新课程改革和高考综合改革,深化考试制度改革,全面提升普通高中办学品质和育人水平,推动全省普通高中学校多样化发展,河南省教育厅印发《关于进一步推进普通高中多样化发展相关工作的通知》。《通知》指出,工作目标在于:“十四五”时期,全省力争建设100所涵盖科技、人文、外语、艺体、综合高中等领域,具有成熟的特色育人体系、稳定鲜明的办学风格、较高办学品质的普通高中多样化发展省级示范校。通过特色办学撬动学校发展方式和育人模式转型,实现普通高中教育从分层教育逐步向分类教育发展,形成全省普通高中多样化发展新格局,为学生提供更加优质、可选择的普通高中教育,促进学生全面而有个性地发展。

《通知》明确各地各校要转变育人方式,坚持德智体美劳“五育”并举,切实改变“唯分数”的育人导向,培养学生体育兴趣和运动习惯,使其掌握1—3项体育技能;学校要加强校外教育资源利用,与高校、企业、社区等深度合作,拓展课程的广度与深度;深入实施中学生“英才计划”,选拔一批品学兼优、学有余力的中学生走进大学,激发科学兴趣,提高创新能力,树立科学志向,丰富学生发展实践场所,构建普通高中与高等学校、教科研机构协同育人机制,探索创新性人才培养新模式;建立普通高中教育质量评估体系,定期对全省普通高中办学质量进行评估,发布普通高中教育发展报告;开展对口帮扶工作,建立普通高中多样化发展省级示范校与薄弱县域普通高中长效合作机制,提升县域普通高中办学水平。

与之同时,为贯彻落实党的二十大精神、推动全省普通高中学校多样化发展,按照河南省教育厅《关于进一步推进普通高中多样化发展相关工作的通知》(教办基〔2023〕118号)等文件要求,省教育厅组织专家对2017年认定的30所首批河南省普通高中多样化发展示范校按照科技、人文、外语、艺体、综合高中5种多样化发展类型进行转设评估,郑州外国语学校等22所高中评估合格,予以转设;其余8所高中评估不合格,需进一步整改。同年5月,河南省教育厅办公室公布新一轮河南省普通高中多样化发展示范校名单。现将22所新一轮河南省普通高中多样化发展示范校名单列示如下:

表3　2023年新一轮河南省普通高中多样化发展示范校名单

序号	学校	特色类型
1	郑州外国语学校	外语特色
2	河南省实验中学	科技特色
3	郑州市第一中学	科技特色
4	河南大学附属中学	科技特色
5	河南省开封高级中学	科技特色
6	郑州市第四十七高级中学	外语特色
7	郑州市第二高级中学	科技特色

续表

序号	学校	特色类型
8	河南师范大学附属中学	科技特色
9	郑州市第一〇六高级中学	艺体特色(美术)
10	平顶山市第一中学	科技特色
11	安阳市第一中学	科技特色
12	许昌高级中学	科技特色
13	漯河市高级中学	人文特色
14	郑州市第九中学	科技特色
15	濮阳市油田艺术中学	艺体特色(音乐)
16	河南省驻马店高级中学	人文特色
17	新乡市第一中学	人文特色
18	焦作市第一中学	人文特色
19	南阳市第一中学校	科技特色
20	鹤壁市高中	科技特色
21	河南省济源第一中学	外语特色
22	焦作市第十二中学	艺体特色(美术)

2023 年下半年,为贯彻落实《河南省人民政府办公厅关于新时代推进普通高中育人方式改革的实施意见》《河南省教育厅办公室关于开展普通高中省级学科基地建设工作的通知》等文件精神,推进普通高中育人方式改革,推动学校多样化有特色发展,根据《河南省教育厅办公室关于遴选第二批普通高中省级学科基地的通知》(教办基〔2023〕296 号)文件要求,经各地推荐,省级初评、复评和实地评估等环节,认定新乡市第一中学语文学科等 9 个学科为省一级学科基地,商水县第二高级中语文学科等 37 个学科为省二级学科基地。

自 21 世纪一二十年代以来,河南省普通高中全面贯彻中央和省委、省政府的决策部署,认真落实《国家中长期教育改革和发展规划纲要(2010—2020 年)》精神,进一步深化普通高中教育改革,探究普通高中多样化发展模式,大力推动普通高中内涵式发展,理念不断更新,资源得到优化,特色得以彰显,发展呈现出新形态,为各省普通高中多样化发展提供了良好的经验借鉴。

二、河南省普通高中教育发展的时代背景

河南省作为中国的人口大省和经济大省,其教育发展水平在整个中国教育的发展进步中具有举足轻重的地位。普通高中教育是我国教育体系的重要组成部分,是巩固义务教育普及成果和增强高等教育发展后劲的关键环节,在人才培养中发挥着承上启下的重要功能。探讨河南省普通高中教育发展的时代背景,不仅有助于从整体层面了解河南省高中教育的发展概貌,也能为未来河南省普通高中教育发展改革提供有益参考。河南省普通高中教育的发展既遵循国家层面对普通高中教育的方向指引,又立足自身实际境况进行特色发展。

(一)国家教育政策的宏观引领

在我国教育事业发展的历程中,国家教育政策始终发挥着重要的方向引领功能,国家层面的教育政策为全国普通高中教育发展提供了坚实的宏观指导和政策支持。我国普通高中教育规模位于世界各国前列,相关数据显示:2023 年,全国共有普通高中学校 1.54 万所,在校生 2803.63 万人,专任教师 221.48 万人,生师比 12.66∶1;专任教师学历合格率 99.2%,共有校舍 7.09 亿平方米。① 普通高中教育的发展走向直接关乎我国教育的未来发展。步入新时代以来,国家对教育事业的重视程度和投入力度不断增加,普通高中教育的发展得到了前所未有的机遇。党和国家站在时代发展的高度出台一系列纲领性政策文件指导普通高中教育迈向高质量、多样化的发展之路。② 具体而言,2019 年 2 月,中共中央、国务院印发《中国教育现代化 2035》,强调提升高中阶段教育普及水平,鼓励普通高中多样化有特色

① 教育部发展规划司.2023 年全国教育事业发展基本情况[EB/OL].(2024-03-01)[2024-05-10].http://www.moe.gov.cn/fbh/live/2024/55831/sfcl/202403/t20240301_1117517.html.

② 杨艺伟,靳玉乐,张铭凯.高中教育监测指标体系建构的依据、原则与框架[J].教育科学研究,2022(10):36-43.

发展。[①] 2019 年 6 月，国务院办公厅颁发《关于新时代推进普通高中育人方式改革的指导意见》，指出全面提高普通高中教育质量，基本形成普通高中多样化有特色的发展格局。把优化课程实施、创新教学组织管理、加强学生发展指导等作为重点任务。[②] 2020 年 10 月，中共中央 国务院印发《深化新时代教育评价改革总体方案》，指出普通高中主要评价学生全面发展的培养情况。国家制定普通高中办学质量评价标准，突出实施学生综合素质评价、开展学生发展指导、优化教学资源配置、有序推进选课走班、规范招生办学行为等内容。[③] 这些国家层面的教育政策文件指明了我国普通高中教育的发展方向与改革路径。河南省普通高中教育也在此背景下进行积极探索。

（二）本省教育政策的特色推进

河南省作为中国的人口大省和经济强省，其教育发展水平对于整个国家的教育进步具有举足轻重的地位。河南省从教育大省迈向教育强省的征程中，离不开高质量普通高中教育的支撑。河南省普通高中教育规模位居全国首位。2023 年，河南省共有普通高中学校 1098 所（其中完全中学 138 所，十二年一贯制学校 156 所），在校生 262.27 万人，专任教师19.31万人，专任教师学历合格率 98.72%，其中研究生及以上学历专任教师数占总数的 11.61%，生师比 13.58∶1。学校占地面积 12.89 万亩，校舍建筑面积 4738.13 万平方米，图书 5126.10 万册，教学仪器设备资产值 54.68 亿元。[④] 为保证如此大规模的普通高中教育的发展水平，河南省委、省政府及各级行政部门，在充分遵循国家出台的系列教育政策文件精神的基础上，立

① 中华人民共和国中央人民政府.中共中央、国务院印发《中国教育现代化 2035》[EB/OL].（2019-02-23）[2023-12-31].https://www.gov.cn/xinwen/2019-02/23/content_5367987.htm.

② 中华人民共和国教育部.国务院办公厅关于新时代推进普通高中育人方式改革的指导意见[EB/OL].（2019-06-19）[2023-12-31].http://www.moe.gov.cn/jyb_xxgk/moe_1777/moe_1778/201906/t20190619_386539.html.

③ 中华人民共和国中央人民政府.中共中央、国务院印发《深化新时代教育评价改革总体方案》[EB/OL].（2020-10-13）[2023-12-31].https://www.gov.cn/gongbao/content/2020/content_5554488.htm.

④ 河南省教育厅.河南省教育厅关于印发 2023 年河南省教育事业发展统计公报的通知[EB/OL].（2024-03-22）[2024-05-10].https://jyt.henan.gov.cn/2024/03-22/2965251.html.

足河南省教育发展实践,主动出击,积极行动,出台系列政策文件,开展系列发展行动,为河南省普通高中教育的发展提供了有力保障。具体而言,2020 年 1 月,河南省人民政府办公厅印发《河南省人民政府办公厅关于新时代推进普通高中育人方式改革的实施意见》,提出“实施普通高中‘1256 工程’,重点培育 100 所普通高中多样化发展省级示范校、200 所普通高中省级示范性教学创新基地学校、500 个普通高中省级示范性学科,设立 600 项普通高中育人方式改革研究课题”①。2022 年 3 月,河南省教育厅办公室印发《河南省教育厅办公室关于开展普通高中省级学科基地建设工作的通知》,提出以普通高中省级学科基地建设为载体,推进“双新”背景下高品质学科育人体系建设,形成优质学科课程体系和学科教学特色,持续提升学科建设水平与教师学科育人能力,推进普通高中育人方式改革,培养学科素养,促进学生全面发展。② 截至 2023 年 10 月,河南省共认定河南省实验中学语文学科、新乡市第一中学语文学科等 33 个学科为省一级学科基地,认定郑州市第一〇一中学语文学科、商水县第二高级中学语文学科等 89 个学科为省二级学科基地。2022 年 12 月,河南省教育厅等十部门关于印发《河南省“十四五”县域普通高中发展提升行动计划实施方案》的通知,提出到 2025 年,县中整体办学水平显著提升,统筹普通高中教育和中等职业教育发展,推动高中阶段教育毛入学率达到 93.5%以上。公民办普通高中招生全面规范,县中生源流失现象得到根本扭转;教师补充激励机制基本健全,县中校长和教师队伍建设明显加强;教育经费投入机制基本健全,县中办学经费得到切实保障;薄弱县中办学条件基本改善,学校建设基本实现标准化;教育教学改革进一步深化,县中教育质量显著提高。③ 2023 年 11 月,河南省教育厅印发《河南省普通高中学校办学质量评价实施方案(试行)》,从办学方向、课程教学、学生发展等 5 个方面,18 项关键指标和 50 个考查要点,以及河南省

① 河南省人民政府.河南省人民政府办公厅关于新时代推进普通高中育人方式改革的实施意见[EB/OL].(2020-01-09)[2023-12-31].https://www.henan.gov.cn/2020/01-09/1244528.html.

② 河南省教育厅.河南省教育厅办公室关于开展普通高中省级学科基地建设工作的通知[EB/OL].(2022-03-16)[2023-12-31].https://jyt.henan.gov.cn/2022/03-16/2415272.html.

③ 河南省教育厅.河南省教育厅等十部门关于印发《河南省“十四五”学前教育发展提升行动计划实施方案》和《河南省“十四五”县域普通高中发展提升行动计划实施方案》的通知[EB/OL].(2022-12-15)[2023-12-31].https://jyt.henan.gov.cn/2022/12-15/2657464.html.

普通高中办学行为负面清单等，对河南省普通高中学校办学质量进行全面评价。[①]上述政策文件深刻彰显出河南省对普通高中学校发展的重视力度，同时也从县域高中振兴、学科基地建设、普通高中学校办学质量评价等方面指明河南省普通高中学校教育的改革方向，河南省基本形成普通高中学校多样化、高质量发展格局。

（三）高考改革政策的反向促进

高考招生制度改革是普通高中教育发展的重要构成部分，为推进教育公平，优化教育资源配置，河南省在高考招生制度改革方面积极做出行动。2022 年 6 月河南省政府新闻办举行河南省高考改革新闻发布会，正式公布河南省高考综合改革实施方案。根据实施方案，河南省新高考从 2022 年秋季入学的普通高中一年级学生开始，实行基于统一高考和高中学业水平考试成绩、参考综合素质评价的普通高等学校考试招生模式。从 2025 年起，河南省普通高考将实行“3+1+2”模式，不分文理科。“3”即 3 门全国统一高考科目语文、数学、外语；“1”即 1 门选择性考试首选科目，考生须从物理、历史科目中选择 1 门参加考试；“2”即 2 门选择性考试再选科目，考生须从思想政治、地理、化学、生物科目中选择 2 门参加考试。相较于传统文理分科仅有 2 种固定的组合供考生选择，“3+1+2”模式下，学生可在 12 种组合中自主选择。高考综合改革后，河南省普通高中实行选课走班教学，满足不同学生的发展需要。[②] 河南省新高考改革为河南省普通高中教育注入新的活力。

三、河南省普通高中教育发展的主要举措及成效

（一）实施“1256 工程”，学校特色发展初见成效

2014 年，《河南省教育厅关于开展普通高中多样化发展试点工作的意见》提出，尊重学校主体地位，发挥学校首创精神，以创新培养模式为重点，以课程建设为

---

① 大河报网.10 个关键词，见证 2023 河南教育“提质扩容|2023 · 看见美好河南”[EB/OL].(2023-12-30)[2023-12-31].https://www.dahebao.cn/news/1983852? cid=1983852.

② 冯军福，曹萍，史晓琪.河南高考综合改革方案出炉 实行“3+1+2”模式 取消文理分科[N].河南日报，2022-06-28(05).

核心,深化教育教学改革,创新教育教学方法,完善政策措施,创新体制机制,提高教育质量,推动我省普通高中多样化发展。随后,河南省教育厅按照综合创新类、学科特色类、普职融通类、国际特色类,遴选了58所高中作为首批普通高中多样化发展试点学校。综合创新高中以培养基础深厚、全面发展的创新人才为主;学科特色高中以培养特长突出、基础扎实的普适性人才为主;普职融通高中以培养"合格+技能"的高素质应用型人才为主;国际特色高中以培养具有传统底蕴和国际视野的综合性人才为主。经过一定时期的建设,2017年,省教育厅通过终期评估,认定首批普通高中多样化发展示范校30所,我省普通高中多样化发展新格局初步形成。

2019年,河南省人民政府办公厅在高中普及攻坚、课程改革、高考综合改革等背景下,印发了《关于新时代推进普通高中育人方式改革的实施意见》,以普通高中育人方式改革"1256工程"为抓手,对河南省普通高中育人方式改革进行了整体部署。普通高中"1256工程"重点包括以下四项工作:第一,"1"指的是培育100所普通高中多样化发展省级示范校,主攻方向是多样化发展,关键在"多样",重点要解决普通高中发展的同质化问题。普通高中多样化发展省级示范校实行动态管理机制,教育行政部门将根据学校特色建设规划开展督导评价,实行每年一次过程性考核和三年综合性考核相结合的考核制度,考核不合格的取消资格,及时予以调整。拔尖创新人才的培养是普通高中特色化发展的关键之一,普通高中通过丰富课程、开设科技类课程、组建科技特长班级等,为拔尖创新人才的培养提供平台和支持。在河南省人民政府办公厅、教育厅办公室各方、各部门的政策引领下,河南省部分普通高中对拔尖创新人才培养模式进行了有效探索,并取得了一定成效。第二,"2"指的是遴选200所普通高中省级示范性教学创新基地学校,关键在"引领",重点在保障高考综合改革平稳着陆。在"双新"改革推动下,大部分学校着手重构学校育人体系,回答好普通高中"为谁培养人、培养什么人、怎样培养人"这一时代命题,形成了育人新生态。第三,"5"指的是建设500个普通高中学科基地,包括50个省一级学科基地、150个省二级学科基地、300个市级学科基地。截至2024年3月,省教育厅已认定两批省一级学科基地33个、省二级学科基地80个,引导各地将省级学科基地打造成全省普通高中的课程开发中心、教学研究中心、师资培养中心、教育评价中心、帮扶共建中心。省教育厅还面向高等学校遴选了20个首批河南省普通高中学生发展基地,18 个首批河南省普通高中学生实践基地。这些基地的建设在高中学生与高等教育的贯通培养中发挥了作用,部分市县也启动推进市、县级学科基地建设相关工作。第四,“6”是指设立 600 项普通高中育人方式改革研究课题。课题聚焦河南省普通高中育人方式改革过程中面临的重点和难点问题,充分发挥教育科研在育人方式改革中的理论指导、决策咨询、实践创新和成果推广等作用,全面提升育人能力、创新育人方式、完善育人体系,促进河南省普通高中育人方式改革顺利进行。

总之,通过相关配套政策举措推进“1256 工程”的实施,河南省普通高中多样化发展初见成效,学生综合素质发展水平不断提升,学校办学更具特色,形成了良好的育人氛围。

(二)优化体制机制,县中办学活力得到激发

县域高中作为连接城乡教育的枢纽,县中振兴不仅是推进城乡教育一体化发展、构建优质均衡的教育体系的关键环节,同时也牵系着乡村振兴和社会公平的大局。因此,在某种意义上,县域高中的发展对于县域教育生态体系建设发挥着基础性、先导性、全局性作用,进而成为国家战略选择和战略发展“基础中的基础”“先导中的先导”“全局中的全局”。2023 年是全面贯彻落实党的二十大精神的开局之年,是实施“十四五”规划承上启下的关键一年。河南省锚定县域经济社会高质量发展这一主题,始终以习近平总书记关于县域治理的重要论述和重要讲话精神为指引,坚持“把强县和富民统一起来,把改革和发展结合起来,把城镇和乡村贯通起来”,持续谋划和推进县域高质量发展,有力地推动县域经济“成高原”,探索出一条县域经济社会发展的河南实践模式。

县中振兴作为教育系统贯彻和落实国家与省政府推进以县域发展为基础的新型城镇化道路的战略选择和政策部署,通过采取一系列政策举措,不断优化体制机制,激发县中办学的活力。2022 年 12 月,河南省教育厅等十部门联合印发《河南省“十四五”县域普通高中发展提升行动计划实施方案》的通知。方案实施以来,省教育厅通过深刻研判当前制约县域高中发展存在的生源问题、师资问题、办学条件等现实难题,采取有效止血——严格规范招生管理,不断完善招生工作机制,从源头上遏制县中生源流失,确保生源均衡,为县中高质发展奠定坚实基础。长效造

血——加强教师队伍建设,提升县中教师素质。我省围绕着县域教师发展支持服务体系的建立,持续加大政策投入和资金支持,建立起覆盖全员、分层分类、专业精准、高质高效的教师发展支持服务体系,支持县域每一名教师都能找到发展平台,每一个周期都能实现进阶发展,大力培养造就一支师德高尚、业务精湛、结构合理、充满活力的高素质专业化教师队伍,以建设高质量教师队伍推动县域基础教育高质量发展。多效活血——实施托管帮扶工程,激发县中办学活力。自 2023 年以来,我省不断地探索,基本构建了国家、省、市、县、校纵深联动、横向拓展、多元协同的县中帮扶机制。同时,结对帮扶高中和教育行政部门不断探索创新帮扶模式,基于不同县域情况、学校现实条件的差异,采取托管、组团、结对、对口、协同、互助等不断创新帮扶形式。实效补血——扩大优质资源供给,改善县中办学条件。2023 年,我省相继出台《河南省普通高中学科教室建设指南(试行)》与《河南省普通高中学校办学质量评价实施方案(试行)》,不仅为县域高中在培养目标厘定、学校发展规划、办学特色凝练、师资队伍建设等几个方面指明了发展方向,同时加大对县域高中资源投入和政策支持,极大提升了县中办学条件。有效输血——完善经费保障机制,深化县中教育改革。中央和省级财政每年专项投入近 10 亿元,全部用于县域薄弱高中改造,推动和带动市县投入 220 亿元,全省校舍竣工面积达 605.8 万平方米。同时不断完善县中经费保障机制,将县城和农村地区普通高中生均公用经费标准提高至每生每年不低于 1000 元。科学谋划、多措并举、综合施策,不断增强县中生源动力、办学效力、队伍活力、育人潜力。

此外,为了加大对教育基础薄弱的县域高中帮扶力度,带动和促进提升我省县中整体办学水平,教育厅依托河南省普通高中多样化发展示范校,开展普通高中省级学科基地学校对口帮扶全省 32 所乡村振兴巩固提升县薄弱县中,形成县域高中结对帮扶内容多元化、帮扶渠道多样化、帮扶保障多维化的发展样态和共享、共建、共育的河南高中教育发展格局。同时,在帮扶理念上,我省打破传统的县中帮扶路径,聚焦县域高中发展特色,在新高考背景下,引导县域高中凝练办学理念,深耕办学文化,打造办学品牌,不断提升自身教育竞争力,努力促进区域丰富多彩的教育生态的建立。

(三)上下联动推进,新课程新教材顺利实施

2018年8月,教育部发布《关于做好普通高中新课程新教材实施工作的指导意见》,提出要有计划、分步骤、积极稳妥地实施新课程新教材。2019年6月,国务院办公厅发布了《关于新时代推进普通高中育人方式改革的指导意见》,提出要全面实施新课程新教材。为了新课程新教材在我省更好地推进和实施,我省基本形成了从政府到学校、教师上下联动推进新课程新教学的落实机制。

首先,政府层面出台配套政策和相关举措实施新课程新教材。为了全面贯彻国家关于普通高中新课程新教材实施的相关政策,我省随之出台与之相关的一系列配套政策,如河南省人民政府办公厅于2020年1月印发的《关于新时代推进普通高中育人方式改革的实施意见》、河南省教育厅于2021年9月发布的《做好河南省普通高中新课程新教材实施工作的指导意见》、河南省教育厅办公室于2023年4月印发的《关于进一步推进普通高中多样化发展相关工作的通知》等。同时,政府也出台了一系列实施举措保障新课程新教材的实施。如为了提高新课程新教材实施质量,落实立德树人根本任务,2022年省教育厅在全省认定33所普通高中新课程新教材实施省级示范校和84所普通高中新课程新教材实施省级示范校创建单位,同年还认定了20个首批河南省普通高中学生发展基地和18个首批河南省普通高中学生实践基地。此外,省教育厅还通过其他形式举办了与实施新课程新教材相关的培训活动。

其次,学校层面精心研究、用心组织并积极落实新课程新教材。我省普通高中都在不同程度、不同方面开展关于推进新课程新教材的活动,学校普遍在认真落实普通高中课程教学改革。学校精心研究新课程新教材实施的基本理念与学校办学理念的契合性和一致性,并基于促进学生核心素养的培育、促进学生学习能力的提升、促进学生主体性的发挥等基本理念来实施新课程新教材,并且绝大多数教师都认为新课程新教材的实施理念与学校办学理念具有一致性。学校非常重视新课程新教材的实施,也在用心组织和积极实施新课程新教材,不仅确立了明晰的实施目标,组织了实施的组织架构和制度安排,同时也制订了相应的实施工作计划。调查中也发现绝大多数学校对实施新课程新教材有具体的落实目标、领导组织、制度安排和工作计划,同时为了保障新课程新教材的顺利实施,学校还开展了相应的评价

改革举措、引导激励举措和相应的校本教研。

最后,教师层面广泛认同、普遍接受并积极实施新课程新教材。教师是新课程新教材实施的关键主体,教师对于新课程新教材的认同和接受态度直接影响着其实施程度及效果。教师认同、接受和实施新课程新教材,关键要看自身的教育理念与新课程新教材实施的基本理念是否一致,调研结果发现大多数教师都认为自身的教育理念与新课程新教材的理念是相一致的。而且,大多数教师对新课程新教材有着清晰的认识和理解,认为新课程新教材背景下的必修课与选修课设置比较合理,新教材更加符合学生的认知特点,并且教师对新课程新教材有着强烈的落实意愿,这也是教师实施新课程新教材的重要前提。在具体的实施过程中,教师积极按照新课程新教材进行教学设计,灵活采用探究教学、合作教学等多种教学方式,并积极总结和反思新教学形式带来的教学效果。在教师看来,新课程新教材的实施使得学生有更多机会学习选修课,而且也在一定程度上提高了学生的学习积极性和学习兴趣,进而提升了学生的学习效果。

(四)重视教师培训,教师专业素养得以提升

教师队伍建设是国家教育事业发展的核心和基础,而教师培训则是提升教师队伍整体素质、推动教育事业发展的关键举措。《新时代基础教育强师计划》明确指出,要“筑基提质、补短扶弱、做优建强、全面提高教师培养培训质量”。河南省教育厅积极响应国家教育政策,通过教师培训这一关键抓手,持续加强教师队伍建设,着力提升教师队伍的整体素质。2023 年,河南省教育厅成功实现县级教师培训机构标准化的战略目标,并通过“省培”“市培”等联动培训平台,全面启动教师素养提升工程,实现优质教师教育资源的共建共享。

2023 年,河南省教育厅继续深化教师培训改革,进一步强化培训体系建设和资金保障,确定了北京师范大学等 196 个单位为“国培计划”承办基地,17 个单位为“省培计划”承办基地。这些基地针对不同教师群体的需求,精心设置了农村骨干教师能力提升、中小学教师信息技术应用能力提升等多个培训项目。据统计,2023 年度“国培计划”共培训教师约 12.4 万人,投入资金达 2.596 亿元,比上年度增加 990 万元;而“省培计划”则培训教师 94142 人,省级财政安排资金 2807.188 万元。通过“国培”“省培”重示范,“市培”“县培”抓骨干,校本研修保全员的策

略，河南省形成了五级联动教师培训机制，确保了从幼教到高中、从农村到城区的教师都能接受系统的培训。与此同时，河南省教育厅等三部门联合印发《河南省基础教育教师能力素养提升行动计划（2022—2025）》，对2022—2025年的教师培训工作进行了统一规划。这一文件在全面提升基础教育阶段教师能力的基础上，针对高中教师特别设置了“新高考适应能力提升行动”计划。2023年，河南省针对高中教师开展“省培计划”的“高中教师信息技术应用能力提升培训项目”和“县域高中教师全学科全员培训项目”共投入资金1701.388万元，惠及91882名教师。这些举措不仅体现了对高中教师群体的高度重视，也有效提升了河南省普通高中教师的专业素养和教学能力。

从培训项目的实施情况来看，在国培和省培项目中，河南省特别关注乡村教师和教学一线教师的培训需求。2023年，普通高中阶段教师参与国培的人数达到6324人，其中乡村教师占比高达76.44%，无行政职务的一线教师占比71.44%。在省培项目中，普通高中教师的参与人数更是高达169970人，占省培总人数的37.18%，其中乡村教师占比达到85.73%，无行政职务的一线教师占比79.43%。这些数据充分展示了河南省在教师培训中对乡村教师和教学一线教师的倾斜和支持。除了基础教育阶段的统一培训项目外，河南省还针对普通高中阶段教师开展了六大专项培训，其中包括针对新技术应用背景的高中学科教师信息技术应用能力提升工程2.0项目，新技术应用背景下高中学校管理者团队信息技术应用能力提升工程2.0项目，针对新高考政策的高中教师新高考适应能力提升培训等。此外，针对师资薄弱环节和教师梯队建设发展要求，还开展了义务教育师资薄弱环节改善暨中小学教师素质提升工程培训、2023年度省级名师培育对象和2023年普通高中省级骨干教师培育对象。六大专项培训项目共培训普通高中教师93437人。这些专项培训项目不仅关注教师的专业技能提升，还注重教师的综合素质培养，为教师队伍的持续发展注入新的活力。

（五）变革育人方式，学生综合素质得到提升

学生发展始终是普通高中学校办学质量的核心，应全面贯彻党的教育方针，落实立德树人根本任务，发展素质教育，遵循教育规律，深化育人关键环节和重点领域改革，扭转片面应试教育倾向，切实提高育人水平，为学生适应社会生活、接受高

等教育和未来职业发展打好基础。2023 年河南省普通高中学生德智体美劳全面培养体系进一步完善,学生综合素质发展得到进一步提升。

第一,在德育发展方面,通过统筹规划德育创新发展,推动学生德育活动的特色化和德育发展水平的优质化。按照《河南省中小学德育创新发展工程(2023—2027 年)实施方案》要求,河南各地都结合本地区各自的优势,开展了一系列丰富的德育实践,展现了省域内普通高中学生德育活动多样化、特色化的发展成效。调查显示,省域内的大部分普通高中不仅注重开设德育活动与课程,而且还制定有具体的学生品德发展的评价办法或规定,这些举措都为学生德育朝着更优质的方向发展提供了保障。

第二,在体质健康方面,通过建立健全"体教融合"与"体育竞赛"机制,有效确保学生体质健康良性发展。河南省《关于深化体教融合 促进青少年健康发展的实施意见》从开齐开足上好体育课程、丰富青少年课余体育活动、完善学校体育社团建设、改进体育教师岗位评价、加大学校体育评估督导力度等方面加强学校的体育工作,并积极推进中华传统体育项目与体育教学的融合。调查结果显示,大部分的普通高中都能保障每周基本的体育课程课时安排以及学生每天基本的锻炼时间,且大部分学生的体质健康测试都实现了达标。此外,河南省教育厅印发了《河南省中小学体育竞赛体系建设实施方案》《2023 年河南省学校体育竞赛活动计划》等文件,进一步促进体育竞赛机制的完备,有效保障了学生体质健康良性发展。

第三,在心理健康教育、美育、劳育方面,通过进一步完善各项条件保障,为促进学生五育均衡发展提供了有利条件。河南省结合实际出台了一系列配套政策,研发了河南省中小学心理健康教育网、河南省中小学生心理健康监测系统、河南省中小学心理健康服务云等,并围绕"六个一"要求,开展中小学心理健康教育宣传月活动。针对学生美育发展,一方面,全面深化了学校的美育改革,重视加强小学美育教师的培训工作,开展一系列美育骨干教师培训班;另一方面,通过借助高校的美育帮扶资源,为农村偏远地区学校学生的美育发展提供支持。针对学生的劳动教育,在推进劳动教育实践基地建设的同时,组织开展了一系列丰富的劳动教育活动,进一步缩小了城乡普通高中学生在"心理健康、美育、劳育"方面的发展差异,为促进城乡高中学生五育的均衡发展提供了重要支持。

第四,在学生发展指导方面,通过多项指导工作的实施,有效提高了学生生涯规划意识。坚持以学生发展为重心，扎实开展理想发展指导，深入做好心理发展指导，全面推动学习发展指导，系统设计生活发展指导，科学规划生涯发展指导。同时，新高考改革充分考虑学生个性发展需求和学习兴趣差异，通过选考科目设置，赋予了学生更多的选科选考权利，有效地激发了学生的学习热情。调查显示，大部分学生（包括高一、高二年级）都有参与过社会考察、研学实践、志愿服务、公益劳动、职业体验等社会实践，并对自己未来的职业生涯有一定的规划和设计。

第五，在学生综合素质整体发展方面，2023 年 11 月，河南省教育厅印发了《河南省普通高中学校办学质量评价实施方案（试行）》，提出以学生全面培养、全面发展为核心，聚焦学校办学质量，从品德发展、学业发展、身心发展、艺术素养、劳动实践等方面系统构建了普通高中学生发展质量评价体系，以促进学生德智体美劳全面健康发展。

四、河南省普通高中教育发展面临的困境

（一）内外环境支持不足，学校多样化发展受限

普通高中教育正处于普及攻坚、课程改革和高考综合改革三大改革同步推进的关键时期。特别是高考综合改革，“两依据、一参考”录取模式的探索，对普通高中学生的选课走班、教学组织、综合素质评价等提出了新的要求，这些新任务迫切需要通过深化改革着力破解当前面临的体制机制性障碍，确保各项改革能够有效衔接、协同推进。普通高中教育是国民教育体系中起着承上启下关键作用的重要组成部分，连接着义务教育和高等教育，通向终身教育。推进普通高中多样化发展是贯彻落实党的教育方针、适应新时代人才培养需求、促进学生全面而有个性地发展的重要举措。但在推进实施普通高中特色化发展的过程中，尚存在一定困难，如大部分普通高中的硬件、软件发展仍然未达到特色发展的基本要求，学校师生、群众对“特色”的理解仍然缺乏必要的共识，高中特色发展的类型或模式仍有待理论提炼和实践检验，多样化发展面临诸多现实的制约与障碍，同时高中学校也缺乏开展综合素质教育活动与特色发展的应有基础。这些因素都严重制约了普通高中教

育实现多样化、特色化甚至是优质化发展目标的进程。①

从河南省普通高中多样化发展现状来看,有四大因素制约其发展。第一,理念认识存在误区。主要表现在部分区域普通高中学校仍存在较为明显的功利取向,尤其重视将考试成绩作为衡量学生能力的唯一标准,违背了学生身心发展规律。第二,学校制度安排存在偏差。例如,部分试验省、市的高中学校将多样化特色化发展等同于开展特色实验班、开发地域特色教育资源、培养创新人才与建设校本课程等内容,致使试验覆盖面分散、狭窄。这种做法不仅限制了学生的选择权,还导致了教育资源的浪费。第三,对普通高中多样化发展的内涵与意义认识不清,导致学校之间同质化现象严重。学校多样化、特色化发展项目趋同,缺乏鲜明的办学特色和差异化的办学优势;此外,将“多样化”“特色化”等同视之,模糊这两个概念的真正内涵与意图,导致具体推进与实施路径不够清晰、明确。尤其是在学科基地建设过程中,部分学校倾向于向“名校”看齐,忽略学校自身定位与自主发展等。第四,从教育外部环境来看,缺乏对普通高中多样化发展的必要支持。具体而言,基层教育行政官员和领导存在错误的教育绩效观,学生家长也存在片面的教育理念及认识。

综上所述,河南省普通高中多样化发展受限,不仅有理念认识不到位的原因,也受到学校制度安排方面的影响,还有来自外部教育环境的支持不力等因素。这不仅限制了学校发展的个性和创新,也不利于学生的全面成长。克服普通高中多样化发展的阻碍需要全社会的共同努力。

(二)整体改革尚显缓慢,县中振兴空间有待挖潜

自河南省颁布《河南省“十四五”县域普通高中发展提升行动计划实施方案》以来,我省围绕着县域高中振兴发展采取了一系列有力措施,有效遏制了“县中塌陷”问题。然而,一方面由于教育改革的复杂性,尤其是对于县域高中发展来说,在城镇化发展背景下,城乡普通高中发展规模两极分化现象还在继续,这不仅仅需要我们从更高的战略决策上整体构建普通高中发展图谱,同时也需要不断消弭人为形成的城乡二元对立的教育发展样态;另一方面,由于教育改革的滞后性,面对教

① 王小飞.普通高中特色发展调研报告[M].北京:教育科学出版社,2013:2.

育的快速发展和不断变化的社会需求,一些学校未能及时调整其教育模式和课程体系,加之教育理念上的陈旧和保守也限制了县域高中的高质量发展。多重因素交织使得整体改革相对缓慢,县中振兴还面临着一系列挑战,具体表现为:

第一,由于我省各县域经济发展水平不同,教育资源的分配和投入也会有所差异。在一些经济相对落后的地区,由于财政压力和教育经费的限制,无法迅速推进县域高中的整体改革。第二,由于经济发展水平、城镇化进程、公共教育政策等多种现实因素的影响,不少县域普通高中的优秀教师和学生流失,导致教育资源的不均衡和教育质量的下降,进一步加剧了"县中塌陷"的困局,形成了恶性循环。第三,不少县中过于注重应试教育,采用题海战术等不科学的教学方法,忽视了对学生综合素质的培养和发展。这不利于学生的全面发展,也不利于县中教育质量的提升。第四,传统的教育观念在教师和家长心中根深蒂固,要转变这些观念并接受新的教育理念需要时间和持续的努力。同时,新的教育模式和方法需要教师和学生去适应和学习,这也会影响改革的进度。第五,政策执行力度和效果也是影响县中教育改革的重要因素。虽然我省已经制定了明确的县中振兴改革措施和行动路线,但在执行过程中会遇到各种阻力和挑战,如地方保护主义、利益群体的阻碍等,这都会导致改革进展缓慢。第六,教育系统的复杂性也是导致改革缓慢的原因之一。教育系统涉及多个方面,包括课程设置、教学方式、教师队伍建设、教育评价等,这些方面的改革都需要深思熟虑和谨慎推进,以确保改革的效果和可持续性。

(三)多种问题交织制约,课程教学改革有待深化

纵观我省普通高中新课程新教材的实施过程,我省普通高中课程教学改革整体上取得了明显成效,新课程新教材的基本理念在普通高中得到了较为扎实的落地,但现实中多种问题交织在一起,共同阻碍着普通高中课程教学的深度推进。

首先,教师实施新课程新教材的能力欠缺是普通高中课程教学深度推进面临的首要问题。虽然教师对于新课程新教材的理念认同度高,而且也具有新课程新教材较强的实施意愿和积极性,但教师仍然存在着实施新课程新教材能力欠缺的问题,阻碍着普通高中课程教学的推进。具体表现在如下几个方面:教师在实施新课程新教材的过程中对教学内容的把握不够准确,容易出现教学内容偏离课程目标的情况。部分教师在实施新课程新教材的过程中教学方法相对单一,缺乏多样

性和灵活性,无法满足新课程新教材的要求,也无法激发学生的学习兴趣和积极性。教师在实施新课程新教材的过程中缺乏相应的创新思维,无法有效地引导学生进行创新性的学习和探索。教师在实施新课程新教材的过程中也缺乏实践能力,无法有效地组织和指导学生进行实践性学习。

其次,考试评价改革未能与实施新课程新教材有效衔接是深化普通高中课程教学改革面临的主要问题。具体表现在如下几个方面:评价内容较多局限于考察知识层面的学习与掌握程度,而这与新课程新教材所重点关注的评价内容不相一致,甚至未能很好地体现新课程的理念和要求。评价方式较为单一,主要还是以考试评价为主,缺乏多元的评价方式,难以全面评价学生经过新课程新教材学习后的综合素质和实践能力。评价标准较为固化,甚至存在随意和形式化的问题,比如在制定评价标准时缺乏明确的指导思想和原则,所制定的评价标准不够科学、合理、公正。此外,还有一些学校缺乏对实践环节的评价,以及教师的评价能力不足,导致评价结果不够准确、客观。

再次,实现学生学习效果的提升是深化普通高中课程教学改革面临的重要问题。新课程新教材的实施,虽然在一定程度上提升了学生的学习效果,但这一结果未能达到新课程新教材实施的理想期待,一些学生仍然有着巨大的提升空间,甚至出现学习效果两极分化的现象,这意味着新课程新教材追求每个学生都能得到相应的发展目标并没有完全实现,这也是普通高中课程教学推进的重要问题。如新课程新教材的实施可能会改变学生的学习方式和思维方式,但如果学生的学习方法、学习习惯没有得到有效的调整和改善,学习成绩可能不会有明显的提升。新课程新教材的主要目的在于促进学生的综合素质和实践能力,但有些学生可能对新的学习内容没有兴趣,或者无法适应新的教学方式,导致学习兴趣不足。

最后,学生学业负担一定程度的加重是深化普通高中课程教学改革面临的现实问题。新课程新教材实施的初心是促进普通高中育人能力的提升,但在实践层面却一定程度上加重了学生的学业负担,这是普通高中课程教学推进所面临的现实问题。新课程新教材相对于传统课程教材而言,知识内容更加丰富多元,相比以往学生学习的知识内容自然增多,在考试的压力下,相同的时间内学习的知识增多,自然在一定程度上加重学生的学习负担。而且新课程新教材相对于传统课程教材,更加注重学生的综合素质和实践能力的培养,而这需要学生花费更多的时间和精力来获得，相比知识学习而言，综合素质的获得难度较大，需要学生具备更高的自主学习能力和探究能力，这对学生的学习素养和能力提出了更高的要求，也在一定程度上导致学生学习负担的加重。

（四）教师队伍结构失衡，高质量发展支撑度不够

在教育事业蓬勃发展的今天，教师作为中坚力量，其素质的高低直接关系到学校的教育教学质量和学生的成长发展。特别是河南省，一个拥有庞大教师基数的省份，其教师队伍整体素质的提升对教育均衡发展的推进，更是显得尤为重要。河南省教育统计提要数据显示，2023 年河南省普通高中教育专任教师数量达19.31万人，占全国普通高中专任教师总数的 8.72%，成为全国普通高中教师队伍规模最大的省份。这一庞大的教师群体满足了河南省普通高中阶段教育的基本需求，高质量高中教育也对教师队伍整体素质提升提出了更高的要求。当前，在基础教育高质量发展和新高考改革背景下，河南省普通高中专任教师队伍在整体建设和发展过程中，主要存在以下几个突出问题。

一方面，师资在城乡、区域间的分布仍然存在较为明显的差距，教师整体学历水平有待进一步提升。首先，从整体学历水平看，尽管河南省普通高中专任教师数量众多，但教师队伍的学历合格率却未达到全国平均水平。河南省教育统计提要数据显示，河南省普通高中阶段专任教师学历合格率为 98.72%，低于全国平均的 99.2%。这意味着，在庞大的教师队伍中，仍有一部分教师的学历不符合教学要求，可能会影响教学质量的提升。特别是在一些经济欠发达、教育水平相对薄弱的地区，教师学历合格率更低，甚至存在大量专科学历的专任教师，这在很大程度上影响了当地的教育质量。其次，从师资数量和质量分布看，城乡和区域间差异仍然较为明显。2023 年河南省教育统计提要数据显示：全省普通高中阶段生师比为 13.58 : 1，学历合格率达到了 98.72%；但是在部分经济欠发达、教育水平相对薄弱地区，生师比仍有 16.46 : 1（开封市）和 15.88 : 1（商丘市），而专科学历专任教师比例在有些地区甚至达到了 4.72%，这一差距在城乡之间更加明显。城市地区由于经济发展水平较高，教育资源相对丰富，因此拥有更多的高素质、高学历的教师。而在农村地区和经济欠发达地区，由于经济发展水平较低，教育资源相对匮乏，因此师资数量和质量都相对较低。这种师资分布的不均衡不仅影响了当地的教育质

量,也加剧了省域内城乡、区域之间的教育差距。

另一方面,教师队伍学科结构也存在明显失衡。这一问题首先体现在由新课程、新高考改革带来的新兴学科和小语种学科师资力量严重不足上。随着教育改革的不断深入和新课程及新高考方案的实施,新兴学科和小语种教育逐渐受到重视。但是自新版课程方案及新高考政策发布至今,河南省新兴学科和小语种等科目在师资配备上仍然存在较大缺口。2023 年河南省普通高中学校数为 1098 所,而对应的劳动(151①)、综合实践活动(323)、日语(509)和俄语(190)等新兴学科和小语种课程教师严重不足。这主要是由于这些学科在此前受重视程度较低,相关专业的师资力量储备严重不足。同时,由于这些学科的教学难度较大,对教师的专业素养和教学水平要求较高,因此也增加了招聘和培养的难度。其次,学业水平选考科目的确立要求学校实行选课走班制,这对教学、管理、师资和设备等软硬件条件都提出更高的要求。大规模学校排课更复杂,教师结构性短缺明显,走班教师的课后工作量增加。调研②发现,学生被赋予选择权后,学生的学科选择将受到学校教育教学文化、教师个人教学风格、学生个人兴趣爱好等一系列因素的影响和制约,这些都会对学科教师队伍的稳定性带来影响,导致学科教师数量需求的不可预期性,从而致使整个学校学科教师队伍的结构性失衡。

(五)学生选科存在盲目性,综合素质评价实施乏力

实行选考制度,允许学生在 6 门选择性考试科目中自主选择其中 3 科作为选拔性考试科目,并将其成绩纳入高校录取总分,是本轮教育综合改革的一个重要亮点。我省新高考方案是“3+1+2”,即“3”为全国统考科目语文、数学、外语,所有学生必考;“1”为首选科目,考生须从物理、历史科目中选择 1 科;“2”为再选科目,考生可在化学、生物、思想政治、地理 4 个科目中选择 2 科。选考制度旨在尊重学生的主体性并扩大学生选课空间,创造多元的发展方向。学生选择的 3 个科目是其依据自身的个性、特长以及潜能而做出的选择,那么,这种选择在一定程度上关注

---

① 括号内数据为 2023 年该学科普通高中专任教师数量,数据来源于 2023 年河南省教育统计提要。后同。

② 指河南省普通高中发展研究中心 2023 年在全省范围内针对新高考改革开展的专项调研。

与尊重了学生的主体性，是对其天性禀赋、兴趣爱好以及学科优势的极大呵护和培育。然而实际情况中，由于学生缺乏对选科制度的全面认识，具有一定的盲目性。一方面，学生过于关注同伴选择的热门课程，选择的科目并非根据个人兴趣和职业规划做出的理性决策。这种从众行为不仅限制了学生多元化的学科发展，也容易形成信息传递的闭环，使得一些有价值但相对冷门的课程被忽视。另一方面，学生选科视野受限，知识积淀不足，难以做出科学选择。如有学者指出，大部分学生在选科前并未接受过专业的测评与指导，其对自我的认知还停留在主观的自我评价上，而这难以保证学生自我认知的客观性，也难以保证学生选科决策的合理性。①由于部分学生初次接触高中课程以及选课走班，对未来的学习内容和发展方向感到模糊，而学校层面缺乏足够的培训宣传经验，未能为学生提供明确的指导。因此，学生们面对即将进行的选课走班感到焦虑，对于如何着手处理这一变化感到无从下手。总之，当前选课走班制度亟须深化改革，引导学生建立明晰的职业规划，减轻其选择压力，以促进个体全面素质的培养。选考的初衷是为了让学生按照兴趣去选择，但确实存在一部分学生是根据高校需求、自我利益最大化做出的功利性和盲目性选择。这种选考行为违背了学业水平考试改革的设计初衷，是对选考制度的一种冲击和挑战。

另外，综合素质评价实施是新高考改革的一项重要举措。《教育部关于加强和改进普通高中学生综合素质评价的意见》指出，综合素质评价是对学生全面发展状况的观察、记录、分析，是发现和培育学生良好个性的重要手段，是深入推进素质教育的一项重要制度。其扎实推进有利于培育学生良好个性发展，破除"唯分数"等沉疴痼疾，促进学校育人方式变革。目前我省综合素质评价的区域推进成效显著，但在实施过程中也出现无力、成效不明显等问题。在学校实施层面，诸多学校普遍存在以下问题。一是自主探索的主动性不足。即学校内的任务完成主要受到上级教育部门任务要求的影响，而非自发性探索的驱动。在这种情况下，学校倾向于将工作目标局限于完成规定的任务，而缺乏主动探索的积极性。二是缺乏一定的专业引领。尽管一些学校表现出改革意愿，但其探索往往缺乏专业引领，陷入了盲目

① 薛萍."3+3"高考选科模式及生物学教学实践分析——以青岛西海岸新区实验高级中学为例[D].重庆:西南大学,2021:58.

摸索的状态。这些学校可能会尝试各种新方法,但由于缺乏专业培训与指导,其实践往往不够系统有效。例如,教师评语可能主要依赖于教师个人的经验,而缺乏系统性的评价标准;又或者学生的自我描述可能过于依赖客观事实,而忽视了对于自我反思的重要性。三是评价体系不够科学系统,评价实施耗时耗力。部分学校将综合素质评价过度简化,而忽视其育人内核和育人功能的发挥。例如,将材料采集、上传、分析解读等评价工作全部交由班主任负责,导致教师工作负担加重,评价育人成效自然难以令人满意。总体而言,综合素质评价应遵循评价的育人性目的,紧扣立德树人根本任务,在增强学生综合素质上下功夫。未来我省综合素质评价工作还应进一步加强顶层设计,完善省域统筹的评价指标设计,建立一体化的评价区域推进制度,切实促进综合素质评价政策的真正"落地"。

五、河南省普通高中教育发展的未来展望

(一)多方协同发力,推动学校多样化发展

推进普通高中实现特色发展,是一项长期而艰巨的工作。普通高中多样化发展教育生态的形成,需要政府、学校和社会各界共同努力。

首先,政府要制定明确的政策和指导方针,转变育人理念。坚持德智体美劳"五育"并举,切实改变"唯分数"的育人导向。通过统筹课堂学习和课外实践,培养学生创新思维和实践能力,提升人文素养和科学素养。此外,强化体育锻炼、增强美育熏陶、重视劳动教育也是重要的方向。在此基础上,构建质量评价体系。以普通高中多样化建设为抓手,加快建立以发展素质教育为导向的普通高中学校办学质量评价体系,关注学校特色发展和学生个性发展。强化评价结果运用,指导学校改进教育教学和管理,全面育人,科学育人,促进学生全面发展、健康成长。最后,搭建整体支持体系。一方面,开展师资培训。为教师提供持续的专业发展机会,使他们能够适应不断变化的教育环境,提高教育教学质量。另一方面,开展学生支持服务。提供全面的学生支持服务,包括心理健康、职业规划、学业辅导等,满足学生的多样化需求。

其次,学校可以多措并举,制定灵活的发展策略。例如,建设特色课程体系。

学校应根据发展定位,以学科基地建设为抓手,在国家规定课程的基础上,打造与学校特色规划相关的学科课程群或资源库,构建定位准确、结构完整、体现学校特色的课程体系。加强校外教育资源利用,与高校、企业、社区等深度合作,拓展课程的广度与深度。具体来说,学校可以提供丰富多样的课程,包括传统学科的内容,以及艺术、体育、创新科技等领域的内容,满足不同学生的兴趣和需求。另外,学校还应鼓励学生参与各种活动和社团,如音乐、戏剧、科学、志愿服务等,着力培养学生的领导能力、团队合作和创造力。又如,深化课堂教学改革。创新课堂教学方式,探索基于情境、问题导向的互动式、启发式、体验式课堂教学。加强知识内在关联,注重加强课题研究、研究性学习等跨学科综合性教学。推行项目式、探究式学习,开展丰富多彩的实践活动,激发学生的学习兴趣和动力,提升学生综合运用知识分析解决实际问题的能力。再如,创新学生培养模式。围绕办学方向和特色,完善学生学分管理、学生发展指导和综合素质评价制度,形成特色鲜明的选课走班管理模式。加强生涯规划指导,指导学生选科与个人志向、兴趣相契合。深入实施中学生"英才计划",选拔一批品学兼优、学有余力的中学生走进大学,激发科学兴趣,提高创新能力,树立科学志向,丰富学生发展实践场所。

最后,通过树立正确的教育政绩观和进行普适性的教育宣传活动,向大众传达多样化发展的重要性,营造良好的社会氛围,加快普通高中多样化发展格局的形成。

(二)坚持多措并举,破解县中塌陷困局

历史地看,"县中塌陷"的产生是伴随着我国经济社会的发展和人口结构的调整,尤其是出生率降低导致的生源减少以及城镇化发展引起的农村人口向城镇迁移,同时也突出地反映出人民对美好教育的需求从以往的"有学上"转向"上好学"。因此,县中塌陷的破解和县中振兴是一个复杂的系统工程,需要政府、学校、社会等相关主体协同发力,多举措、全方位、宽领域一体化推进,具体来说从以下四个方面着手进行:

一是加强各级政府的宏观协调作用,持续加大政策的引导与支持力度,同时加强各类政策的协调配合,形成共促高质量发展的合力。由各级政府牵头,以教育行政部门为主体,加快研制实施教育发展的全局性、战略性举措,为县中振兴提供政

策支持和方向指引。如,加快制定教育强县评估标准,将普通高中办学情况纳入评估标准,结合教育督导工作,制度化开展考核评估工作。此外,进一步加强资金支持,加大对县中的财政投入,确保教育经费的充足,特别是要提高生均公用经费标准,改善县中办学条件。

二是抓好省市两级统筹,进一步夯实县域主体责任,加快推进区域资源优化配置。持续推进普通高中标准化建设,不断改善县中办学条件,如加快现代化校舍建设与教学设备更新等。同时,鼓励社会资本参与县中建设,形成多元投入机制,不断激活县域高中办学活力。此外,在教师队伍建设上,继续扎实推进和实施县中教师素质提升计划,通过培训、引进等方式提高县中教师的教育教学能力。建立教师激励机制,提高教师待遇,吸引和留住优秀教师。鼓励有条件的区域通过人才交流、支教、调动等方式,优化教师资源在区域之间的配置,引领县域高中健康发展。

三是扎实推进县域高中教育质量提升工程。教育质量提升是破解县中塌陷与推进县中振兴的关键举措。县域高中要深化教学改革,推动课程建设和教学方法创新。注重培养学生的综合素质和创新能力,加强实践教学和社团活动,提高学生的实践能力和综合素质。鼓励县域高中根据自身条件和优势,发展特色教育和优势学科。通过特色教育和优势学科的带动,提升县中的整体教育质量和知名度。特别是在新高考契机下,县域高中要进一步凝练办学特色,强化优势学科,大力提升教育质量。

四是加强舆论宣传引导,构建良好教育生态。提高社会对县中教育的关注度和支持度,鼓励企事业单位、社会团体和个人等向县中捐赠资金或物资支持其发展。加大媒体宣传,拓宽教育公益活动与知识科普,引导社会形成正确的教育观和人才观,为县中发展营造良好的社会氛围。坚决抵制“唯分数论”等不良风气的影响,营造健康向上的教育氛围。县域高中要定期举办家长学校或家长会等活动,提高家长的教育素养和家庭教育能力,加强家校沟通与合作,形成教育合力,共同促进学生的健康成长。

从未来发展目标来看,县中塌陷的破解和县中振兴的实现,其实质是推进县域高中与市区高中均衡发展,不断缩小教育差距,提高整体教育质量,构建良好教育生态。其关键是以提升教育质量为根本,以推进优质特色办学为抓手,根据自身条件和优势,发展出具有地方特色和优势的教育品牌,提高教育吸引力和竞争力。其最终目标是办好人民满意的教育,满足广大县域学生和家长对优质教育的需求。总之,破解县中塌陷,必须坚持多举措,通过政策引导、资源配置优化、教育质量提升和社会支持与参与等多方面的努力,实现县域高中的全面振兴和高质量发展。

(三)多方形成合力,深化课程教学改革

新课程新教材的实施过程就是课程教学改革与发展的过程,其本身就是一个统筹推进的系统工程。我们在这一过程中不可避免地会面临诸多困境,但只要多方形成推进合力,课程教学改革必将得到深化实施。

第一,坚持学生发展的基本理念,始终重视学生在新课程新教材实施中的获得感,强化实施学生综合素质评价。在课程设计和教学实施中,始终将学生置于主体地位,关注学生的需求和特点,确保教学内容和教学方法符合学生的认知规律和发展需求。要关注学生的实际需求,了解他们的兴趣、特长和需求,确保教学内容和教学方法符合学生的实际情况。此外,在实施新课程新教材的全过程中强化学生综合素质评价,以便更全面地了解学生在新课程新教材学习过程中的基本情况和能力表现,并通过反馈进行指导,让学生了解自己的学习情况和问题所在,及时调整学习策略和方法,提高学习效果。

第二,优化新课程新教材的实施方式,促进课程教学深度改革。教师应从传统的知识传授者转变为学生学习活动的组织者和引导者,注重培养学生的自主学习能力和创新精神。教师还应积极创新教学方式方法,采用如项目式学习、合作学习、翻转课堂等多样化的教学方法,以满足不同学生的学习需求,积极运用信息技术手段辅助教学。教师还需要加强学校与家庭、社会的合作与沟通,建立家校沟通机制,及时了解学生的家庭情况和需求,共同关注学生的成长和发展,积极寻求社会资源的支持与合作,为学生提供更多的实践机会和社会教育资源。

第三,提升教师专业素养,促进新课程新教材的深度实施,进而促进课程教学改革的深化。深入开展有关新课程新教材新高考的相关培训,邀请专家进行讲解和指导,组织教师观摩优秀教师的教学过程,提供在线学习资源,学习先进的教学方法和理念,鼓励教师进行反思教学和参与课题研究,提高教师的专业素养和教学能力。组织开展有关新课程新教材新高考的相关教研,鼓励教师之间进行合作研究,就新课程新教材新高考的相关问题进行深入探讨,分享经验和心得,共同解决

教学中的问题,提高教学效果和质量。组织教师外出学习,参加相关学术会议和研讨会,了解最新的教育理念和教学方法。此外,还应加强与高等院校的合作,通过积极开展学术交流活动、研讨会、科研项目合作等方式,为教师专业发展提供专业指导。

第四,加强考试评价改革与新课程新教材实施的一致性,促进两者间的协同实施。这就需要在理论层面加强新课程新教材与新高考协同实施的一致性研究。并且在协同实施过程中,加强对课程内容的整合,打破学科壁垒,促进学科之间的交叉融合。学校应该鼓励教师开展关于新课程新教材与新高考协同实施的课题研究,政府和教育部门应该加强对新课程新教材与新高考协同实施的政策支持和保障。如政府和教育部门可以出台关于新课程新教材与考试评价改革协同实施的综合性政策文件,明确改革的目标、原则、实施步骤和保障措施。建立对新课程新教材与考试评价改革实施情况的监督机制,定期对各级学校和考试机构进行评估和督导。

(四)全面统筹多措并举,优化教师队伍建设

河南省作为教育大省,2023 年其普通高中阶段专任教师人数占全国此阶段教师总数的比例显著(8.72%),河南省普通高中教师队伍素质的提升对于全国普通高中教育质量的影响不容忽视。特别是在高中教育这一衔接高等教育与义务教育的关键阶段,普通高中教师队伍的建设显得尤为重要。为提高普通高中教师队伍的整体素质,充分发挥河南省在教育强国建设中的重要作用,需要从以下方面着手:

首先,为缩小城乡教育差距,建议建立普通高中教师常态化轮岗、交流机制,强化“输血”功能。通过定期安排优质师资到乡镇及教育薄弱地区任教,实现教育资源的均衡分配。此举旨在将先进的教育理念、教学方法及优秀经验引入教育薄弱地区,为其注入新的活力。同时,确保资金、师资、技术等外部资源的有效输入,以支持这些地区的教育发展。

其次,为了提升乡村包含县城普通高中教育水平,应进一步实施和推广乡村教师在职学历提升计划和乡村首席教师计划,增强“造血”功能。采用“1+10+N”模式,即一位优质教师带动十位教师,进而影响更多教师,以此提升乡村教师的整体

素质。此外,通过在职培训、研修等方式加强教师队伍建设,提高教师的教育教学能力和专业素养,激发其自我发展动力,实现教育内部的自我提升。

再次,为了吸引和留住高素质人才,必须全面提升普通高中教师的地位。一方面,加强教师政治地位,保障其政治权利,让教师参与普通高中教育发展及教师发展相关政策制定过程,政策出台前广泛征求教师意见,确保政策更加贴近教师教育实际。另一方面,提高教师的社会地位,构建尊师重教的社会氛围,让教师感受到职业的尊严与荣耀。此外,还要进一步优化教师职业地位,完善教师工资长效联动机制,确保教师待遇与当地公务员相当或更高;拓宽普通高中教师职称晋升渠道,激发教师工作积极性;加强教师编制的统筹配备,确保城乡普通高中学校均能有足够的师资开展各学科教学。

最后,在职教师培训是提升教师队伍素质的关键环节。建议加强需求调查,根据普通高中专任教师群体的实际需求和专业发展需要,分层分类、精准地开展教师培训。培训主题应紧扣时代脉搏,反映社会发展趋势,同时关注教师的个人成长和职业发展。通过精心组织培训、严格筛选培训人员、统筹规划培训内容,确保培训效果最大化,为普通高中教师队伍建设提供有力支持。

(五)完善选考制度,落实综合素质评价

实施选考制度的目的是可以为学生提供一个根据自身学习兴趣和特长来选择科目的机会。在下一阶段,需进一步完善选考制度的顶层设计。一是强化高校对选科提出相关要求。例如,若高中学生的选科只需有一门与高校招生的“专业组”对应,这就降低了对“合适”人才的精准要求。因此,建议高校对学生选科的要求从“或”的关系,调整为“或”与“和”并存的关系。即允许高校精准提出对候选人才选科的要求,从而提高人才选拔的科学性、针对性与有效性。二是探索学业水平考试成绩的校正机制。之所以出现广大考生投机性的选考行为,实与不同科目等级性考试成绩的等值问题相关。当下学业水平考试成绩按照考生总人数划比例而获得等级的设计,就在一定程度上强化了这种投机性行为。因此,建议组织研究力量对此问题展开技术攻关。三是将生涯规划教育纳入选修课范畴。“高中生涯教育

是指导学生进行科学选科、专业选择的必要途径"①,开展生涯规划教育的目的在于促使学生进一步认识自我,引导学生基于自身的兴趣、爱好和特长做出相应选择,从而使学生既能"选我所爱",又能"爱我所选"。

对于综合素质评价,一方面要校正其实施方向。综合素质评价的实施方向涉及评价的科学性、客观性和公正性。在当前实施综合素质评价的过程中,人们逐渐形成了要坚持"多元化评价主体"的刻板认识。然而当评价结果用于高校招生时,如若继续坚持这种评价思路,则可能会给高中教育教学生态带来严重的干扰和破坏。"可以想象一下,当学生自己、同学及教师很清楚测评结果的用途时,特别是知道这个结果将作为招生院校录取参考时,他们在互评中该是怎样的心态?面临着怎么的困境?公平、公正从何而来?当然,我们也不排除在少数学校,甚至少数地区,师生素养非同一般,有着良好的生态环境,同时采取了相应的监控措施,信度会好些。但从根本上讲,这样的制度设计是有缺陷的"②。也就是说,在关系学生切身利益的高校招生录取中,对于学生综合素质的评价,其责任主体应是高等学校的专业人员,也即是一种专家评价,从而规避"群众评价"所带来的虚假困境。因此,在下一阶段的学生综合素质评价中,应进一步校正综合素质评价的实施方向,即应坚持高中做好活动写实记录、高校实施评价的改革思路和做法。另一方面,要调整实施方式。加快区域推进的步伐,形成区域协同合作的评价机制,推动评价工作高效进行。"综合素质评价区域推进在一定程度上扭转了以往'甄别与选拔'的评价文化,为破除'唯分数论'打开了通道,也正在积极引导学校乃至社会建立一种正确、科学的人才培养观和教育质量观。"③强化综合素质评价的区域推进,首先应做好学生综合素质评价的学段链接,可设计小学、初中与高中相衔接并不断进阶的评价指标体系。以思想品德维度为例,小学可重点考察其文明行为习惯的养成,初中学段重点考察其对社会规范和道德规范的理解与遵守,高中学段重点考察其正确

① 顾雪英,魏善春.新高考背景下普通高中生涯教育:现实意义、价值诉求与体系建构[J].江苏高教,2019(06):44-50.

② 柳夕浪.学生综合素质评价 怎么看?怎么办?[M].上海:华东师范大学出版社,2015:80.

③ 宋丽芹,姬国君.综合素质评价区域推进的诉求与路径——基于三个典型案例的实践分析[J].现代基础教育研究,2024,53(01):120-125.

的世界观、人生观和价值观的形成以及积极践行社会主义核心价值观等情况，以体现评价的“连续性”和“进阶性”。① 其次，需要加强评价工作在区域范围内的统筹规划，确保评价工作不偏离轨道。这需要建立健全的机制和制度保障，包括组织管理、信息沟通等方面的规定。同时，也需要从态度、信念和执行力等方面提供支持。在具体推进中，应树立持续推进、长期实施的意识，坚持以问题为导向，加强源头治理，做到上下联动、逐级落实，从而推动综合素质评价在区域范围内的全面推进。

① 王洪席，陈平静.“育人为本”理念下学校综合素质评价“落地”的实践路径[J].中国教育学刊，2022(10)：39-44.

专题篇

专题一　普通高中多样化发展

引　言

随着国际经济和综合国力竞争的加剧,提高科学技术水平和国民综合素质成为国家的重要战略。普通高中作为衔接基础教育与高等教育的关键阶段,在国家教育体系中具有承上启下的重要地位,其发展状况直接影响高中教育普及进程和人才培养质量。在近30年的时间里,推进普通高中多样化发展不断出现在国家出台的重要文件之中。1993年,中共中央、国务院高瞻远瞩,印发了《中国教育改革和发展纲要》,首次提出普通高中办学体制和办学模式要多样化。2010年,《国家中长期教育改革和发展规划纲要(2010—2020年)》明确提出从办学体制、人才培养模式、创新人才培养途径、特色高中等方面推动普通高中多样化发展。2017年,《教育部等四部门关于印发〈高中阶段教育普及攻坚计划(2017—2020年)〉的通知》,再次对“推动学校多样化有特色发展”作出阐释。2019年,中共中央、国务院印发《中国教育现代化2035》,强调“鼓励普通高中多样化有特色发展”。2019年6月11日,国务院办公厅发布《关于新时代推进普通高中育人方式改革的指导意见》(以下简称《意见》),《意见》就推进普通高中教育教学改革、全面提高教育质量进行了系统设计和全面部署,是新世纪以来国务院办公厅出台的第一个关于普通高中教育改革的重要纲领性文件。在贯彻落实全国教育大会精神,统筹推进普通高中新课程改革和高考综合改革，全面提高普通高中教育质量，推进普通高中育人方式改革等方面意义重大。

为贯彻落实《意见》精神，深化我省普通高中教育教学改革，全面提高普通高中教育质量，2020 年 1 月 9 日，经省政府同意，河南省人民政府办公厅发布《关于新时代推进普通高中育人方式改革的实施意见》（以下简称《实施意见》），从工作目标、重点任务、保障措施三方面对推进河南省普通高中育人方式改革作出了要求。

一、河南省普通高中多样化发展的政策举措

高中阶段是介于义务教育和高等教育之间的特殊学段，其教育功能充满复合性，既有育人功能，又兼具升学和就业功能。我国《普通高中课程方案（2017 年版 2020 年修订）》指出，普通高中教育是在义务教育基础上进一步提高国民素质、面向大众的基础教育，任务是促进学生全面而有个性地发展，为学生适应社会生活、高等教育和职业发展作准备，为学生的终身发展奠定基础。明确新时代普通高中的功能定位，为推动普通高中多样化发展指引了方向。2019 年，《国务院办公厅关于新时代推进普通高中育人方式改革的指导意见》同样指出，当前普通高中教育正处于普及攻坚、课程改革和高考综合改革三大改革同步推进的关键时期。特别是高考综合改革，要探索“两依据、一参考”的录取模式，对普通高中学生的选课走班、教学组织、综合素质评价等提出了新的要求，这些新任务迫切需要通过深化改革、着力破解当前面临的体制机制性障碍，确保各项改革能够有效衔接、协同推进。

在新发展背景下，推进普通高中多样化发展是贯彻落实党的教育方针、适应新时代人才培养需求、促进学生全面而有个性地发展的重要举措。近年来，面对新形势新挑战，河南省在资源配置、经费投入、队伍建设等方面打好“组合拳”，多措并举，综合施策，推动普通高中发展形成良好生态。

（一）分类发展，初步形成多样化发展新格局

2014 年，《河南省教育厅关于开展普通高中多样化发展试点工作的意见》（教基二［2014］501 号）提出，尊重学校主体地位，发挥学校首创精神，以创新培养模式

为重点,以课程建设为核心,深化教育教学改革,创新教育教学方法,完善政策措施,创新体制机制,提高教育质量,推动我省普通高中多样化发展。并按照综合创新类、学科特色类、普职融通类、国际特色类,遴选了58所高中作为首批普通高中多样化发展试点学校。综合创新高中以培养基础深厚、全面发展的创新人才为主;学科特色高中以培养特长突出、基础扎实的普适性人才为主;普职融通高中以培养“合格+技能”的高素质应用型人才为主;国际特色高中以培养具有传统底蕴和国际视野的综合型人才为主。经过一定时期的建设,2017年,省教育厅通过终期评估,认定首批普通高中多样化发展示范校30所,我省普通高中多样化发展新格局初步形成。

(二)全力深化,启动实施普通高中“1256工程”

2019年,河南省人民政府办公厅在高中普及攻坚、课程改革、高考综合改革等背景下,印发了《关于新时代推进普通高中育人方式改革的实施意见》,以普通高中育人方式改革“1256工程”为抓手,对我省普通高中育人方式改革进行了整体部署。实施普通高中“1256工程”,即重点培育100所普通高中多样化发展省级示范校、200所普通高中省级示范性教学创新基地学校、500个普通高中省级示范性学科,设立600项普通高中育人方式改革研究课题。

以河南省人民政府办公厅《关于新时代推进普通高中育人方式改革的实施意见》为蓝本,河南省各地市根据本地区的实际情况,纷纷制定了普通高中多样化发展规划和实施方案。以省级示范校的建设为例,各地启动实施本地普通高中多样化发展示范校建设,同步建设一批市级特色高中,形成区域内学校特色化发展布局。如郑州市教育局于2022年12月发布《郑州市普通高中多样化发展示范校建设实施方案》,新乡市教育局于2022年10月发布《新乡市普通高中多样化发展示范校建设实施方案》等,分别从建设目标、建设内容、建设程序、建设条件、建设保障等方面保障普通高中多样化发展示范校的建设。

(三)专业引领,以训促学营造育人新生态

普通高中育人方式改革是推动我省普通高中办学品质和育人水平进一步提升,推动学校多样化发展,推动高中教育事业实现新跨越、取得新成就的重要工作。

这一重要工作需要专业力量引领，才能不断推进普通高中改革发展进程。2022年9月28日至29日，河南省普通高中育人方式改革暨省级学科基地建设工作推进会在郑州举行，为全省普通高中省级学科基地建设明方向、理思路、找方法、促落实，河南省教育科学规划与评估院教育科学规划办公室主任对《普通高中省级学科基地建设规划内容框架》进行了解读。2023年4月9日至12日，由省教育厅主办、省普通高中发展研究中心承办的河南省普通高中多样化发展专项培训在江苏省南京举行……各省辖市、济源示范区、省直管县（市）教育局分管普通高中工作的副局长、基教科长，首批河南普通高中省一级、省二级学科基地学校校长、学科基地负责人共160余人参加培训。通过专家专题报告、参观优质高中、聆听江苏省一线高中名校长办学实践讲座、赴南京大学交流学习等环节，河南省的参训人员将经验学深悟透，积极创新，探索本地普通高中多样化发展的有效路径。各项培训和学习都有助于推动高考综合改革顺利实施，推进普通高中多样化特色化发展，加强普通高中学科基地建设。

二、河南省普通高中多样化发展的工作成效

党的二十大报告关于高中教育的表述是“坚持高中阶段学校多样化发展”。以普通高中育人方式改革“1256工程”为抓手，我省普通高中育人方式改革进行了整体部署。经过几年的摸索和实践，“1256工程”取得了一定进展。

（一）普通高中多样化发展省级示范校逐步建成

“1256工程”中的“1”指的是要培育100所普通高中多样化发展省级示范校，主攻方向是多样化发展，关键在“多样”，重点要解决普通高中发展的同质化问题。2014年，河南省教育厅发布《关于开展普通高中多样化发展试点工作的意见》（教基二［2014］501号），按照综合创新类、学科特色类、普职融通类、国际特色类，组织申报并遴选了58所高中作为首批普通高中多样化发展试点学校。经过一定时期的建设，2017年，省教育厅通过综合评估，认定首批普通高中多样化发展示范校30所（见表4），这30所高中按照科技、人文、外语、艺体、综合高中五种类型进行申请转设，经评估认定合格的由省教育厅进行命名认定，评估不合格的给予一年整改创

建期。申请转设的学校按照转设条件逐项填写,从基础条件、办学条件、课程建设、育人团队到学生成长等,共 17 项。如基础条件中强调学校应具有成熟的特色育人体系、稳定鲜明的办学风格、较高办学品质,有完备的多样化示范高中建设方案,有准确的办学定位和明晰的发展思路,有完善而成熟的各项制度,学校积极开展特色办学实践,学校至少有一个省级学科基地。申请科技高中的需有数学、物理、化学、生物、地理、信息技术中一个省级学科基地;申请人文高中的需有语文、政治、历史、地理中一个省级学科基地;申请外语高中的需有外语省级学科基地;申请艺体高中的需有音乐、美术、体育中一个省级学科基地;申请综合高中的需有技术省级学科基地;有综合实践省级学科基地的学校根据情况自主选择申报类型。至此,普通高中多样化发展的新格局初步形成。

表 4　首批河南省普通高中多样化发展示范校名单

序号	学校名称	特色类型
1	郑州市第一中学	综合创新类
2	郑州外国语学校	综合创新类
3	南阳市第一中学校	综合创新类
4	西峡县第一高级中学	综合创新类
5	河南师范大学附属中学	综合创新类
6	新乡市第一中学	综合创新类
7	郸城县第一高级中学	综合创新类
8	许昌高中	综合创新类
9	河南大学附属中学	综合创新类
10	安阳市第一中学	综合创新类
11	河南省实验中学	综合创新类
12	开封高级中学	综合创新类
13	济源第一中学	综合创新类
14	汝州市第一高级中学	综合创新类
15	焦作市第一中学	综合创新类
16	鹤壁市高中	综合创新类
17	平顶山市第一中学	综合创新类

续表

序号	学校名称	特色类型
18	信阳高级中学	综合创新类
19	驻马店高级中学	综合创新类
20	栾川县第一高级中学	综合创新类
21	漯河市高级中学	综合创新类
22	郑州市第九中学	学科特色类
23	郑州市第二中学	学科特色类
24	三门峡市外国语高级中学	学科特色类
25	郑州市第一〇六中学	学科特色类
26	焦作市第十二中学	学科特色类
27	濮阳市油田艺术中学	学科特色类
28	郑州市第十中学	普职融通类
29	商丘市第三高级中学	普职融通类
30	郑州市第四十七中学	国际特色类

2023 年 5 月 17 日，河南省教育厅办公室发布《关于公布新一轮河南省普通高中多样化发展示范校名单的通知》（教办基〔2023〕171 号）。按照相关文件要求，省教育厅组织专家对 2017 年认定的 30 所首批河南省普通高中多样化发展示范校按照科技、人文、外语、艺体、综合高中 5 种多样化发展类型进行转设评估，郑州外国语学校等 22 所高中评估合格，予以转设；其余 8 所高中评估不合格，需进一步整改。新一轮河南省普通高中多样化发展示范校名单如下。

表 5　河南省普通高中多样化发展示范校（新一轮）名单

序号	学校名称	特色类型
1	郑州外国语学校	外语特色
2	河南省实验中学	科技特色
3	郑州市第一中学	科技特色
4	河南大学附属中学	科技特色
5	河南省开封高级中学	科技特色
6	郑州市第四十七高级中学	外语特色

续表

序号	学校名称	特色类型
7	郑州市第二高级中学	科技特色
8	河南师范大学附属中学	科技特色
9	郑州市第一〇六高级中学	艺体特色(美术)
10	平顶山市第一中学	科技特色
11	安阳市第一中学	科技特色
12	许昌高级中学	科技特色
13	漯河市高级中学	人文特色
14	郑州市第九中学	科技特色
15	濮阳市油田艺术中学	艺体特色(音乐)
16	河南省驻马店高级中学	人文特色
17	新乡市第一中学	人文特色
18	焦作市第一中学	人文特色
19	南阳市第一中学校	科技特色
20	鹤壁市高中	科技特色
21	河南省济源第一中学	外语特色
22	焦作市第十二中学	艺体特色(美术)

在河南省普通高中多样化发展示范校的申报过程中,各市也积极围绕普通高中多样化发展开展教育工作,选拔市级示范校。例如,漯河市通过 2022 年教育工作重点,确定实施普通高中教育多样化发展工程。重点是改善普通高中办学条件,打造特色化多样化高中。以漯河高中、临颍一高为龙头,组建普通高中办学联盟,强化名校带动作用。发挥市实验高中引领作用,组建普艺融合教育集团,推动高中多样化发展。2022 年 9 月 30 日,漯河市普通高中多样化发展现场观摩会举行。高中校长齐聚一堂,共谋多样化发展大计。校长们现场观看了解全市普通高中多样化特色化发展工作开展情况,对漯河市首批普通高中多样化发展示范校授牌,听取普通高中学校代表汇报发言交流,实地观摩了漯河高中校园文化、体育活动、社团活动、特色教学、特色班会等多样化办学成果。观摩会旨在通过多样化的高中教育,为学生成长提供更丰富多彩的教育模式,为学生意志品质能力的形成提供一个可期待、引导性的发展环境,激发其内生动力。在坚持育人为本、德育为先的前提

下，始终把培养学生的创新精神和实践能力贯穿于整个教学活动之中，为学生提供挑战性的学习环境和更多的接触社会的机会和平台，激发学生探索乐趣。

图2　漯河市高中校长齐聚一堂 共谋多样化发展大计

另外，以河南省普通高中多样化发展省级示范校的申报为起点，诸多高中立足学校文化基因，深度推进学校多样化发展。例如，首批荣获河南省普通高中多样化发展示范校的鹤壁市高中，是鹤壁市唯一一所获此殊荣的学校。鹤壁市高中高度重视学校多样化发展工作，丰富办学内涵，突出办学特色，立足育人方式改革，秉承一切为学生全面发展的育人理念，以建设良好的教育生态为主线，让每个孩子都有闪光点，以规范办学、“三精”化管理、过程控制为抓手，全面打造具有“深度探究”特征的课堂教学，构建课堂内外综合育人课程体系，着力培养学生的创新精神和思维能力，培养“追求卓越与自强不息并进，科学素养与人文素养兼备，道德规范与个性特长俱佳”的新时代接班人，为国家输送了一批又一批具有家国情怀和创新能力的合格人才。又如，郑州市第二高级中学，特色类型是“科技特色”。早在十多年前，郑州市第二高级中学就确立了“培养全面而有个性的创新人才”的育人目标。长期以来，学校全面开展信息化教学活动，让信息技术深度融合教学、管理、评价以及校园文化，建设了高质量的智慧校园，教育信息化助力学校全面育人成为学校特色，信息技术学科被评为河南省一级学科基地。科技特色还体现在创客教育课程群的常态化开设，包括人工智能、机器人、编程、微电影制作等课程在内的跨学科课程学习，以及各种科技社团的建立和活动，参加各种创新大赛、机器人比赛等赛事活动,多次获得国际、国家级奖项。科技类活动的丰富开展离不开现代化、多样化的设施设备和专业能力强、深受学生喜爱的科技类教师。郑州市第二高级中学具备满足多样化发展需要的设施设备,建有功能完备的各种实验室、数字化教学平台和资源库、创客空间、计算机教室,具有数量充裕、数字化标准的智慧教室以及各种设施设备,学校还是河南省中小学数字校园标杆校。

图 3　郑州市第二高级中学成为新一轮河南省普通高中多样化发展示范校

(二)普通高中省级示范性教学创新基地学校领航发展

“1256 工程”中的“2”指的是围绕新课程改革,遴选 200 所普通高中省级示范性教学创新基地学校。该项工作的关键在“引领”,重点在保障高考综合改革平稳着陆。2022 年,为深化普通高中课程改革,提高新课程新教材实施质量,落实立德树人根本任务,按照《河南省教育厅办公室关于遴选普通高中新课程新教材实施省级示范校的通知》(教办基〔2022〕10 号)等文件要求,经各地推荐、省教育厅组织专家评审,认定郑州市第二高级中学等 33 所学校为普通高中新课程新教材实施省级示范校,郑州第四高级中学等 84 所学校为普通高中新课程新教材实施省级示范校创建单位。

表 6　普通高中新课程新教材实施省级示范校名单

序号	学校名称
1	郑州市第二高级中学(国家级示范校)
2	郑州市第七高级中学(国家级示范校)
3	郑州市第四十七高级中学(国家级示范校)
4	郑州市第一中学
5	郑州外国语学校
6	郑州市第十一中学
7	郑州龙湖一中
8	郑州市第九中学
9	开封市高级中学
10	开封市第二十五中学
11	洛阳理工学院附属中学
12	栾川县第一高级中学
13	平顶山市第一中学
14	安阳市第一中学
15	安阳市实验中学
16	安阳县高级中学
17	新乡市第一中学
18	沁阳市第一中学
19	修武县第一中学
20	濮阳市油田第一中学
21	许昌高级中学
22	漯河市高级中学
23	三门峡市陕州中学
24	南阳市第二中学校
25	内乡县高级中学
26	商丘市第二高级中学
27	新县高级中学
28	河南省淮滨高级中学

续表

序号	学校名称
29	周口市第一高级中学
30	河南省淮阳中学
31	郸城县第一高级中学
32	巩义市第二高级中学
33	河南省实验中学

表 7　普通高中新课程新教材实施省级示范校创建单位名单

序号	学校名称
1	郑州市第四高级中学
2	郑州市实验高级中学
3	登封市外国语高级中学
4	荥阳市实验高级中学
5	中牟县第一高级中学
6	新郑市第一中学
7	开封市第五中学
8	开封市祥符区高级中学
9	杞县高中
10	洛阳市第一高级中学
11	河南科技大学附属高级中学
12	洛阳市第三中学
13	河南省偃师高级中学
14	洛阳市孟津区第一高级中学
15	新安县第一高级中学
16	汝阳县第一高级中学
17	洛宁县第一高级中学
18	平顶山市第一高级中学
19	宝丰县第一高级中学
20	河南省叶县高级中学
21	郏县第一高级中学

续表

序号	学校名称
22	舞钢市第一高级中学
23	安阳市开发区高级中学
24	安阳市龙安高级中学
25	安阳市殷都区第一高级中学
26	林州市第一中学
27	内黄县第一中学
28	鹤壁市第一中学
29	鹤壁市高中
30	鹤壁市外国语中学
31	浚县第一中学
32	新乡县第一中学
33	辉县市第一高级中学
34	获嘉县第一中学
35	卫辉市第一中学
36	延津县第一高级中学
37	焦作市第一中学
38	焦作市外国语中学
39	温县第一高级中学
40	孟州市第一高级中学
41	濮阳市第一高级中学
42	濮阳市油田第三高级中学
43	濮阳市华龙区高级中学
44	南乐县第一高级中学
45	许昌第二高级中学
46	河南省襄城高中
47	漯河实验高中
48	三门峡市外国语高级中学
49	灵宝市第一高级中学

续表

序号	学校名称
50	南阳市第一中学校
51	南阳市第五中学校
52	南召县第一高级中学
53	社旗县第一高级中学
54	西峡县第一高级中学
55	镇平县第一高级中学
56	虞城县高级中学
57	柘城县第二高级中学
58	睢县回族高级中学
59	商丘市第一高级中学
60	商丘市回民中学
61	河南省信阳高级中学
62	信阳大别山高级中学
63	信阳市第二高级中学
64	罗山县高级中学
65	河南省潢川高级中学
66	周口市第二高级中学
67	商水县第二高级中学
68	太康县第一高级中学
69	项城市第一高级中学
70	扶沟县高级中学
71	河南省驻马店高级中学
72	驻马店市第一高级中学
73	上蔡县第一高级中学
74	正阳县第二高级中学
75	济源高级中学
76	河南省济源第一中学
77	汝州市第一高级中学

续表

序号	学校名称
78	滑县第一高级中学
79	长垣市第一中学
80	永城市第三高级中学
81	固始县高级中学
82	新蔡县第一高级中学
83	河南大学附属中学
84	河南师范大学附属中学

2023 年,为落实河南省高考综合改革要求,推动深化普通高中课程改革,提高新课程新教材实施质量,按照教育部工作安排,省教育厅决定遴选第二批普通高中新课程新教材实施省级示范校。在建设首批普通高中新课程新教材实施省级示范校的基础上,进一步优化布局,原则上每个县(市)遴选 1 所示范校。示范校围绕重点工作任务探索新课程新教材实施有效经验,发挥示范引领作用,辐射带动本地区和薄弱学校做好课程教材实施工作,同时形成一批典型经验,为全面推动普通高中课程改革奠定良好基础。2023 年 7 月 24 日,河南省教育厅公示第二批普通高中新课程新教材实施省级示范校评审结果名单,认定郑州市第四高级中学等 128 所学校为第二批普通高中新课程新教材实施省级示范校(见表 8)。

表 8　第二批普通高中新课程新教材实施省级示范校认定名单

序号	学校名称
1	郑州市第四高级中学
2	郑州市实验高级中学
3	登封市外国语高级中学
4	荥阳市实验高级中学
5	中牟县第一高级中学
6	新郑市第一中学
7	郑州市第二外国语学校
8	新密市第一高级中学
9	郑州市第一〇六高级中学

续表

序号	学校名称
10	开封市第五中学
11	杞县高中
12	开封市田家炳实验中学
13	尉氏县第三高级中学
14	洛阳市第一高级中学
15	河南科技大学附属高级中学
16	河南省偃师高级中学
17	洛阳市孟津区第一高级中学
18	新安县第一高级中学
19	汝阳县第一高级中学
20	洛宁县第一高级中学
21	洛阳市第五高级中学
22	伊川县第一高级中学
23	平顶山市第一高级中学
24	宝丰县第一高级中学
25	河南省叶县高级中学
26	郏县第一高级中学
27	舞钢市第一高级中学
28	平顶山市实验高中
29	河南省鲁山县第一高级中学
30	安阳市开发区高级中学
31	安阳市龙安高级中学
32	安阳市殷都区第一高级中学
33	林州市第一中学
34	内黄县第一中学
35	安阳市第二中学
36	汤阴县第一中学
37	鹤壁市高中

续表

序号	学校名称
38	鹤壁市外国语中学
39	鹤壁市第一中学
40	浚县第一中学
41	卫辉市第一中学
42	辉县市第一高级中学
43	新乡县第一中学
44	获嘉县第一中学
45	延津县第一高级中学
46	新乡市铁路高级中学
47	原阳县第一中学
48	封丘县第一中学
49	焦作市第一中学
50	焦作市外国语中学
51	温县第一高级中学
52	焦作市第十一中学
53	博爱县第一中学
54	武陟县第一中学
55	濮阳市第一高级中学
56	濮阳市油田第三高级中学
57	濮阳市华龙区高级中学
58	南乐县第一高级中学
59	濮阳县第一中学
60	清丰县第一高级中学
61	许昌第二高级中学
62	河南省襄城高中
63	许昌实验中学
64	禹州市一高
65	长葛市一高

续表

序号	学校名称
66	鄢陵县一高
67	建安区三高
68	漯河实验高级中学
69	漯河市第五高级中学
70	舞阳县第一高级中学
71	临颍县第一高级中学
72	三门峡市外国语高级中学
73	灵宝市第一高级中学
74	三门峡市第一高级中学
75	卢氏县实验高级中学
76	南阳市第一中学校
77	南阳市第五中学校
78	西峡县第一高级中学
79	社旗县第一高级中学
80	镇平县第一高级中学
81	南召县第一高级中学
82	唐河县第一高级中学
83	南阳市油田第一中学
84	淅川县第一高级中学
85	方城县第一高级中学
86	桐柏县第一高级中学
87	新野县第一高级中学
88	南阳市第四完全学校
89	虞城县高级中学
90	柘城县第二高级中学
91	睢县回族高级中学
92	商丘市第一高级中学
93	商丘市回民中学

续表

序号	学校名称
94	宁陵县高级中学
95	信阳高级中学
96	信阳大别山高级中学
97	河南省信阳市第二高级中学
98	罗山县高级中学
99	河南省潢川高级中学
100	信阳市第一高级中学
101	光山县第二高级中学
102	河南省商城高级中学
103	太康县第一高级中学
104	项城市第一高级中学
105	周口市第二高级中学
106	商水县第二高级中学
107	扶沟县高级中学
108	沈丘县第一高级中学
109	河南省驻马店高级中学
110	驻马店市第一高级中学
111	上蔡县第一高级中学
112	正阳县第一高级中学
113	平舆县第一高级中学
114	泌阳县第一高级中学
115	确山县第一高级中学
116	汝南县第一高级中学
117	河南省济源第一中学
118	济源高级中学
119	兰考县第一高级中学
120	汝州市第一高级中学
121	滑县第一高级中学

续表

序号	学校名称
122	长垣县第一中学
123	郑州市第一高级中学校
124	永城市第一高级中学
125	固始县高级中学
126	鹿邑县高级中学校
127	河南大学附属中学
128	河南师范大学附属中学

为推动河南省普通高中更好地适应新时期高中育人方式改革的要求,对普通高中课程规划和建设、课堂改革与育人方式改革、教育评价和学校管理等有更加深刻的理解,2023 年 3 月 12 日,由中国教育学会、河南省教育厅、山东省教育厅共同实施的“河南省普通高中新课程山东跟岗研修”正式启动。河南省 900 多所普通高中学校的 2000 余位校长和副校长,分两批(第一批 3 月 12 日至 17 日,第二批 3 月 26 日至 31 日)赴山东省济南市、青岛市、潍坊市、烟台市、淄博市的 40 所普通高中学校开展跟岗研修,旨在提升河南省普通高中新课程、新教材、新高考实施水平。在落实“双新”改革目标,构建全面育人体系背景下,为了让新课程顺利落地,郑州第四十七高级中学调整机构设置,改组教务处、德育处,成立课程建设与教师发展中心、德育建设与学生发展中心、学科建设中心,系统地推进改革进程。根据课程建设要求,学校成立了学分认定机构,配套制定了学分认定制度,规范认定条件、认定程序、申诉办法、学分管理等重要环节,注重过程性资料的收集、保存,保证学分认定科学规范、严谨合理,以及它的可操作性、可执行性。另外,学校还搭建了校园智慧管理平台,构建精细化、协同化的教育管理和教学管理信息系统,为师生提供精准化服务。在探索走班教学过程中,郑州第四十七高级中学结合现有的师资和教学资源,在高一年级部分班级试点进行选课走班教学,建立新的管理体系,并结合学生个性化发展需求,加强选修课的开发,让学生自我管理、自我服务、自能发展。学校依据教育部发布的《普通高中课程设置方案》,制订《课程实施方案》,除确保语文、数学、英语等必修课程及选择性必修课程外,将体育与健康、音乐、美术、信息技术和通用技术等课程纳入课表,供学生选择。比如体育方面,学校将体育课

外社团和业余体育运动队训练紧密结合，采用体育分项教学模式，满足学生发展需要。又如，为有效推进新课程新教材实施，洛阳市第一高级中学进行机构重塑，形成“六纵五横”行政管理架构，围绕课改成立领导专班，制定相关制度，构筑年级组、教研组、备课组纵横交织的立体化教研模式。同时，学校谋划省市一级、二级学科基地建设的发展布局，为新课程新教材的实施提供有力保障。通过成立“双新”实施培训中心、课程开发中心、命题研究中心和学科名师工作室，提出“四主”课堂模式的建构等，有效推进课改。

（三）普通高中学科基地渐成规模

“1256 工程”中的“5”指的是要建设 500 个普通高中学科基地，其中包括 50 个省一级学科基地、150 个省二级学科基地、300 个市级学科基地。普通高中省级学科基地是实施新课程新教材的重要抓手，是促进普通高中优势学科课程建设、提升育人能力的重要载体。以普通高中省级学科基地建设为载体，推进“双新”背景下高品质学科育人体系建设，形成优质学科课程体系和学科教学特色，持续提升学科建设水平与教师学科育人能力，推进普通高中育人方式改革，培养学科素养，促进学生全面发展。努力将省级学科基地打造成全省普通高中的课程开发中心、教学研究中心、师资培养中心、教育评价中心和帮扶共建中心。

2022 年 7 月，全省普通高中省级学科基地现场答辩会在郑州举行。拟认定为省一级学科基地的 22 所学校通过校长主题报告、学科负责人汇报、抽题解答，亮家底、展特色、说规划，展现了我省普通高中省级学科基地的高质量和未来发展方向。2022 年 8 月 30 日，经各地推荐，省级初评、复评、实地评估和公示等环节，河南省教育厅公布首批普通高中省级学科基地名单。认定河南省实验中学语文学科等 24 个学科为省一级学科基地，洛阳市第一高级中学语文学科等 52 个学科为省二级学科基地。

表 9　首批普通高中省一级学科基地、省二级学科基地名单

首批普通高中省一级学科基地名单		
序号	学校名称	学科
1	河南省实验中学	语文
2	安阳市第一中学	语文
3	漯河市高级中学	语文
4	河南大学附属中学	数学
5	平顶山市第一中学	数学
6	郑州市第一中学	数学
7	河南省开封高级中学	数学
8	郑州市第四十七高级中学	外语
9	郑州外国语学校	外语
10	郑州市第七高级中学	外语
11	郑州市第四十七高级中学	思想政治
12	郑州市第十一中学	思想政治
13	洛阳市第二实验中学	思想政治
14	开封市第二十五中学	历史
15	平顶山市第一高级中学	历史
16	郑州外国语学校	地理
17	河南省实验中学	物理
18	郑州市第四高级中学	物理
19	河南师范大学附属中学	物理
20	郑州市第七高级中学	化学
21	平顶山市第一中学	生物
22	郑州市第一中学	生物
23	郑州市第二高级中学	信息技术
24	郑州市第一〇六高级中学	美术

首批普通高中省二级学科基地名单		
序号	学校名称	学科
1	洛阳市第一高级中学	语文
2	郑州市第一〇一中学	语文
3	新乡市第一中学	语文
4	焦作市第一中学	语文
5	镇平县第一高级中学	语文
6	商丘市第一高级中学	语文
7	河南师范大学附属中学	语文
8	郑州市第二高级中学	数学
9	郑州市回民高级中学	数学
10	郑州市第九中学	数学
11	洛阳市第二实验中学	数学
12	鹤壁市高级中学	数学
13	获嘉县第一中学	数学
14	商水县第一高级中学	数学
15	郑州市郑东新区外国语学校	外语
16	郑州市第十一中学	外语
17	河南科技大学附属高级中学	外语
18	林州市第一中学	外语
19	濮阳市油田第一中学	外语
20	驻马店高级中学	外语
21	河南省济源第一中学	外语
22	平顶山市实验高中	思想政治
23	漯河市高级中学	思想政治
24	郑州市第四高级中学	历史
25	洛阳市回民中学	历史
26	南阳市第五中学校	历史
27	柘城县第二高级中学	历史
28	郑州市第三十一高级中学	地理

续表

首批普通高中省二级学科基地名单		
序号	学校名称	学科
29	开封市第二十五中学	地理
30	沁阳市第一中学	地理
31	商丘市回民中学	地理
32	郑州市第十六高级中学	物理
33	郑州市实验高级中学	物理
34	安阳市第一中学	物理
35	林州市第一中学	物理
36	河南省淮滨高级中学	物理
37	河南省光山县第二高级中学	物理
38	河南省淮阳中学	物理
39	南阳市第一中学校	化学
40	河南省开封高级中学	化学
41	濮阳市油田第一中学	化学
42	许昌高级中学	化学
43	河南大学附属中学	化学
44	郑州龙湖一中	生物
45	洛阳市第八中学	生物
46	平顶山市第二高级中学	生物
47	郑州市第二十四中学	音乐
48	濮阳市油田艺术中学	音乐
49	焦作市第十二中学	美术
50	南阳市第一中学校	综合实践活动和劳动
51	郑州市回民高级中学	生涯教育
52	渑池县高级中学	生涯教育

2023年10月24日,为贯彻落实《河南省人民政府办公厅关于新时代推进普通高中育人方式改革的实施意见》《河南省教育厅办公室关于开展普通高中省级学科基地建设工作的通知》等文件精神,推进普通高中育人方式改革,推动学校多样

化有特色发展，根据《河南省教育厅办公室关于遴选第二批普通高中省级学科基地的通知》（教办基〔2023〕296 号）文件要求，经各地推荐，省级初评、复评和实地评估，认定新乡市第一中学语文学科等 9 个学科为省一级学科基地，商水县第二高中语文学科等 37 个学科为省二级学科基地。

表 10　第二批普通高中省一级学科基地、省二级学科基地名单

第二批普通高中省一级学科基地名单		
序号	学校名称	申报学科
1	新乡市第一中学	语文
2	商丘市第一高级中学	语文
3	郑州市第二高级中学	数学
4	郑州市第十一中学	外语
5	河南省淮滨高级中学	物理
6	郑州市第四高级中学	历史
7	平顶山实验高中	思想政治
8	商丘市回民中学	地理
9	南阳市第一中学校	综合实践

第二批普通高中省二级学科基地名单		
序号	学校名称	申报学科
1	商水县第二高级中学	语文
2	巩义市第二高级中学	语文
3	南阳市第五中学校	语文
4	灵宝市第一高级中学	语文
5	河南科技大学附属高级中学	语文
6	固始县高级中学	语文
7	许昌高级中学	数学
8	平顶山市第一高级中学	数学
9	洛阳市第一高级中学	数学
10	驻马店高级中学	数学
11	宝丰县第一高级中学	数学

续表

第二批普通高中省二级学科基地认定名单		
序号	学校名称	申报学科
12	南阳市第二中学校	数学
13	郸城县第一高级中学	数学
14	许昌市建安区第三高级中学	外语
15	宝丰县第一高级中学	外语
16	洛阳外国语学校	外语
17	鹤壁市高中	外语
18	平顶山市第二高级中学	外语
19	郑州市第五高级中学	外语
20	三门峡市外国语高级中学	外语
21	商丘市第一高级中学	生物
22	周口市第一高级中学	生物
23	鹤壁市第一中学	生物
24	临颍县第一高级中学	生物
25	焦作市第十一中学	物理
26	唐河县第一高级中学	物理
27	西峡县第一高级中学	物理
28	河南省息县第一高级中学	化学
29	河南省淮阳中学	化学
30	驻马店市第一高级中学	历史
31	郑州市第一〇一中学	历史
32	安阳市第三中学	美术
33	洛阳市第十一高级中学	美术
34	修武县第一中学	地理
35	济源高级中学	综合实践
36	郑州市第十中学	技术
37	南阳市第八中学校	生涯教育

为更好推进省级学科基地的建设工作,各市、县教育部门和学校纷纷采取有效

举措。2022 年 3 月，安阳市教育局转发《河南省教育厅办公室关于开展普通高中省级学科基地建设工作的通知》（安教基函〔2022〕90 号），要求各县（市、区）教育局及各普通高中学校要高度重视申报、创建工作，积极申报，抓好创建，努力实现“多学校有基地，各学科有基地”。平顶山市第二高级中学撰写了《平顶山市二高优秀学科建设方案》，并客观分析了学校学科建设的现状，鼓励教师积极申报。通过传达教体局文件精神，为申报学科基地提供了重要的依据。

图 4　2022 年 11 月 3 日，平顶山市第二高级中学召开市级学科基地申报工作筹备会

另外，以省级学科基地的申报为基础，部分学校立足特色，以课程建设推动教师专业发展和学校育人理念的改变。例如，获第二批普通高中省二级学科基地的修武县第一中学，在“三新背景”下（新高考、新教材、新课程），积极转变传统育人方式，以修武县域丰富的地理实践活动资源为依托，以学生社团活动和拓展延伸的课堂为主阵地，不断推进地理实践活动和“6+1”高效课堂教学整合的研究以及校本课程的研发与构建，取得了丰硕成果。《县域高中地理实践资源与课堂教学整合的研究》获批为省级重点基础教育教学科研课题，并于 2023 年 8 月被评为省基础教育教学研究项目优秀成果一等奖；校本课程《解密地理 探寻高考》被评为河南省中小学校本课程建设优秀成果一等奖；“行知研学社”被命名为焦作市优秀学生社团;地理实践资源与“6+1”课堂教学整合课《内外力作用对地表形态变化的影响——以云台山红石峡为例》荣获河南省教育系统优质课一等奖并被邀请作省级示范课,深受好评;10余篇教育教学研究论文发表。

此外,以省级学科基地建设为契机,部分学校积极探索,提高教师教学专业素养,促进教师对新高考动向的把握。例如,2023年6月9日,首届河南省普通高中历史学科省级基地建设联盟论坛,在开封市第二十五中学实践教育基地举行。全省6个首批历史学科省级基地组建联盟、携手发展。这是河南省普通高中省级学科基地成立的首个联盟。联盟的成立,将助力学科基地在多维度发力,成为全省历史学科的课程开发中心、教学研究中心、师资培养中心、教育评价中心、示范推广中心。又如,河南省实验中学高中语文组特邀郑州市教育局教学研究室专家,为学校教师指导高考语文备考并做专题报告《“三新”背景下的高考备考》;郑州市第七高级中学的外语、化学两个学科是省一级学科基地。为进一步推动高中育人方式改革,全面提高教育质量,学校与教育部人文社科重点研究基地、基础教育课程改革“国家队”——华东师范大学课程与教学研究所达成合作协议,针对学校面临的问题与挑战,研究所对其开展专业指导与帮助;作为首批河南省省级学科基地学校,郑州龙湖一中在郑州大学生命科学学院建立高中生物学科发展基地,携手共促郑

图5　2023年6月9日,首届河南省普通高中历史学科省级基地建设联盟论坛,在开封市第二十五中学实践教育基地举行

州龙湖一中学科基地建设与发展，探索拔尖人才培养模式，提升学科建设水平；为了进一步加强学校学科基地建设、拓宽交流学习渠道，解决学科基地建设中出现的困惑，平顶山市第一高级中学历史学科基地核心成员前往江苏省海安高级中学实地参观学习。通过参观学习和交流研讨，历史学科基地教师学到了知识，找到差距，增长见识，明确方向，深深认识到学科基地建设对转变育人方式和学校发展的重要意义。郑州市第四十七高级中学组织思想政治学科教师参加 2023 年河南省高中思想政治学科跟进培训暨优质课观摩交流活动。安阳市第一中学鼓励阅读增慧，推动基地建设，组织语文学科教师参加了在湖北宜昌举办的 2023 年度中学语文课堂展示大会暨“读书种子计划”读书经验交流活动。以省级学科基地建设为载体，各地（校）推进“双新”背景下高品质学科育人体系建设，持续提升学科建设水平与教师学科育人能力，推进普通高中育人方式改革，培养学科素养，促进学生全面发展。

图 6　郑州市第四十七高级中学组织思想政治学科教师参加 2023 年河南省高中思想政治学科跟进培训暨优质课观摩交流活动

图7　安阳市第一中学组织语文学科教师参加了在湖北宜昌举办的2023年度中学语文课堂展示大会暨“读书种子计划”读书经验交流活动

(四)普通高中育人方式改革研究课题成果显现

“1256工程”中的“6”是指要设立600项普通高中育人方式改革研究课题。课题聚焦学科核心素养和学业质量标准,研究学科课程的育人路径,探索教学方式的实施策略,提升教研水平,促进教师发展。围绕新课程实施中的重点和难点问题,充分发挥教育科研在育人方式改革中的理论指导、决策咨询、实践创新和成果推广等作用,全面提升育人能力,创新育人方式,完善育人体系,促进河南省普通高中育人方式改革顺利进行。2021年计划设立200项。2021年10月,河南省基础教育课程与教学发展中心发布《河南省教育厅办公室关于组织申报2021年普通高中育人方式改革研究课题的通知》。课题立项采取自愿申报、单位推荐、专家评审的方式。各省辖市、济源示范区、省直管县(市)教育局负责组织辖区内各高中和相关单位申报课题的初审工作,择优推荐。厅直属高中学校的申报课题由学校负责初审工作,择优推荐。2021年12月22日,教育厅办公室在限额报送、逐级审查的基础上,河南省普通高中育人方式改革研究课题评审工作领导小组组织评审专家对各地报送的立项申报材料进行了严格核查与评审,共批准132项课题立项,并予以公示。下表展示了河南省普通高中育人方式改革研究课题选题指南。

表 11　河南省普通高中育人方式改革研究课题选题指南

1.普通高中育人方式改革的理论与实践研究
2.深化普通高中育人关键环节和重点领域改革研究
3.普通高中德智体美劳“五育”并举育人体系研究
4.普通高中全面实施新课程、新教材研究
5.深化普通高中考试制度改革研究
6.提升普通高中校长或教师的新课程实施能力研究
7.加强普通高中学校课程建设研究
8.普通高中有序推进选课走班研究
9.推进普通高中课堂教学改革研究
10.基于学生全面可持续发展的教学实践研究
11.普通高中信息技术与教育教学深度融合研究
12.普通高中优化教学管理研究
13.普通高中办学质量评估标准与体系研究
14.普通高中学生综合素质评价研究
15.普通高中学生生涯规划教育研究
16.强化教育科研对育人方式改革的支撑作用研究
17.聚焦学科核心素养的学科育人方式研究
18.聚焦学业质量标准的学科育人方式研究
19.普通高中教师队伍专业发展及队伍建设研究
20.打造共建共享的教科研服务平台研究
21.高校、教科研机构与普通高中协同推进育人方式改革研究
22.适应高中新课程改革的合格人才培养模式研究
23.普通高中学校多样化、有特色发展研究
24.普通高中创新人才培养模式研究
25.普通高中学校课程体系建设与管理研究
26.普通高中育人成果评估标准与评估体系研究
27.保障普通高中育人方式改革顺利推进研究
28.普通高中校长能力提升与队伍建设研究
29.普通高中教育改革考核督导研究
30.普通高中育人方式改革经验与成果推广研究

通过设立育人方式改革研究课题,河南省普通高中教育探索了一系列符合时代要求和地方特色的育人模式,推动了课程体系、教学环境、教学方式、课程资源等方面的改革和创新。教师也可以通过参与育人方式改革研究课题,拓展自己的教育教学视野和思路,增强自己的教育教学创新力和研究力。学校也在课题的研究过程中践行“为党育人、为国育才”的时代使命。

图 8 2022 年 5 月 18 日,河南省普通高中育人方式改革研究课题《高中历史教学中文化育人途径的实践研究》开题报告会在济源四中举行

总之,“1256 工程”中的四项主要工作看似独立,实际上有着严密的内在联系。多样化是整个普通高中育人方式改革的总引领,学科基地是通过打造特色学科凸显学校特色,也是多样化示范校遴选的必要条件。省级示范性教学创新基地学校从课程、教学改革等方面保障高考综合改革顺利推进。研究课题是前三项工作成果的综合展现,同时为前三项工作提供智力支持。可以说“1256 工程”的实施,是一套有着内在密切联系的“组合拳”。

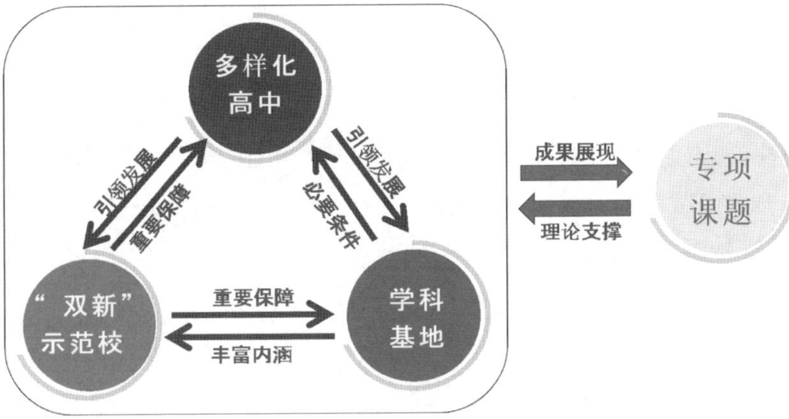

图 9　“1256 工程”内在关系

三、河南省普通高中多样化发展存在的问题

“1256 工程”的开展，有效促进了河南省普通高中高质量、多样化发展。但是，从宏观上来看，我省教育整体发展水平与经济社会发展需求还不够契合，发展不平衡、不充分的矛盾仍然突出，主要表现在：科学的教育理念尚未在全社会牢固树立，素质教育尚未全面落实，德智体美劳全面培养体系尚未完善；教育投入不足，资源配置仍不均衡，优质教育资源供给难以满足人民群众的需求；体制机制改革滞后，创新潜力尚未充分释放，服务经济社会发展能力亟待提高等。具体而言，在普通高中多样化发展过程中，存在以下问题。

（一）理念认识不到位导致政策效果不明显

从育分转向育人，从追求规模转向注重质量，从同质化单一化转向多样化特色化，我省普通高中正处于关键转折期。总体来看我省普通高中教育质量相对均衡，但由于理念认识不到位导致的政策效果不明显现象依旧突出。

首先，对普通高中的发展定位认识不足。地方政府和基层教育行政部门对普通高中的发展定位没有明确、清晰的共识，地方教育行政部门在普通高中教育发展中不能给予规范的监管和足够的支持，导致高中学校在推进多样化和特色化发展的过程中，往往将其简化为几个具体的行动：设立特色实验班、利用地域特色资源、培养创新型人才以及开发校本课程。这种做法虽然在一定程度上促进了学校特色的形成,但也存在一些问题。一是这种做法可能导致试验的重点过于集中在少数领域,而忽视了其他发展方向。二是由于过分强调特色化,可能会忽略教育的普遍性和均衡性,使得教育资源在不同学校、不同地区之间的分配更加不均。三是这种做法可能会造成试验的覆盖面过于狭窄,无法真正触及教育改革的深层次问题。

其次,对普通高中多样化发展的内涵与意义认识不清。调研发现,学校之间同质化现象严重,学校多样化特色化发展项目趋同,缺乏鲜明的办学特色和差异化的办学优势。例如,将“多样化”“特色化”等同视之,模糊这两个概念的真正内涵与意图,导致具体推进与实施路径不够清晰、明确。尤其是在学科基地建设过程中,部分学校倾向于向“名校”看齐,忽略学校自身定位与自主发展等。在普通高中的教育改革中,多样化与特色化的发展是提升学校竞争力和教育质量的关键。然而,将这两个概念等同视之,不仅模糊了它们的内涵,而且使得推进和实施的路径变得不够清晰。这种做法可能导致学校在追求特色化的过程中忽视了自身的实际情况和发展需求,盲目地模仿名校,而不是根据自身的特点和优势来构建特色。

(二)学校制度安排存在问题导致多样化发展受限

普通高中培养模式多样化,才能实现普通高中培养目标多样化,才能达到普通高中多样化的发展。普通高中培养模式包括学校文化、课程设置、教学活动、学生评价、学校管理、校外合作等要素,课程、教学和评价是核心要素,这些领域如果不触动,整个学校的培养目标就很难实现。培养目标多样=学校类型多样=培养模式多样,为适应人才多样性,学校的培养目标多样,从而决定了学校类型多样。不同的学校类型可以有多样的培养模式,即使同类学校,甚至同一学校之内,也可以出现各具特色的培养模式,这就是学校类型和培养模式多样化的基本含义。部分学校为了应付评估、争取资金和争夺生源,选择盲目跟风、随意标榜,没有真正落实多样化特色化发展的内涵和要求。具体表现在,学校虽然会在表面上做一些改革,但实际上并没有深入教育教学的实质,没有真正改变教育教学的方式和方法。另外,没有主动与高校、企业、社区、教研等部门合作,进一步深化课堂教学改革,创新学生培养方式,促进学生全面而有个性地发展。或者在与高校合作上并未持续深入、融合,产生实效,仅仅为合作而合作,具体表现在只是讲座、交流等浅层次的合作。

如此便忽视了教育的社会性,没有充分利用社会资源,建立起学校与社会的紧密联系,限制了教育教学效果。

此外,部分区域普通高中学校课程教学管理不够规范,存在明显应考功利取向,违背教育发展规律。以普通高中小语种实施问题为例。自从 2017 年教育部新一轮普通高中课程方案和课程标准发布以后,越来越多的学校、家长和学生开始关注小语种。我省举办小语种的普通高中学校数、参加小语种高考考生数呈上升趋势。所举办小语种以日语最多,占 74%,其次为俄语,占 23%。受省教育厅委托,河南省普通高中发展研究中心于 2023 年对 11 个市县进行了专项调研。整体来看,我省普通高中小语种的举办为国家培养了一批优秀的小语种特殊人才,在小语种教学方面进行了有益的探索。但调研中也发现了一些问题,主要集中在:部分市县高中学校举办小语种处于“自发”状态,教育行政部门管理缺位;个别地方培训机构过度介入;小语种教师队伍建设相对薄弱,专业发展遇到“瓶颈”;个别学校存在功利化倾向等。上述问题已引起省教育厅关注,并开始采取措施进行规范。

(三)外部教育环境的支持仍显不足

普通高中多样化发展的实现,需要多方参与、共同建设,来自外部环境的支持也十分重要。但是实践中,社会教育环境对普通高中多样化发展的支持明显不足。这种不足一方面体现在地方领导和学校校长狭隘的教育政绩观。例如,教育主管者一门心思把精力用在抓考试成绩、抓中高考升学政绩上,学校教育围绕“育分”来展开,中小学之间争夺优质生源的现象依然屡禁不止。在方法上,普遍存在“超前学习”和“加班加点”的现象。从策略角度看,对国家课程方案的执行存在选择性,更偏重考试和升学所需的文化科目。在绩效评价方面,许多地方教育评价、学校教育评价以及教师工作评价都过于侧重考试成绩和升学率。

另一方面,家长认识的片面性同样不利于普通高中多样化发展的建设。一些家长带有明显的功利观念,寄希望学生上大学才能摆脱将来就业的困境,以谋求单位条件好、赚钱多的职业。正是由于许多家长对教育持有有限的观念,将成功与大学录取和有声望的职业挂钩。他们认为狭窄的核心科目(如数学、科学和语言)才能确保孩子的未来。因此,家长可能抵制或低估非传统的教育方法,如职业培训、艺术、体育或项目式学习。他们对多样化课程的好处缺乏认识,从而加剧了教育体系的僵化。此外,家长对子女未来就业的焦虑使他们更倾向于强调学业成绩而非全面发展。这种压力通常传递给学校,强化了现有状态。

四、河南省普通高中多样化发展的建议

在国家大力推动普通高中多样化特色化发展的背景下,普通高中根据自身优势谋求发展有了政策保障和导向,但是学校特色发展又与社会现实评价、生源质量和师资力量等因素息息相关,多样化发展道路上依然存在诸多具有挑战性的现实问题。为了改变这种现象,推动普通高中多样化发展,建立特色高中和综合高中,树立素质教育的理念,将职业教育、艺术教育、体育教育融入传统普通高中教育体系,实施多渠道的创新人才培养,促进学生创新思维和实践能力的发展,提升学生人文和科学方面的综合素养,推进高中育人方式的改革。总之,推进普通高中育人方式改革是一项非常复杂的系统工程,需要加强领导多部门协同推进。为了保障改革的目标任务和措施落到实处,《关于新时代推进普通高中育人方式改革的指导意见》从坚持党的全面领导、明确部门分工、强化考核督导和营造良好环境等四个方面提出了明确要求,并特别强调国家要制定普通高中办学质量评价标准,完善质量监测办法,引导各地树立正确的政绩观和科学的教育质量观,完善对学校和教师的考核激励办法,促进普通高中教育持续健康发展,努力办好人民满意的教育。

(一)政府层面:统筹建立正确的发展理念和体制机制

克服普通高中多样化发展的阻碍需要全社会的共同努力。从内部而言,政府可以通过政策制定、教育宣传、家长参与、教师培训等手段,引导树立正确的普通高中多样化发展理念。第一,制定明确的政策和指导方针。政府应该制定明确的政策,鼓励学校实施多样化的课程和活动。这包括灵活的课程设置、跨学科教学、项目式学习和社团活动等。指导方针应强调全面发展、创新能力、实际技能和个性发展的重要性,而不仅仅是考试成绩和升学率。第二,改变评价体系。评价体系应该更加全面,不仅关注学生的学业成绩,还要考虑其他方面的发展,如创造力、领导能力、社交技能等。政府可以鼓励学校采用多元化的评价方法,包括综合评估、学科项目、社会实践和个人项目等。第三,加强师资培训。教师是多样化发展的关键。

政府应该提供更多的培训机会，使教师能够有效地学习实施多样化的教学方法。第四，鼓励学校创新。政府可以设立奖励机制，鼓励学校在多样化发展方面进行创新实践。这可以包括课程设计、教学方法、社团活动等。学校应该有更大的自主权，能够根据本地需求和学生特点来制订多样化发展计划。第五，加强家长和社区的参与。政府可以组织家长会议、研讨会和社区活动，让家长了解多样化发展的重要性。家长和社区的支持对于改变学校文化和发展理念至关重要。

从外部保障而言，政府要建立良好的体制机制，加大对普通高中多样化发展的政策支持和经费保障，优化教育资源配置，加强教师队伍建设，提高教师的专业水平和创新能力，加强教学设施和设备的建设和更新，加强校外教育资源的开发和利用，为普通高中多样化发展提供有利的条件保障。同时对教研基地建设投入要避免重硬轻软。既应重视实验室、演示厅等硬件建设，又应重视教学改革、师资队伍、运行机制等软件建设，软硬并重。软件的健全需要长期、渐进的过程，不是短期内就能完成的。软件偏软，很难实现设计申报之初的目标。市级层面要扩大高中办学自主权，加快推进普通高中多样化特色化发展。高中多样化发展要做实做优，需要因势而谋，打好一系列“组合拳”。

（二）学校层面：立足基础和特点制定灵活的发展策略

第一，学校应当发挥主体意识，主动进行特色化建设的改革创新。具体来说，各校应根据省、市的政策指导，结合本校的实际情况，开展多样化发展的试点和示范，构建符合学校特色和学生需求的课程体系。如开设丰富多彩的特色课程，探索基于情境、问题导向的互动式、启发式、探究式、体验式等课堂教学，推动信息技术与教育教学深度融合，提升教学质量和效果。同时，完善学生学分管理、学生发展指导和综合素质评价制度，形成特色鲜明的选课走班管理模式，拓宽实践渠道，丰富特色实践活动，深入实施探索创新型人才培养新模式。学校还可以实施普通高中与高校联合育人计划，打造育人“共同体”。充分发挥高校的优势，在高中试点推进的基础上，积极搭建高中学校与高校、科研院所、高端科技创新企业合作平台。支持普通高中与本科高校、高职院校联合开发课程、共建共享教育资源，开展联合育人行动。与此同时，统筹“家校社”资源，采取多种途径加强家庭教育指导，提高家长教育素养，打造责任共担、成长共享、安全共筑、和谐共生的联合育人共同体。

第二,学校应加强培训,更新教师教学理念。《关于新时代推进普通高中育人方式改革的指导意见》对高中学校的各项工作提出了全方位、高标准的新要求,都要通过教师的执行和创造才能落实到位。为此,进一步通过"价值观引领""研训推进""评价推动"这三个方面的引领和支持,强化师德群体建设,创新校本研修和加强教师培训,实施新型教师评价,不断激发出全体教师的改革热情、创造才情、职业情怀和教育自觉,不断提升他们的师德师风师能水平,锻造一支能担负起实施选择性教育、促进学生高水平差异发展和学校高品质特色办学这一重大使命的优秀教师队伍,让"德艺双馨"的教师来培养"德才兼备"的学生。

此外,学校也可以利用辐射示范作用,积极开展优质教育资源的输入与共享,通过蹲点培训、支教送教、课程共享以及出版书籍、教师培训、会议研讨、交流考察等形式,在省内外持续开展教育帮扶,共享教育智慧,推动共同发展。

(三)社会层面:营造良好的普通高中多样化发展氛围

一方面,树立良好的教育政绩观。树立良好的教育政绩观需要政府、家长、学校和社会各界的共同努力。通过宣传、教育、资源共享和政策支持,可以营造一个支持多样化发展的教育环境,培养更全面、有创新精神的学生。中共中央、国务院《深化新时代教育评价改革总体方案》中明确强调:各级党委和政府要坚持正确政绩观,不得下达升学指标或以中高考升学率考核下一级党委和政府、教育部门、学校和教师,不得将升学率与学校工程项目、经费分配、评优评先等挂钩,不得通过任何形式以中高考成绩为标准奖励教师和学生,严禁公布、宣传、炒作中高考"状元"和升学率。因此,作为教育者,我们应当积极践行这一方案,引导学生树立正确的观念,注重全面素质的培养。我们要关注学生的兴趣、特长、创新能力和社会责任感,培养他们成为有理想、有担当、有创造力的新时代人才。只有这样,我们才能真正营造一个支持多样化发展的教育环境,让每个学生都能发挥所长,成为社会的栋梁之材。

另一方面,政府可以通过教育宣传活动,向大众传达多样化发展的重要性。为普通高中多样化发展营造良好的舆论氛围,省教育厅委托教育报刊社开设"河南高中"微信公众号,聚焦我省普通高中重点举措,开设《学科基地建设动态》《多样化发展进行时》《"新课程新教材"聚焦》等专栏,总结宣传我省普通高中的典型经验和创新探索，持续推动我省普通高中多样化发展。我省普通高中的相关经验做法，也先后被《中国教育报》等媒体以《河南为普通高中发展“加”速度》《河南规范普通高中学科教室建设》《河南举办首届普通高中学科夏令营活动》《河南组织开展县中帮扶共建》等题进行宣传报道。示范引领和经验推广是推动教育改革的重要手段，可以帮助各地区和各学校更好地理解和实施改革政策。通过分享和推广成功的案例，可以形成共识，促进各方面的协同工作。换句话说，案例可以为其他地区或学校提供参考。一方面，帮助各学校找到适合自己的发展路径，或者通过学习别人的经验，可以避免在实践中犯同样的错误，提高工作效率；另一方面，案例中的成功经验和做法可以激发其他地区或学校的创新思维，推动寻找新的解决方案。

高中是从青少年迈向成年的重要过渡阶段，其中蕴含着多样的可能性，接受怎样的高中教育在很大程度上影响着担负民族复兴重任的人才质量和结构。推进普通高中内涵建设，推进优质特色发展，努力使不同性格禀赋、不同兴趣特长、不同素质潜力的学生都能接受符合自己成长需要的教育，促进每个人全面、自由、充分地发展，正是普通高中多样化发展的意义所在。普通高中多样化发展教育生态的形成，需要政府、学校和社会各界共同努力。

专题二 县中振兴

引 言

促进教育公平,推进基础教育优质均衡和城乡一体化是社会公平的重要基础,也是教育强国建设的内在要求。习近平总书记在2023年中央政治局第五次集体学习时明确指出:要把促进教育公平融入深化教育领域综合改革的各方面各环节,缩小教育的城乡、区域、校际、群体差距,努力让每个孩子都能享有公平而有质量的教育,更好满足群众对“上好学”的需要。高中教育作为国民教育的重要组成部分,是衔接义务教育和高等教育的重要环节,具有承上启下的重要作用。推进高中教育公平建设,构建优质均衡的高中教育毫无疑问对于我国教育体系高质量发展和创新人才培养具有重要的意义。2023年是全面贯彻落实党的二十大精神的开局之年,是实施“十四五”规划承上启下的关键一年。这一年,中共中央、国务院、教育部围绕基础教育扩优提质出台了一系列相关政策举措,对于提升县域高中办学质量,推动基础教育优质均衡发展提供了良好的政策制度保障。2023年6月,中共中央办公厅、国务院办公厅印发《关于构建优质均衡的基本公共教育服务体系的意见》,明确提出要推动城乡整体发展。以推进城乡教育一体化为重点,加快缩小县域内城乡教育差距。2023年7月,教育部、国家发展改革委、财政部联合颁发《关于实施新时代基础教育扩优提质行动计划的意见》,将“实施普通高中内涵建设行动,促进优质特色发展”列为重大行动,明确提出采取一系列政策举措,加快改善县中办学条件。在深化教育改革和教育强国建设的时代背景下,我国高中教育发展迎来了新的机遇与挑战,尤其是对于基础薄弱的县域普通高中来说,更是迎来了前所未有的发展机遇。因此,如何在新时代背景下,推进县域高中内涵建设,充分结合办学基础、发展愿景、课程资源等挖掘学校特色,扩大县域优质教育资源供给,逐步缩小区域差距和校际差距,构建优质均衡的高中教育发展格局是当前我国全面深化教育改革的重要命题。

一、县中振兴的战略选择与政策举措

县作为我国较为特殊的一个行政管理层级,是城市与广大农村的接合部,农业和农村人口一般而言在县一级占有较大的比重。农村生源是县域教育的重要主体,我国县域教育生态基本上形成了"村里读小学、镇上读初中、县城读高中"的发展格局。县中在某种意义上自然而然成为县域内教育资源的文化高地。国家统计数据显示,截至 2020 年,我国县域高中数量占全国高中数量的 48%,在校生规模更是接近全国普通高中的一半。县域高中不管是在数量规模上,还是在校生人数上都是我国高中教育的重要组成部分。然而,从近十年我国高中发展的现实情况来看,县域高中在规模上逐渐萎缩,从 2010 年到 2020 年,全国城市普通高中从 5494 所增加到 7414 所,县镇普通高中从 7136 所减少到 6044 所,乡村普通高中从 1428 所减少到 777 所。此外,县域高中不仅在规模上逐渐萎缩,而且在生源和教师方面也存在严重的流失现象,基础条件相对薄弱,教育质量有待提高等突出问题。县域高中的发展陷入困境,形成"县中塌陷"的现象。我省作为高考大省,同时也是农业大省,县中发展状况不仅关系到千家万户的切身利益,更是关系到几十万学子的前途和命运。从这个意义上说,县中振兴势在必行,县中振兴关涉我省县域基础教育振兴发展大局,是构建县域高质量教育生态体系,深化县域教育优质均衡发展,实现教育强省的必然选择。

(一)县中振兴的战略选择

1.坚持以人为本、以县为重,建设新型城镇化新格局

郡县治则天下安,县域兴则国家强。县是我国经济社会发展的基本单元,涵盖城镇与乡村,是承上启下、沟通条块、连接城乡的枢纽。县中振兴不仅是教育强国建设的重要一环,同时也是我国在新时代推进以县为重要载体,建设新型城镇化发展新格局的重要战略抉择。习近平总书记高度重视县域经济社会发展的地位和作

用。2020 年 12 月,习近平总书记在中央农村工作会议上明确提出“把县域作为城乡融合发展的重要切入点”,通过发展县域经济和社会文化建设,不断改善区域福利水平,提高区域基础设施和基本公共服务的均等化水平。对新时代推进以县城为重要载体的新型城镇化发展提出了重要的发展方向:“推进空间布局、产业发展、基础设施等县域统筹,把城乡关系摆布好处理好,一体设计、一并推进。要强化基础设施和公共事业县乡村统筹,加快形成县乡村功能衔接互补的建管格局,推动公共资源在县域内实现优化配置。要赋予县级更多资源整合使用的自主权,强化县城综合服务能力,把乡镇建设成为服务农民的区域中心。”①新时代新征程,推进以县城为载体,探索新型城镇化发展道路,通过优化配置城乡人口、环境等要素实现县域经济高质量发展,加快城乡融合,不断满足人民对美好生活的需要,实现共同富裕。其中,以县中振兴为基点,县域高中教育提质增效,建设县域良好教育生态则是推进以县城为载体的新型城镇化道路的必然选择。

实际上,二十大前后,国家出台一系列相关措施推进以县城为载体的新型城镇化建设,高度重视县域教育体系建设和县域高中发展。《中华人民共和国国民经济和社会发展第十四个五年规划和 2035 年远景目标纲要》明确提出,实施乡村建设行动,推进城乡公共服务标准统一、制度并轨,增加农村教育、医疗、养老、文化等服务供给,推进县域内教师医生交流轮岗。2022 年 5 月 6 日,中共中央办公厅、国务院办公厅印发《关于推进以县城为重要载体的城镇化建设的意见》,特别提出了县域高中的提升和发展问题,明确要求“全面改善县域普通高中办学条件”。2023 年 3 月 10 日中共河南省委、河南省人民政府颁布《关于做好 2023 年全面推进乡村振兴重点工作的实施意见》,明确提出,推进县域城乡融合发展。健全城乡融合发展体制机制和政策体系,畅通城乡要素流动,设立一批省级城乡融合发展试验区,率先在县域内破除城乡二元结构。同年 12 月 20 日至 21 日,河南省第十一届委员会第六次全体会议暨省委经济工作会议在郑州召开,会议明确强调要持续实施“十大战略”,其中的“持续实施以人为核心的新型城镇化战略”,就是推进以县城为重要载体的新型城镇化建设,实施城市更新行动,促进房地产市场平稳健康发展,推动

① 习近平.坚持把解决好“三农”问题作为全党工作重中之重　举全党全社会之力推动乡村振兴[J].求是,2022(07).

城乡融合、区域协调发展。

县域是城乡融合的载体，它容纳了全国最多的农村人口和村庄，我国大多数中小学生也在县域内接受教育。县域作为国民经济和社会发展的基本单元，是经济发展、民生保障、国家长治久安的重要基础，在构建新时代经济社会高质量发展格局和实现中国式现代化道路中具有的地位越来越重。河南作为农业大省和人口大省，县域面积约占全省的85%，县级及以下常住人口约占全省的70%。因此，县域社会经济的发展构成了我省发展的基石和底盘，县域稳则大局稳，县域活则全盘活，县域强则省域强。教育是国之大计、党之大计，关乎国计民生，在经济社会发展中，始终发挥着基础性、先导性、全局性作用。因此，县域教育体系建设则成为国家战略选择和战略发展“基础中的基础”“先导中的先导”“全局中的全局”。构建高质量的县域教育体系，必须站在更加高远和宏观的政策设计上把握县域教育发展。总之，县域高中及县域教育体系的高质量发展是新型城镇化战略的现实需要。一方面，县域经济社会发展需要优质的教育公共服务做动力。另一方面，县域高中是城乡劳动力要素优化配置的重要枢纽。不论是我省的新型城镇化发展，还是教育强省建设，必须紧紧抓住县域高中高质量发展这一重要支撑，建构新时代县域教育新高度，探索县域发展新格局。

2.优化基础教育资源配置，促进城乡教育一体化建设

县域高中作为县域教育体系中的“文化高地”和“发展龙头”，构建高质量发展的教育体系必然包括建设高质量的县域普通高中教育。然而，从现实情况来看，我国城乡之间的教学资源与教学条件仍有明显差距，在促进城乡义务教育优质均衡发展的同时，保障县域普通高中与城市普通高中在办学资源与教学条件方面的公平性、平等性和适度均衡性，不仅是县域或农村学生获得普惠而优质的高中教育机会的紧迫任务，同时也是优化基础教育资源配置促进城乡教育一体化，破除城乡二元结构的关键抉择。县域普通高中在推进教育高质量发展和乡村振兴战略中承担着重要使命，不仅寄托着广大人民群众特别是农村学生接受更好教育的美好期盼，同时在我国现代化教育体系中也发挥着独特作用。“县域高中是全县重要的教育和文化中心，是县域教育体系的核心支撑，在我国现代教育体系中发挥着承上启下的关键作用。"[①]在新的时代背景和新发展阶段,贯彻新发展理念,构建新发展格局,不断优化教育资源配置,以高质量县中振兴,引领县域教育体系建设新格局,是优化县域教育体系,并以此来优化城乡教育共治体系的基本路径。

在全面推进乡村振兴的时代背景下,县域高中教育发展迎来了前所未有的战略机遇。加快推进县中振兴,高水平建设和发展县域普通高中,不仅是我国高中教育可持续发展的固本之策,同时也是全面推进乡村振兴的固本之策;不仅是"固"中国教育体系之本,更是"固"中国社会的城乡均衡之本。对于农业大省、人口大省和教育大省的河南来说,优化基础教育资源配置,促进城乡教育一体化建设,持续提高城乡居民生活水平,不仅是推动县域经济成"高原"、锚定"两个确保"的必然要求,也是推进中国式现代化建设河南实践、奋力实现共同富裕的必由之路。

3.推进基础教育提质扩优,建设高质量教育公平体系

切实办好更加公平、更高质量的基础教育是我国教育发展的重要现实命题。县域高中作为县域基础教育的龙头,是连接城乡教育的枢纽,既肩负着为国家培养输送优秀人才的重要使命,同时又引领着县域义务教育的发展,寄托着县域人民群众特别是农村学生接受更好教育的美好期盼。2023 年,我省高中阶段教育毛入学率达到 92.90%,基本上进入普及化阶段。一方面,普及化时代的高中教育要满足每一个学生都有机会接受义务教育后的教育需求;另一方面,普及化时代的普通高中教育要更多地体现公共性、普及性和普惠性特点。因此,普及化时代的普通高中教育要建立与人口布局相适应的学校布局。因此,办好县域高中,对于引导和促进县域义务教育优质均衡发展,构建优质均衡的基本公共教育服务体系,服务乡村振兴战略和推进以县城为重要载体的城镇化建设,具有重要的支撑作用。

新时代以来,我国教育的主要矛盾已然变化,人民对优质教育的向往更加强烈,对于教育公平和基础教育均衡发展的认识也发生了重要的转变。在不同的历史背景下,人民对教育公平和均衡发展的认识和需求是不尽相同的。有研究者将教育均衡发展分为四个阶段:第一阶段为低水平的均衡,目标是追求教育机会的均等;第二个阶段为初级的均衡阶段,目标是追求教育资源的合理均衡配置;第三阶

---

① 杨海燕.县域普通高中高质量发展的战略逻辑与治理策略[J].中国教育学刊,2022(04):35-40.

段是高级的均衡阶段,目标是追求学校教育发展的均衡,即教育质量的均等;第四阶段为高水平的均衡阶段,目标是实现教育现代化的理想,促进学生的个性化发展。① 2019 年,中共中央、国务院印发《中国教育现代化 2035》,吹响中国教育现代化的号角。办好人民满意的教育,推动教育高质量发展,全面推进教育现代化建设,成为老百姓对我国教育的殷切期盼。教育高质量发展包含公平、均衡、协调、全面、创新、优质、持续和安全等多元标准。其中,公平是教育的生命线,基础教育公平是教育公平的基石,是维护社会公平正义的基础。教育要高质量发展,首先必须以公平的教育资源配置和平衡的教育制度供给为前提,消除区域、城乡及学校之间的不公平现象,缩小区域、城乡、校际间质量差距,在质量合格底线的基础上全面提高教育教学质量,让每一所学校都优质,让每一个孩子能够上好学、实现优异发展。②

2023 年国家颁布一系列政策措施,高度关注县域高中教育发展和基础教育优质均衡。2023 年 6 月,中共中央办公厅、国务院办公厅印发《关于构建优质均衡的基本公共教育服务体系的意见》,明确提出加快推进国家基本公共服务均等化,构建优质均衡的基本公共教育服务体系。加快缩小区域教育差距,聚焦促进省域内不同地市、县区之间缩小办学条件和水平差距,市级政府要充分发挥区域经济中心作用,资源配置重点向经济欠发达县区倾斜。2023 年 8 月,教育部、发改委、财政部联合颁发《关于实施新时代基础教育扩优提质行动计划的意见》,聚焦“更加公平、更高质量的基础教育”建设,明确提出加快改善县中办学条件。国家继续支持县中改善办学条件和提升办学质量。“县中塌陷”的困境既是我国城乡教育发展不平衡的突出体现,也成为人们诟病教育不公平的重要槽点。在高中教育普及化和基础教育高质量发展的时代背景下,全面推进县域高中质量发展,着力缩小教育的区域、城乡、校际、群体差距,是建设优质均衡和公平而又有质量的基础教育体系的迫切现实命题。

---

① 冯建军.推进普通高中教育公平的政策建议[J].人民教育,2010(23):2-5.

② 范涌峰,田娟.县域普通高中振兴的特色发展逻辑[J].教育发展研究,2023,43(24):41-50.

(二)县中振兴的政策举措

截至2022年底,河南省共有普通高中1050所,县域普通高中近600所。无论从办学规模还是从师生人数上看,县中都占据了“半壁江山”。新时代以来,我省县域普通高中取得了较快的发展,特别是在城乡融合发展和乡村振兴不断迈向新的历史征程背景下,县域高中发展取得了一定的成就,但是依然面临一系列难题,尤其《河南省深化普通高等学校考试招生综合改革实施方案》的公布,给县域高中发展带来机遇的同时也提出了较大的挑战。为整体提升我省县中办学水平,更好适应新课程实施、高考综合改革和普通高中育人方式改革,2022年12月,教育厅联合省委机构编制委员会办公室、省发展和改革委员会、省财政厅、省公安厅、省人力资源和社会保障厅、省自然资源厅、省住房和城乡建设厅、国家税务总局河南省税务局、省医疗保障局十部门联合印发《河南省“十四五”县域普通高中发展提升行动计划实施方案》(以下称《方案》),科学谋划、多措并举、综合施策,通过规范招生管理、健全教师补充激励机制、实施县中托管帮扶工程,不断增强县中生源动力、办学效力、队伍活力、育人潜力。

1.有效止血:严格规范招生管理,遏制县中生源流失

优质生源流失是县中发展过程中普遍遭遇的现实问题,是县中“失血”重要症结所在。在某种意义上说,这既是导致县中发展困境的直接原因,又是县中发展困境的结果,成为困扰“县中塌陷”的“鸡生蛋”“蛋生鸡”的问题。优质生源流失一方面表现为县域内优质生源外流到市区、省会高中,甚至是外地高中。典型的如某县,该县中招考试成绩前50名的初中毕业生,入读该县高中的数量出现锐减:2017年有20人,2020年只有2人;中考成绩前100名的初中毕业生,入读该县高中的人数2017年为53人,2020年也减少到16人。① 另一方面,优质生源流失是教育生态中的多米诺骨牌效应:从县中生源在高水平大学生源结构中的占比下降,到县域内小学、中学生源的流失。某项针对两所国内高水平大学生源结构的研究发现,地级市高中生源占比达到78.1%,县域高中仅有21.9%。② 从县域教育生态发展的整

---

① 杜晓利.县中优质生源流失原因与破解之策[J].教育家,2021(43):14-16.

② 郭丛斌,王家齐.我国精英大学的生源究竟在何方——以A大学和B大学2013级生源为例[J].教育研究,2018(12):99-108.

体来看,县中优质生源的流失并不仅仅从高中开始,而是小学、初中开始就存在优秀生源的流失情况。造成县域高中“失血”的直接原因则是以优质名校为代表的“超级中学”跨区域“掐尖”行为。因此,严格规范招生管理制度,杜绝跨区域违规招生行为,则成为有效止血、破解“县中塌陷”困境的必然抉择。

2.长效造血:加强教师队伍建设,提升县中教师素质

数量充足、结构合理的教师队伍对于县域高中的重要性不言而喻。如果说生源流失是县域高中和县域教育的“失血”,那么教师流失对于县域高中和县域教育则是造血功能的缺失。一系列研究表明,我国教师流失主要表现为一种无序和单向的流失。教师资源的流失在地理空间上呈现出从偏远、贫困的乡村向城镇,城镇向县市城区,中西部城市向东部城市的单向流失,存在以经济水平为衡量标准,以大城市为中心的“差序格局”现象。① 教师流失的原因,既有客观上社会经济发展存在的大城市向中小城市,市区向县城、农村地区的虹吸现象,“人往高处走,水往低处流。”市区拥有更为完善的基础配套设施、医疗、教育等条件……也有主观上的对教师职业缺乏热爱、缺乏主人翁意识等。一项针对中部地区教师离职倾向的研究数据显示,样本中有25%的教师表示不满意学校的办学现状,24%的教师不满意当前的工作氛围,有29%的教师表示自己并不热爱教师职业,有27%的教师表示自己不太会去思考学校发展的问题和改进的方向,也不会主动提出有利于学校发展的建议;当然也有学校和县域政府体制机制存在的问题。政府营造的制度环境、教师社会地位、教师薪酬待遇都显著影响着教师队伍的稳定性。相关调研显示,在制度环境方面,41%的教师表示地方政府对学校和教师的评价过分依赖高考成绩,36%的教师表示地方政府在规范招生方面做得不够。在社会氛围方面,38%的教师表示当地缺乏尊师重教的社会氛围。在教师薪酬待遇方面,分别有21%和27%的教师表示“非常不满意”和“比较不满意”。②

如果说教师流失使得县域教育造血能力缺失,那么加强教师队伍建设,让县域高中教师招得来、留得住、教得好则是影响县中振兴的重要现实命题。当前存在于我国县中教师队伍建设的一个共性现实困境是,县域高中招聘的新教师学历层次

---

① 郑梦娜,阮成武.县域普通高中教师流失及其治理:基于人力资本理论的分析[J].当代教育科学,2023(05):66-73.

② 胡伶.县中教师队伍建设现状调查研究[J].教育家,2021(43):10-11.

偏低,新聘教师多以本科学历为主,研究生学历教师极少愿意选择到县中任教,这也造成县中教师队伍高学历层次教师占比较低。针对东部、中部和西部部分省份调研的数据显示,普通高中研究生学历教师占比超过10%,而县域高中这一比重不到7%,约低于全国平均水平4个百分点。此外,素质越高的新教师愿意去县域高中任教的意愿程度越低。县域高中招聘新教师时,愿意到县中任教的多以地方二本院校毕业生为主,一本院校毕业生愿意到县中任教的相对较少,而重点师范院校、“双一流”高校毕业生则基本不会选择到县中任教。最后,县域高中较难吸引非本地户籍的新教师前来任教,即使以特殊政策吸引外地优秀师资,也往往由于归属感缺失而难以留住,流失率较高。某县高中校长直言:“我们县有‘砸锅卖铁办教育’的传统,人才办出台了很多人才引进政策,政府又给了学校很多招聘方面的特权,这确实能吸引了一些年轻教师,外地的能占到一半左右,但这些外地老师来自全国各地,不能在本地成家,就有一种‘漂流’的感觉,没有归属感,加上工资待遇的问题,所以留不住人,通常五年之内他们就会选择离开,要么回自己户籍地,要么去珠三角这种工资待遇更好的地方。”①因此,加强教师队伍建设,想办法使县中留住教师,提升教师教学能力和素质,成为县中振兴的关键路径。

3.多效活血:实施托管帮扶工程,激发县中办学活力

新时代以来,我国基础教育的发展实现了巨大的历史性跨越。故步自封、吃老本只能让学校办得越来越差。尤其是当前高中课程与人才培养模式变革、新高考推行等整体而活跃的高中改革背景下,考验着广大县域高中主动适应、自觉理解并寻求有效变革的教育生命力、适应性与可持续发展能力。然而,一些县域高中常常依据“资源有限”“能力不足”“县中定位就是如此”“好的老师和学生都到市里了,没法发展”“教师不配合”等看似合理、客观存在的理由,不思积极适应、分析困难与变革要求,进而寻求改进,造成学校教育活力欠缺、阻碍发展,一步一步将县中逐渐带向“塌陷”。② 因此,引导优质高中与薄弱高中结对帮扶,通过共享优质教育资源、开展教学交流、教师培训等方式,提高欠发达地区的高中教育水平,激发县域高中的办学活力,是推动县中振兴的必要举措。此外,县域高中对口帮扶有助于推动

① 张蔚然.县中教师队伍供给的困境与应对[J].教育家,2021(43):12-13.

② 王坤.从知识贫困中突围:论县域普通高中的塌陷与振兴[J].中国教育学刊,2022(02):1-7.

教育公平。在教育资源分配不均的情况下,发达地区的优质高中与欠发达地区的薄弱高中之间的差距越来越大。通过县域高中对口帮扶,可以缩小这种差距,让欠发达地区的学生也能够享受到优质的教育资源,促进教育的公平发展。县域高中对口帮扶有助于提高教育质量。通过结对帮扶,发达地区的优质高中可以向欠发达地区的薄弱高中传授先进的教育理念、教学方法和教学经验,帮助其提高教育教学水平。同时,欠发达地区的薄弱高中也可以向发达地区的优质高中学习,借鉴其成功的教育经验和管理模式,提升自身办学水平。最后,县域高中对口帮扶有助于推动教育事业的发展。通过县域高中对口帮扶,可以促进不同地区之间的教育交流和合作,推动教育事业的均衡发展。这种帮扶活动也可以激发广大教育工作者的积极性和创造性,推动教育事业的不断进步和发展。

4.实效补血:扩大优质资源供给,改善县中办学条件

一所好的学校除了需要优质的师资和优质的生源,也离不开良好的办学基础条件的支持。对于高中发展来说,政策的支持,尤其是重点高中/示范高中建设是反映一所学校办学实力的重要标志。由于示范性高中评估标准对学校硬件设施等方面的过分强调导致评估实施后许多学校过分注重规模和硬件建设。① 集中力量办一批重点学校,是新中国成立以来我国基础教育政策的基本主题。1990 年代,“重点高中”的提法被明确改为“示范高中”。但是直至 1994 年,国务院在颁布《关于<中国教育改革和发展纲要>的实施意见》中才首次用“示范(性)高中”取代“重点高中”,并要求:“每个县要面向全县重点办好一两所中学”。我省 2005 年公布第一批示范高中名单。其中,第一批公布的示范高中共有 57 所,县域高中仅仅只有 22 所;第二批公布的示范高中名单共有 64 所,其中县域高中 35 所;第三批公布的示范高中共有 64 所,其中县域高中 42 所。目前,全省共有示范高中 185 所,其中县域高中仅占示范高中的53.5%。然而在具有代表性的示范高中建设上,县域高中数量只有一半。2019 年 4 月,河南省人民政府办公厅发布《关于加快改善普通高中办学条件切实解决大班额问题的意见》,明确要求继续实施国家普通高中改造计划和国家教育基础薄弱县普通高中建设项目,支持国家连片特困地区重点县、国

① 刘世清,苏苗苗,胡美娜.从重点/示范到多样化:普通高中发展的价值转型与政策选择[J].华东师范大学学报(教育科学版),2013,31(01):39-43.

家扶贫开发重点县、省定扶贫开发工作重点县、革命老区县公办普通高中改善办学条件;推动改善普通高中,尤其是县域高中办学条件,逐步解决大班额、超大班额等问题。在政策支持上向县域高中提供优质师资,加大优质资源供给,不断改善县中办学基础和办学条件,也是县中振兴的重要政策部署。

5.高效输血:完善经费保障机制,深化县中教育改革

办学经费是教育发展的重要保障,直接反映了学校的发展实力和未来发展潜力。长期以来,一些地方政府对高中教育投入严重不足,尤其是在我国现有基础教育管理实行“以县为主”的教育管理体制及其配套财政经费投入体制下,县级行政单位的财政实力与市区财政实力存在着巨大的差异。此外,县域范围内基础教育盘子大、学生多,在某种意义上使得不少县域高中严重缺乏办学经费与资金支持。2015 年,一则“河南一高中欠债 8000 万”的新闻让河南高中经费成为人们关注的话题。实际上,相对市区和发达地区办学经费充裕,县域高中办学经费匮乏依然是制约县中振兴的现实难题。2016 年,河南省人民政府曾针对普通高中办学经费问题专门下发《关于完善普通高中教育经费保障机制的通知》,明确提高高中生均公用经费,着力化解公办普通高中债务,加大公办普通高中办学投入。2019 年,河南省人民政府办公厅印发《关于新时代推进普通高中育人方式改革的实施意见》,将基准定额在原有基础上分别再提高 200 元,进一步强化普通高中发展的条件保障,将县城和农村地区普通高中生均公用经费标准提高至每生每年不低于 1000 元。

二、县中振兴的实施成效

近年来,我省围绕着县域普通高中教学提升项目的推进,尤其是《河南省“十四五”县域普通高中发展提升行动计划实施方案》的颁布和实施,不仅为我国县中振兴提供了河南模式、河南范本,有效缓解了我省“县中塌陷”,而且蹚出了一条促进县中发展,提升县中教学质量的路子。

(一)增强了县中生源动力

我省搭建了统一的省级中招电子平台,实现了考生信息采集、志愿填报、招生录取、学籍注册一站式办理。严格控制公民办普通高中招生范围,除特殊类型班外，一律不得跨省辖市招生。对存在违规招生的学校严肃处理，为县中保住优质生源，增强其发展的内生动力。如新郑市等部分县（市、区）探索“均分生源”的普通高中招生制度改革，实现了生源质量的均衡分配，促进了辖区内普通高中协调发展。2023年，河南省教育厅下发《关于做好2023年普通高中招生工作的通知》，要求全省集中统一编制招生计划，各地根据普通高中消除大班额工作进展情况科学编制公民办招生计划，制订分县（市、区）、分学校普通高中招生计划。在高中招生工作上提出坚持属地招生原则，要求地处县域的普通高中在本县域内招生，地处省辖市市区的普通高中在所在区或若干城区范围内招生，具体招生范围由省辖市教育行政部门统筹确定。明确提出严禁以任何形式提前组织招生、超计划招生、违规跨区域招生、“掐尖”招生；严禁高中学校与考生提前签约，违规圈占生源；严禁以高额物质奖励、免收学费、虚假宣传等方式争抢生源等。

2023年11月17日，郑州市教育局在全省县域普通高中帮扶共建工作推进会上主要就郑州严格规范招生秩序方面做出的探索进行了典型经验分享。郑州市积极响应国家和省教育厅做出的提升县中办学质量和办学水平的战略选择，在多年的招生规范工作中逐渐形成“四坚持一严肃”招生工作机制，从源头上遏制县中生源流失、确保生源均衡，为县中高质量发展奠定坚实基础。所谓“四坚持一严肃”是指：坚持市级统筹指导，督促各县（市）辖区高中严格按照招生计划和学生报考志愿，实行统一录取；坚持县级主体责任，成立招生工作领导小组，明确职责分工和工作纪律，印发本级普通高中中考招生工作相关文件；坚持综合评价原则，把学业考试成绩、综合素质评定结果和考生报考志愿作为普通高中录取的主要依据；坚持生源质量均衡，将生源均分到县域内各高中，确保各学校发展基础均等；严肃招生工作纪律，严格执行河南省中招考试方案，落实普通高中招生工作“十严禁”的要求，确保从源头上保障各县中权益。

（二）完善了县域教师发展支持服务体系

2022年9月，省教育厅等三部门联合印发《河南省基础教育教师能力素养提升行动计划（2022—2025）》，全省每年投入资金1亿多元，以建好建强县域教师发展支持服务体系为目标，以“国培计划”、省级专项培训计划项目县建设改革为平台，通过政策引导、专业指导、项目推动，支持县域每一名教师都能找到发展平台，每一个周期都能实现进阶发展。2023年10月,经专家评审、公示等程序,确定驻马店市泌阳县等10个县为2023年度义务教育师资薄弱环节改善暨中小学教师素质提升工程项目县,省级将每年给予200万的培训项目支持,支持周期为3年(2023—2025);遴选确定31个县为2024年"国培计划"项目县,支持周期2年(2024—2025),省级将给予每年300万左右的培训项目支持。支持各项目县统筹用好各级各类教师发展资源,建立起覆盖全员、分层分类、专业精准、高质高效的教师发展支持服务体系,大力培养造就一支师德高尚、业务精湛、结构合理、充满活力的高素质专业化教师队伍,以教师队伍建设高质量推动基础教育高质量发展。河南省通过项目县项目实施推动了县域教师培训、教研、电教等部门实质性整合的县级教师发展中心建设。目前,全省项目县中已有新密、内乡、汝州、范县等13个县正式成立教师发展中心,内黄、郸城、永城、禹州等11个县已作出成立县级教师发展中心规划。同时,河南省依托市县教师培训团队项目,为每个项目县打造了一支由专职培训者、优秀教研员和一线名师名校长50人组成的县级教师培训师团队。

我省自2022年开始启动"国培计划"项目县建设以来,坚持探索以县为单位推进区域教育高质量发展,有效整合五级教师培训和教研资源,逐步构建了多元主体协同、多样路径互动、多维组织保障的县域教师发展支持服务体系。2023年,为了进一步深化项目县建设,在省级层面成立项目县推进工作领导小组,加大项目推进过程中的视导与指导力度;在市级层面,要求市教育行政部门统筹辖区内项目县建设做好规划,指导辖区内所有县区建好建强教师发展支持服务体系,在教师培训政策、教师教育项目安排等方面给予倾斜支持;县级层面,各项目县成立由分管教育的县政府领导挂帅,统筹项目县建设工作推进的全过程;在具体项目建设过程中,明确要求各项目县拟定建设方案,成立专门的领导小组、专家智库等,做好项目建设经费保障,加大经费支持力度;积极主动与承训高校对接,提出培训需求"订单",精准遴选参训学员;聚焦县级教师发展中心、"三名"工作室、教师发展学校、校本研修示范校建设及其作用的发挥,建立专门的专家工作组进行全程指导,凝练培育优秀案例,打造具有本土特色的品牌项目。对于承训高校来说,明确要求其指导项目县研制项目县建设方案、教师发展资源整合机制建设方案、选育用评方案及有关制度建设方案等。同时,按照项目有关要求,结合项目县实际需求,依据不同教师培训项目定位,实施精准培训。一系列创新举措为县域教师专业发展突破瓶颈提供了平台和机会,极大地激活了县域教师,尤其是县中教师队伍建设和教师专业发展的活力。河南省虞城县刘店乡中心小学教师张岩说“以前上课都是参考教学用书,也不知道教学目标是否达成。按照项目县项目成果转化要求,采用新的校本研修模式进行教研,每个人都能充分参与进去,钻研教材和课标,对每节课都能深刻理解。”

(三)创新了结对帮扶机制

2023 年 7 月,由省教育厅牵头,依托 28 所河南省普通高中多样化发展示范校、省级学科基地学校,对口帮扶全省 32 所薄弱县中。在办学管理上,指导县中完善学校“十四五”发展规划和校内各项管理制度,加强学校内部管理,提高学校管理科学化和规范化水平。引导帮扶高中建立常态化教研指导机制,有针对性地定期开展联合教研、同课异构等活动;加强被帮扶县中教师培训,定期组织专家团队到被帮扶县中进行教学指导、支教,组织帮扶县中管理干部和教师到学校进行培训学习、跟岗挂职锻炼,着力提升帮扶县中教师学科素养和教育教学水平。聚焦普通高中课程改革和高考综合改革核心任务,指导被帮扶县中完善课程实施规划,加强课程体系建设,深化课堂教学改革,健全选课走班教学管理,加强学生发展指导,改进综合素质评价,提高信息化应用能力,指导被帮扶县中开发和丰富选修课程。

2023 年 11 月 17 日,为学习先进典型经验,推进县中帮扶工作落实落细,省教育厅召开全省县域普通高中帮扶共建工作推进会。此次全省县中帮扶共建工作会议的召开,一方面总结了我省县中帮扶工作的典型经验;另一方面,也为下一步深入开展帮扶提供了发展方向。经过我省不断地探索,基本形成了国家、省、市、县、校纵深联动、横向拓展、多元协同的县中帮扶机制。同时,结对帮扶高中和教育行政部门不断探索帮扶模式,基于不同县域情况、学校现实条件的差异,采取托管、组团、结对、对口、协同、互助等不断创新帮扶形式。教育厅与市级政府引导区域内不同学校的托管、组团帮扶,如 2023 年 5 月 31 日,商丘市政府启动“名师入商”工程,加快推进教育高质量发展,开启我省区域结对协同帮扶的典型;河师大附中依托河南师范大学的师资力量,为对口帮扶的台前一高提供优质服务;开封市教体局成立以局长主要领导为组长,分管领导为副组长,基础教育科工作人员以及三个帮扶项目高中校长为成员的县中帮扶共建领导小组,有效推动区域内学校开展协同帮扶。

(四)提高了县中办学效力

2019年,省政府办公厅印发《关于加快改善普通高中办学条件切实解决大班额问题的意见》,着力补齐短板、夯实基础。中央和省级财政每年专项投入近10亿元,全部用于县域薄弱高中改造,推动和带动市县投入220亿元,全省校舍竣工面积达605.8万平方米。截至2020年年底,全省普通高中大班额占比较2018年下降53.73%,超大班额占比下降28.73%。完善经费保障机制,将县城和农村地区普通高中生均公用经费标准提高至每生每年不低于1000元。郑州市积极致力于加强县域普通高中建设,在诸多方面进行调研、探索和实践,努力践行教育部、省教育厅关于县域普通高中发展提升的行动计划,不断提高县域高中办学效力。郑州市将县域高中发展纳入《郑州市教育事业发展"十四五"规划(2021—2025)》,进一步加强县域普通高中标准化建设,不断改善县域高中办学条件,缩小校际差距;进一步支持县域优质普通高中发展,努力扩大办学规模,积极改善办学条件,努力消除大班额,提高教育质量和办学水平,促进教育公平而有质量的发展。洛阳市依托基础教育综合改革实验区建设工作,2022年洛阳市完成3所县域高中改扩建任务,新增学位2000个。同时,洛阳市2023年扎实推进市属第二批高中外迁和不外迁高中提升改造,新建改扩建14所县域高中,持续改善县域高中办学条件。

2023年3月14日,《光明日报》将华中师范大学附属息县高级中学作为县中振兴的典型案例予以报道。华中师范大学附属息县高级中学是2018年由河南省息县人民政府与华中师范大学合作创办的现代化全日制公办寄宿制学校,开创了河南省县级政府与华中师大合作办学的先河。设置210个教学班共计10500个学位,现有三个年级209个教学班,10188名学生,全部实行小班制教学。学校拥有雄厚的师资力量,现有教师750人,研究生以上学历的教师近500人,省市级学科带头人和骨干教师200余人,学校始终以教育教学质量为发展根基,不断优化教师队伍,强化教育教学研究,推动教师专业发展,学校教学质量稳步提升,涌现出一大批优秀的教育教学名师,河南省闫中河名班主任工作室和信阳市韩中强名班主任工作室充分发挥辐射引领作用。学校先后荣获全国青少年校园足球特色学校、全国教育科学重点研究课题《尝试教学理论研究与实践》全国示范实验学校、河南省先进基层党组织、河南省五四红旗团委、河南省德育工作先进集体、信阳市教育体育系统先进集体、信阳市基础教育先进单位、信阳市平安校园、信阳市文明校园等荣誉称号。

(五)挖掘了县中育人潜力

育人方式的变革是提升我省县域高中办学水平的重要任务,也是我省普通高中多样化发展与教育改革的重点之一。我省分别从课程与教学改革、德育与综合素质评价、信息化与智能化应用等多个层面深入探索挖掘高中育人潜力,并依托一系列措施推进县域高中育人方式深化改革。2022 年开始,我省先后遴选了普通高中省级新课程新教材实施示范校 33 所、创建单位 84 所,其中 54 所县中入选;遴选普通高中省一级学科基地 24 个、二级学科基地 52 个,其中 12 所县中的 13 个学科入选。全面实施普通高中新课程,从 2018 年起,总计投入资金 1500 万元用于普通高中新课程培训,覆盖了全省所有县级教育行政部门、教研部门、高中校长和一线教师。实施普通高中育人方式改革"1256"工程,围绕新课程实施中的重点和难点问题,设立普通高中育人方式改革研究课题,首批有 54 个县中课题立项。

2023 年 11 月 29 日至 30 日,为深入探讨新时代背景下县域普通高中办学振兴的战略方向和实践策略,助力我省县域普通高中走高质量发展的创新之路,河南省基础教育课程与教学发展中心和商丘市教育体育局联合举办"河南省县域普通高中高质量发展论坛",全省 300 多名县域高中校长参加论坛。本次会议充分围绕课堂教学与育人方式改革、教育评价引领教育教学改革、主动求变适应新高考改革与生涯规划教育实施、"强基计划"落实与"创新拔尖"人才培养、教研组建设与校本教研、校本师资培训等制约县域高中育人方式改革的现实问题进行了广泛和深入的讨论,汇聚了省内外县域普通高中在推进课程教学改革、学校特色发展、教师专业成长等方面的优秀案例,为我省县域普通高中高质量发展注入新的活力和动力,有力地挖掘了县域普通高中的育人潜力,为未来县中提升办学水平和教育教学质量提供了实践的引领和发展方向。

三、县中振兴政策推进存在的挑战与未来展望

(一)县中振兴政策推进存在的挑战

尽管我省大力振兴县域高中,在招生政策、办学条件、教师队伍建设和育人模式上综合施策、精准发力,取得了一系列的成就,积累了一定的经验,但是在政策推进和实施过程中依然存在一系列挑战和问题。具体表现为以下几个方面:

一是办学理念和发展观念相对落后。部分县域高中受传统应试思维影响,依然存在片面追求升学率、唯分数的现状,难以适应教育改革和高质量发展的时代要求,缺乏将育人方式改革和综合评价改革的各项措施有效落实到学校层面的能力。

二是应对高考改革能力较弱。部分县域高中在应对新高考改革中抱着“以不变应万变”的消极被动思维,效率至上的“县中模式”依然在教育教学过程中存有较大的惯性,育人逻辑相对较弱,课堂教学模式陈旧,在领会改革精神、提前谋划、精准施策等方面存在薄弱点。

三是学校同质化现象严重,缺少特色发展、特长发展。部分县域高中在教学理念、课程建设、课堂教学、学生管理、时间安排上大同小异,没有鲜明的特色。同质化现象使学校失去创新活力,容易导致学校之间的不良竞争,由全面竞争落入单纯的生源竞争。

四是教师专业化发展缓慢。县域高中缺少名师培养机制和教师成长平台,部分教师对自我目标设定较低,以教学和分数为重,忽视教学研究。

五是学校现代技术平台较为零散,缺乏信息资源统整能力。我省县域高中在信息化基础建设方面虽然取得了一定的成就,但是由于学校思想认识不到位,缺乏先进的信息化办学理念和办学能力,使得现代信息技术较难真正融入学校发展和教育教学中,缺乏充分发挥现代信息技术对于学校发展的重要支撑作用。

六是县域内教育生态有待优化,小、初、高有机衔接有待进一步提升。小、初中、高分割现象较为严重,三个阶段在教学理念、教育教学的方式方法、学生管理等方面存在较大差异,缺乏有机统一。

七是县级行政和教研部门指导能力不足、县级财政负担过重、治理能力弱化虚

化变相加剧不同隶属关系高中学校之间的资源竞争等。区域之间、学校之间教育发展不平衡，部分县中的办学条件还需进一步改善。

（二）县中振兴政策推进的未来展望

县域高中教育教学改革和县域高质量教育体系的建设是一个复杂的现实问题，需要政府、教育部门、学校、教师、社会和家长等多方面的共同努力和协作来推动改革的进程。同时，也需要进一步深化教育体制机制革新，持续关注和评估改革的效果，及时调整和优化改革方案，以确保改革能够取得实效。最为关键的是，需要县域高中及其地方政府进一步树立正确的教育质量观和政绩观，摆脱路径依赖，有魄力有勇气跳出“县中模式”的怪圈，树立自主发展信心，聚焦多样化特色发展，在自主创新实践中稳步推进学校育人模式转型，促进学校高质量发展。未来，要真正实现县域高中振兴，需要从以下四个方面发力：

一是持续加大政策的引导与支持，加强各类政策协调配合，形成高质量发展合力。县中振兴既需要明确政策的目标和导向，引导社会资源向关键领域和薄弱环节倾斜，确保各项政策能够真正服务于县域高中教育教学质量的提升。同时也要加强政策之间相互衔接、协调一致，形成政策合力。加强跨部门、跨领域的政策协调，确保不同政策在目标、内容和实施上相互补充、相互促进。并通过建立政策协调机制，定期评估政策效果，及时调整优化政策组合，推动县域教育高质量发展。在具体政策引导方面，加快制定教育强县评估标准，将普通高中办学情况纳入评估标准，结合教育督导工作，一年一考核，一年一评估。此外，进一步加强资金支持，加大对县中的财政投入，确保教育经费的充足，特别是要提高生均公用经费标准，改善县中办学条件。围绕《河南省普通高中学校办学质量评价实施方案（试行）》与《河南省普通高中学科教室建设指南（试行）》的颁布和实施，引导县域高中把立德树人的成效作为根本标准，坚持以学生全面发展为核心，聚焦学校办学质量，切实扭转“唯分数、唯升学”的不科学教育评价导向，推动树立正确政绩观和科学教育质量观，不断提高教育治理水平，为教师潜心教书育人营造良好环境。引导县域高中以学科教室建设为抓手，进一步凝练办学特色和学科发展优势，统筹推进新课程实施和普通高中多样化发展，推动县域高中育人方式改革走深走实。

二是加强各级政府的宏观协调作用，持续加大政策的引导与支持。县中振兴表面上仅仅是聚焦县域高中发展,但其背后既关涉县域内各学段之间的有机衔接,即纵向的县域内良好教育生态的构建,需要强化小、初、高不同学段之间的有机统一,优化学段衔接,实施贯通培养,走县域基础教育整体提升之路;又关涉区域之间的有机协调,尤其是县域高中与城区高中之间的协调。优化区域教育治理方式,树立科学的教育质量观,找准县中发展重点难点,以机制优化为落脚点提升内涵,在系统改进基础上聚焦关键要素,优化区域教师发展机制、资源分配机制和协同发展机制,激发学校发展的内驱力;充分发挥市区教研力量和资源整合能力,加强对县中教师的培训,定期组织教研指导。进一步明确省、市、县各级政府的职责,提高市级财政对县域高中的支持力度。合理控制县域内高中差距以及县域高中与市区高中的差距,维护区域高中教育良好生态。组建区域高中协同发展共同体,整合政府、教育行政部门、高校与科研院所、教研部门、社会专业组织、高中学校等各方力量,为县中内涵式发展提供交流展示平台,凝聚改革合力。因此,省、市、县各级政府应加强宏观协调作用,持续加大政策的引导与支持,同时加强各类政策协调配合,形成共促高质量发展合力。由各级政府牵头,以教育行政部门为主体,加快研制实施教育发展的全局性、战略性举措,为县中振兴提供政策支持和方向指引。

三是进一步夯实县域主体责任,加快推进区域资源优化配置。持续推进普通高中标准化建设,不断改善县中办学条件,如加快现代化校舍建设与教学设备更新等。同时,鼓励社会资本参与县中建设,形成多元的投入机制,不断激活县域高中办学活力。此外,在教师队伍建设上,继续扎实推进和实施县中教师素质提升计划,通过培训、引进等方式提高县中教师的教育教学能力。建立教师激励机制,提高教师待遇,吸引和留住优秀教师。鼓励有条件的区域通过人才交流、支教、调动等方式,优化教师资源在区域之间的配置,引领县域高中健康发展。我省将继续实施县域普通高中改造项目,严格按照“一地一策、一校一案”制订县域高中标准化建设工程实施方案,确保2025年前完成县域高中标准化建设。继续聚焦教师队伍建设,拓宽培训“广度”。督促各市、县加大教师补充力度,2025年前,完成普通高中教师增配10%的任务;持续开展新高考新课程培训,不断提高校长办学治校能力和教师教育教学水平。深入聚焦教学质量提升,丰富育人“厚度”。每个县遴选一所普通高中作为省级新课程示范校,围绕课程体系建设、教学环境创设等进行研究与实践;扩大实施河南省中学生“英才计划”,打造一批普通高中省级学科基地,建立高校、教科研机构与普通高中协同研究机制。

四是扎实推进县域高中教育质量提升工程,加强舆论宣传引导,构建良好教育生态。教育质量提升是破解县中塌陷与推进县中振兴的关键举措,县域高中要深化教学改革,推动课程建设和教学方法创新。注重培养学生的综合素质和创新能力,加强实践教学和社团活动,提高学生的实践能力和综合素质。鼓励县域高中根据自身条件和优势,发展特色教育和优势学科。通过特色教育和优势学科的带动,提升县中的整体教育质量和知名度。特别是在新高考契机下,县域高中要进一步凝练办学特色,强化优势学科,大力提升教育质量。提高社会对县中教育的关注度和支持度,鼓励企事业单位、社会团体和个人等向县中捐赠资金或物资支持其发展。加大媒体宣传,拓宽教育公益活动,引导社会形成正确的教育观和人才观,为县中发展营造良好的社会氛围。坚决抵制"唯分数论"等不良风气的影响,营造健康向上的教育氛围。县域高中要定期举办家长学校或家长会等活动,提高家长的教育素养和家庭教育能力,加强家校沟通与合作,形成教育合力,共同促进学生的健康成长。

总之,《河南省普通高中学校办学质量评价实施方案(试行)》的颁布极大地改善了我省县中发展的环境,但一系列政策措施能否真正落地,进一步推动县域高中发展走上新的历史台阶,实现真正的振兴,关键还是在于每所县中学校在新形势下的自身发展能力,打破"等、靠、要"的办学思维,充分激发自身办学的积极性和主动性。对于当前县中发展而言,生源、师资、办学条件固然重要,但办学思路是否紧跟新课程、新教材、新高考等普通高中育人方式改革的方向则更为重要。这需要县中进一步树立正确的教育质量观和政绩观,摆脱路径依赖,有魄力有勇气跳出"县中模式"的怪圈,树立自主发展信心,聚焦多样化特色发展,在自主创新实践中稳步推进学校育人模式转型,促进学校高质量发展。

专题三　普通高中课程教学改革

引　言

在深化教育改革的时代背景下，我省的高中教育改革与发展迎来了新的机遇与挑战。自 2021 年开始实施新课程新教材以来，我省在深化普通高中课程与教学改革方面，既获得了一定的发展机遇，取得了一定的效果，同时也面临着一些挑战并遭遇一些现实问题。如何化解这些挑战并解决这些问题，已经成为我省课程与教学改革的重要任务。带着这些问题和目的，我们着重搜集了一年来我省在推进普通高中课程教学改革的一些政策文件等资料，并调研了多所高中学校。本报告结合资料分析和调研结果，对当前我省普通高中课程教学改革中获得的实践经验和面临的现实问题进行描述与总结，并对进一步推进课程教学改革提出相应的对策与建议。

一、普通高中课程教学推进的政策背景

随着世界多极化、经济全球化、社会信息化的快速发展，培养符合社会发展需要和时代需求的全面发展型人才已经成为当前教育改革与发展的重要使命。在国内外形势正在发生深刻而复杂变化的当今世界，世界各国在各个领域的竞争正在加剧，其竞争的实质归根到底是教育和人才的竞争。为了应对社会与时代快速变化的需求，以及国内外变化的复杂形势，党和国家高度重视教育的价值与作用，积极实施科教兴国的重大战略，并在新时代加快建设教育强国，把教育摆在优先发展的基础性和战略性地位。无论是科教兴国，还是教育强国，其根本目的都是要培养

出适应社会发展需要的高质量、高水平人才。传统的育人方式已经难以达到这一目的，甚至是在某种程度上阻碍着这一目的的达成，尤其是以追求分数、升学为目的的教育方式更是成为一种阻碍。为此，育人方式的变革便提上日程，成为当前教育改革与发展的核心所在。落实立德树人根本任务的育人方式变革是贯通各级各类教育的共同目标。习近平总书记在全国教育大会上指出，要把立德树人融入思想道德教育、文化知识教育、社会实践教育各环节，贯穿基础教育、职业教育、高等教育各领域，学科体系、教学体系、教材体系、管理体系要围绕这个目标来设计，教师要围绕这个目标来教，学生要围绕这个目标来学。① 普通高中教育作为国民教育体系的重要组成部分，在人才培养中起着承上启下的关键作用，这决定了普通高中育人方式的变革是人才培养的重要环节，而且"高中阶段教育是学生个性形成、自主发展的关键时期，对提高国民素质、培养担当民族复兴大任的时代新人，具有特殊意义"②。习近平总书记在2018年的全国教育大会上强调要"促进普通高中多样化有特色发展"③，这不仅凸显了普通高中在整个国民教育体系的重要地位，同时也为新时代推进普通高中教育的改革和发展指明了根本原则和前进方向。

高中教育在整个国民教育体系中处于关键地位。在整个高中教育体系之中，课程是实现高中阶段育人目标的重要载体，也是推进高中教育改革与发展的重要抓手。课程体现着国家意志，在落实立德树人根本任务中发挥着关键作用。为了顺应新时代社会变革的发展趋势，培育学生的核心素养，实现立德树人根本任务，提高国民素质，培养担当民族复兴大任的时代新人，教育部组织人员对普通高中课程方案和语文等学科课程标准(2017年版)进行了修订，并于2018年1月印发了《普通高中课程方案和语文等学科课程标准(2017年版)》。为了统筹做好新课程新教材的实施工作，教育部于同年8月又发布了《关于做好普通高中新课程新教材实施工作的指导意见》，提出"统筹规划、协同推进普通高中课程改革、高考综合改

---

① 中华人民共和国教育部.坚持中国特色社会主义教育发展道路 培养德智体美劳全面发展的社会主义建设者和接班人[EB/OL].(2018-09-10)[2023-12-31].http://www.moe.gov.cn/jyb_xwfb/s6052/moe_838/201809/t20180910_348145.html.

② 中华人民共和国教育部.教育部关于印发《普通高中课程方案和语文等学科课程标准(2017年版)》的通知[EB/OL].(2018-01-05)[2023-12-31].http://www.moe.gov.cn/srcsite/A26/s8001/201801/t20180115_324647.html.

③ 习近平:《习近平谈治国理政》(第三卷)[M].北京:外文出版社,2020:350.

革和高中阶段教育普及攻坚,促进课程、教材、教学、考试、评价、招生等有机衔接,全面落实新课程新教材的理念和要求,着力提高普通高中教育质量”,并且提出要“结合各地高考综合改革推进安排和高中学校办学条件实际,有计划、分步骤、积极稳妥地实施新课程新教材”①。这不仅为我国普通高中课程改革提供了指导方向,也为我国普通高中课程改革提出了方法策略。为贯彻落实全国教育大会精神,统筹推进普通高中新课程改革和高考综合改革,全面提高普通高中教育质量,国务院办公厅于2019年6月发布了《关于新时代推进普通高中育人方式改革的指导意见》,“这个文件就推进普通高中教育教学改革、全面提高教育质量进行了系统设计和全面部署,也是新世纪以来国办出台的第一个关于普通高中教育改革的重要纲领性文件”②。该文件提出,要“全面实施新课程新教材。各省(区、市)要结合推进高考综合改革,制定普通高中新课程实施方案,2022年前全面实施新课程、使用新教材”③。同时在课程管理、选课走班、课堂教学改革、教学管理、综合素质评价等方面提出了改革要求。为深入贯彻党的十九届四中全会精神和全国教育大会精神,落实立德树人根本任务,完善普通高中课程体系,教育部组织人员对普通高中课程方案和语文等学科课程标准(2017年版)进行了修订,并于2020年5月印发了《普通高中课程方案和语文等学科课程标准(2017年版2020年修订)的通知》。同年7月,教育部发布了《关于做好普通高中新课程新教材实施国家级示范区和示范校建设工作的通知》,该《通知》提出要从2020年开始分批启动普通高中新课程新教材实施国家级示范区和示范校建设工作,每批建设周期为3年,2020年启动示范区和示范校建设的共20个省(区、市)。其中,河南省有三所学校入选普通高中新课程新教材实施的“国家级示范学校”,并于2021年正式启动建设,这些学校分

① 中华人民共和国教育部.教育部关于做好普通高中新课程新教材实施工作的指导意见[EB/OL].(2018-08-16)[2023-12-31].http://www.moe.gov.cn/srcsite/A06/s3732/201808/t20180824-346056.html.

② 中华人民共和国中央人民政府.教育部新闻发布会.解读《国务院办公厅关于新时代推进普通高中育人方式改革的指导意见》[EB/OL].(2019-06-20)[2023-12-31].https://www.gov.cn/xinwen/2019-06/20/content_5401960.htm.

③ 中华人民共和国中央人民政府.国务院办公厅关于新时代推进普通高中育人方式改革的指导意见[EB/OL].(2019-06-19)[2023-12-31].https://www.gov.cn/zhengce/content/2019-06/19/content_5401568.htm.

别是郑州市第二高级中学、郑州市第七高级中学和郑州市第四十七高级中学。2022年1月，为了推进新时代教育评价的深化改革，更好地促进普通高中教育内涵发展和质量提升，教育部印发了《普通高中学校办学质量评价指南》，该文件指出“在课程教学方面，包括落实课程方案、规范教学实施、优化教学方式、加强学生发展指导、完善综合素质评价等5项关键指标，旨在促进落实好新课程新教材，深化育人方式改革，整体提升教学质量”①。2023年5月，教育部办公厅印发《基础教育课程教学改革深化行动方案》，提出要“有组织地持续推进基础教育课程教学深化改革”“在课程实施过程中，切实加强国家课程方案向地方、学校课程实施规划的转化工作”“落实课程方案和课程标准，全面推进教学方式变革”②。河南省普通高中课程教学改革正是在以上政策落实的背景下开展和推进的。

二、普通高中课程教学推进的整体情况

根据研究需要，我们搜集、整理并分析了我省在推进课程教学改革方面的一些举措，同时根据调研的目的，我们对河南省部分地区的普通高中进行了调研，调研对象主要为普通高中教师，调研数量在2000以上人次。从资料分析和调研结果来看，新课标、新教材的基本理念和价值得到了普遍的认同和接受，各个学校也都在采取相关的措施来落实新课程教学改革，并取得了一些成绩。

（一）政府高度重视普通高中实施新课程新教材

1.政府出台相应的配套政策支持普通高中实施新课程新教材

为了贯彻落实教育部关于普通高中新课程新教材推进的相关工作，我省积极出台了一系列的配套政策来指导和支持普通高中课程教学改革。2020年1月，河

① 中华人民共和国教育部.教育部印发《普通高中学校办学质量评价指南》[EB/OL].(2022-01-10)[2023-12-31].http://www.moe.gov.cn/jyb_xwfb/gzdt_gzdt/s5987/202201/t20220110_593455.html.

② 中华人民共和国教育部.教育部办公厅关于印发《基础教育课程教学改革深化行动方案》的通知[EB/OL].(2023-05-26)[2023-12-31].http://www.moe.gov.cn/srcsite/A26/jcj_kcjcgh/202306/t20230601_1062380.html.

南省人民政府办公厅印发《关于新时代推进普通高中育人方式改革的实施意见》,提出要“全面实施普通高中新课程。统筹推进普通高中新课程改革和高考综合改革,制定普通高中课程设置方案。”“深化课堂教学改革。制定普通高中新课程学科教学指导意见,指导教师准确把握课程标准和教材,按照教学计划循序渐进开展教学”①。2021 年 9 月,河南省教育厅关于印发《河南省普通高中课程设置方案(2021 年修订)的通知》,其中对普通高中的培养目标、课程设置、课程安排、课程实施与评价等方面做出了一定的说明和要求,尤其提到要合理制订课程规划、规范学校课程管理、深化教育教学改革和完善考试评价制度。② 与此同时,河南省教育厅还发布了《做好河南省普通高中新课程新教材实施工作的指导意见》,其中提到“充分考虑新课程新教材实施和高考综合改革等多项改革交替叠加给普通高中学校带来的困难与挑战,结合我省普通高中育人方式改革,积极稳妥推进实施新课程新教材。”“修订《河南省普通高中生涯教育课程指导纲要(试行)》,积极开展生涯教育课程”③。这一文件还就我省实施新课程新教材的重点任务进行了安排和要求。2022 年 6 月,河南省人民政府关于印发《河南省深化普通高等学校考试招生综合改革实施方案的通知》,提出“要落实普通高中新课程标准,有序推进普通高中选课走班,创新教学管理和班级管理模式;要建立健全学生发展指导制度,强化对学生的生涯指导,正确引导学生选课选考,提高学生自我规划、自主发展能力”④。2023 年 4 月,河南省教育厅办公室印发《关于进一步推进普通高中多样化发展相关工作的通知》,其中提出要“建设特色课程体系”“深化课堂教学改革”“创新学生培养模式”,为进一步推进新课程新教材的落实提供了政策支持。同年 9

① 河南省人民政府.河南省人民政府办公厅关于新时代推进普通高中育人方式改革的实施意见[EB/OL].(2019-12-30)[2023-12-31].https://www.henan.gov.cn/2020/01-09/1244528.html.

② 河南省教育厅.河南省教育厅关于印发河南省普通高中课程设置方案(2021 年修订)的通知[EB/OL].(2021-09-10)[2023-12-31].https://jyt.henan.gov.cn/2021/09-10/2310456.html.

③ 河南省教育厅.河南省教育厅关于做好河南省普通高中新课程新教材实施工作的指导意见[EB/OL].(2023-11-28)[2023-12-31].https://jyt.henan.gov.cn/2023/11-28/2855576.html.

④ 河南省人民政府.河南省人民政府关于印发河南省深化普通高等学校考试招生综合改革实施方案的通知[EB/OL].(2022-06-23)[2023-12-31].https://www.henan.gov.cn/2022/06-27/2475870.html.

月，河南省教育厅发布了《关于加强普通高中学生发展指导工作的通知》，其中提出要“基于核心素养，结合学校实际，建构内涵丰富、三年一贯的学生发展指导课程体系”“探索基于情境、问题导向的课堂教学模式”①。从以上颁布的相关政策来看，我省高度重视普通高中新课程新教材的落实工作，既出台一系列专门的教育政策给予支持和保障，也将新课程新教材的落实与普通高中其他方面的改革政策相互融合，以此共同推动普通高中育人方式的根本转变。

2.政府开展相应的实施举措保障普通高中实施新课程新教材

除了一些政策层面的支持，政府也出台了一系列的实施举措来保障普通高中课程教学改革的推进。2022 年，为深化普通高中课程改革，提高新课程新教材实施质量，落实立德树人根本任务，省教育厅拟认定郑州市第二高级中学等 33 所学校为普通高中新课程新教材实施省级示范校，郑州第四高级中学等 84 所学校为普通高中新课程新教材实施省级示范校创建单位。② 同年，省教育厅也认定郑州大学物理国家级实验教学示范中心等 20 个基地为首批河南省普通高中学生发展基地，华北水利水电大学数学与统计学院信息中心等 18 个基地为首批河南省普通高中学生实践基地。③ 2023 年 4 月，由河南省教育厅主办、河南省普通高中发展研究中心承办的河南省普通高中多样化发展专项培训在江苏南京举行，各省辖市、济源示范区、省直管县(市)教育局分管普通高中工作的负责人，首批河南普通高中省一级、省二级学科基地学校校长、学科基地负责人 160 余人，深入学习江苏省高考综合改革经验，围绕普通高中学科基地建设、学校课程建设、教学创新改革、多样化特色化发展等开展主题性观摩研讨学习。④ 同年 7 月，为进一步深化普通高中课程改革，提升新课程新教材实施质量，省教育厅又认定郑州市第四高级中学等 128

① 河南省教育厅.关于加强普通高中学生发展指导工作的通知[EB/OL].(2023-09-27)[2023-12-31].https://jyt.henan.gov.cn/2023/09-27/2822656.html.

② 河南省教育厅.河南省教育厅关于普通高中新课程新教材实施省级示范校评审结果的公示[EB/OL].(2022-03-21)[2023-12-31].https://jyt.henan.gov.cn/2022/03-21/2417840.html.

③ 河南省教育厅.河南省教育厅关于公布首批河南省普通高中学生发展基地与实践基地名单的通知[EB/OL](2022-09-22)[2023-12-31].https://jyt.henan.gov.cn/2022/09-23/2612069.html.

④ 河南省人民政府.河南省普通高中多样化发展专项培训举行[EB/OL].(2023-04-18)[2023-12-31].https://www.henan.gov.cn/2023/04-18/2727068.html.

所学校为第二批普通高中新课程新教材实施省级示范校。① 同年8月,为了全面落实新课程新教材的理念和要求,切实提高我省普通高中教育教学质量,为期七天的河南省2023年普通高中四科新课程新教材培训会在郑州举办,全省普通高中思想政治、语文、数学和英语四学科共1000余名教师和教研员,通过线上线下相结合的方式参加培训。② 此外,还有河南省基础教育课程与教学发展中心举办的河南省普通高中“双新”实施示范校展示研讨活动、河南省普通高中“新课程新教材新高考”暨省级学科基地建设展示研讨活动。这些具体的示范校认定、基地遴选、培训活动等举措为推进我省普通高中新课程新教材的落地提供了重要的保障,同时也彰显了我省在深化普通高中课程教学改革方面的决心。

(二)学校精心研究、组织并落实新课程新教材

除了政府组织的一些落实新课程新教材的培训活动,学校层面也进行了一些相关的培训活动,如为进一步推动普通高中新课程新教材实施,国家级示范校郑州市第七高级中学举办普通高中“新课程新教材新教学”教学展示活动,为普通高中课程改革探索郑州经验、提供郑州方案;为推动普通高中新课程新教材示范校建设工作,探索基于学科核心素养的课堂教学改革及普通高中育人方式改革,郑州市第四十七高级中学联合多所省内外“双新”国家级示范校,共同举办普通高中“双新”背景下育人方式改革研讨交流活动;为进一步提升教师实施新课程新教材的能力,国家级示范校郑州市第二高级中学围绕“新高考新课程新教材”举行了为期三天的培训活动;为进一步强化新课程新教材的应用,提高有效教学,郑州市第106高级中学开展中高级教师示范课活动;商丘市第四高级中学开展新高考、新课程、新教材培训;伊川一高举办的洛阳高中创新发展联盟首届新教材“同课异构”教学大赛,与此等等。总之,我省普通高中都在不同程度、不同层面开展关于推进新课程新教材实施的活动,学校普遍都在认真落实普通高中课程教学改革。此外,根据具体的调研结果也可以看出学校在积极开展和认真实施新课程新教材。

---

① 河南省教育厅.关于第二批普通高中新课程新教材实施省级示范校评审结果的公示[EB/OL].(2023-07-24)[2023-12-31].https://jyt.henan.gov.cn/2023/07-24/2783197.html.

② 河南省人民政府.河南省2023年普通高中四科新课程新教材培训会在郑州举办[EB/OL].(2023-09-08)[2023-12-31].https://www.henan.gov.cn/2023/09-08/2811696.html.

1.新课程新教材实施的基本理念与学校的办学理念一致

新课程新教材的核心理念是促进每一位学生的发展,充分调动学生参与学习的积极性。具体而言,一是注重培育学生的核心素养,使其具备时代发展所必备的关键品格、能力与价值观;二是尊重学生,提高学生的学习兴趣,促使学生主动参与学习,留给学生自由学习的空间;三是发挥学生的主体性,引导学生积极主动参与教学过程,创设合理情境,激发学生兴趣,运用探究式、启发式、互动式等教学方式提高学生学习的动力;四是注重教育与现实生活的联系,提高学生解决生活实际问题的能力。这些基本的理念与普通高中学校的办学理念具有内在的一致性,这也是一线普通高中教师所公认的。在调研的教师群体当中,91.14%的教师认为新课程新教材实施的基本理念与学校的办学理念具有一致性,7.71%的教师认为一般,只有 1.15%的教师不同意或非常不同意这一认识。

2.学校高度重视新课程新教材的实施

学校对于实施新课程新教材的重视度,除了一些见诸网络媒体的一些报道之外,还表现在教师群体对这一认识的整体感知上。在学校对新课程新教材落实是否重视的调查中,数据显示,94.26%的教师认为学校是非常重视新课程新教材的实施,5.31%的教师认为一般,只有 0.43%的教师不同意或非常不同意这一认识。同时学校高度重视新课程新教材的实施,还表现在学校对此有具体的落实目标、领导组织、制度安排和工作计划。在对学校是否具有实施新课程新教材的落实目标、领导组织、制度安排和工作计划的相关调查后发现,92.87%的教师认为学校对于新课程新教材的推进有具体的落实目标,6.7%的教师认为一般,只有 0.43%的教师认为学校对于新课程新教材的推进没有具体的落实目标;92.63%的教师认为学校对于新课程新教材的推进有具体落实的领导组织,6.70%的教师认为一般,只有 0.67%的教师认为学校对于新课程新教材的推进没有具体落实的领导组织;92.15%的教师认为学校对于新课程新教材的推进有具体落实的制度安排,7.13%的教师认为一般,只有 0.72%的教师认为学校对于新课程新教材的推进没有具体落实的制度安排;92.63%的教师认为学校对于新课程新教材的推进有具体落实的工作计划,6.78%的教师认为一般,只有0.59%的教师认为学校对于新课程新教材的推进没有具体落实的工作计划。

3.学校有实施新课程新教材的保障措施

学校高度重视新课程新教材的组织与实施,并确立了明晰的实施目标,组织了实施的组织架构和制度安排,同时也制订了相应的实施工作计划,这有力地推动了新课程新教材的落地。与此同时,为了更好地推进新课程新教材的实施,促进课程教学改革向纵深发展,学校也对实施新课程新教材做出了一些具体的保障措施。比如,新课程新教材的落地需要相应的评价改革与之相适应,因为传统课程与教材更多地被用于服务高一级学校招生,整个的实施导向被分数和升学等外在利益的追求所主导。如果以往服务于分数和升学的评价做法没有得到改变,那么新课程新教材的实施将会遭遇较强的现实阻力。而且普通高中教师,尤其是一些资历较深的一些教师,已经适应了原有课程教学的方式,并形成了比较适合自身的课堂教学风格和习惯,他们在面对新课程教学改革时会出现一些不适应的情况,而对于这一点,学校也应出台一些引导和激励措施。同时,校本教研作为"深化课程教学改革,促进教师专业发展,加快基础教育育人方式转型和质量提升的重要引擎"①,已经成为学校落实新课程新教材的一个重要抓手,也是一个重要保障。根据调研结果,可以发现很多学校也都做出了相应的保障措施,学校对新课程新教材的实施有相应的评价改革举措。具体而言,在学校对实施新课程新教材是否有相应的评价改革举措的调查方面,数据显示,88.85%的教师认为学校对实施新课程新教材有相应的评价改革举措,10.29%的教师认为一般,只有0.86%的教师认为学校对实施新课程新教材没有相应的评价改革举措;87.46%的教师认为学校有实施新课程新教材的引导与激励措施,11.35%的教师认为一般,只有1.19%的教师认为学校没有实施新课程新教材的引导与激励措施;89.23%的教师认为学校开展了关于新课程新教材新教学新评价的校本教研,9.76%的教师认为一般,只有1.01%的教师认为学校没有开展关于新课程新教材新教学新评价的校本教研。

(三)教师普遍认同、接受并积极实施新课程新教材

教师是教育政策落地的关键主体,教师对于政策的认同和接受态度直接影响

① 马维林,王嘉毅.校本教研20年:主题演进、功能转型与组织优化[J].中国教育科学(中英文),2020(05):111-126.

着教育政策的实施效果。因此,在实施新课程新教材,落实新课程教学改革的过程中,教师的地位和作用是不可忽视的关键要素。

1.教师普遍认同和接受新课程新教材的实施

教师的教育理念要与新课程理念保持一致是非常重要的。教师的教育理念是教师在教学过程中所秉持的价值观和信念,而新课程理念则是教育改革所倡导的新的教育理念。如果教师的教育理念与新课程理念一致,那么他们在教学过程中就能够更好地贯彻新课程的理念,采用新的教学方法和手段,注重学生的全面发展,培养学生的创新精神和实践能力。同时,教师也能够更好地理解新课程的目标和要求,更好地把握教材的精髓和教学要求,提高教学效果。相反,如果教师的教育理念与新课程理念不一致,那么他们在教学过程中就难以贯彻新课程的理念,采用传统的教学方法,注重学生的知识学习而忽视其他方面的发展。这不仅会影响教学效果,还会对学生的全面发展和未来成长产生不利影响。根据调研的结果来看,92.25%教师的教育理念与新课程理念一致,7.13%的教师认为一般,只有0.62%的教师认为自身的教育理念与新课程理念不一致。这说明大部分教师在理念上是认同新课程理念的,并且认为自身的教育理念与新课程理念是相一致的。

教师对新课程新教材具有清晰的认识是非常重要的。这是因为新课程新教材与传统的教材有很大的不同,需要教师重新审视和调整自己的教学理念和方法。新课程强调学生的全面发展,注重培养学生的创新精神和实践能力,而新教材则更加注重学生的实际需求和兴趣,注重知识的应用和实践。因此,教师需要深入理解这些理念和目标,并在教学过程中加以贯彻。新教材的教学内容和结构与以往相比有很大的变化,例如增加了选修课程、实验课程等,突破了以往的教材结构。因此,教师需要熟悉新教材的教学内容和结构,并能够根据实际情况灵活运用。新课程强调学生的主体地位,注重学生的自主学习和合作学习。因此,教师需要采用多种教学方法和手段,如情境教学、案例教学、探究式教学等,激发学生的学习兴趣和主动性,提高教学效果。新课程新教材具有一些新理念和新变化,这些需要教师对其有清晰的认识。根据调研结果,发现92.63%教师对新课程新教材具有清晰的认识,7.13%的教师认为一般,只有0.24%的教师对新课程新教材没有清晰的认识。这说明了教师普遍对新课程新教材有着清晰的认识和理解,这是教师实施新课程新教材的重要前提。

此外,教师对新课程新教材具有落实的意愿也是非常重要的。这意味着教师不仅对新课程新教材有清晰的认识,而且愿意在实际教学中贯彻这些理念和目标。根据调研的结果显示,94.64%教师对新课程新教材具有落实的意愿,5.27%的教师认为一般,只有0.09%的教师对新课程新教材没有落实的意愿。同时,教师对新课程新教材具有落实的行动是非常重要的。只有教师能够将认识转化为实际的教学行为,才能够真正贯彻新课程的理念和目标,提高教学效果,促进学生的全面发展。根据调研的结果显示,94.45%教师对新课程新教材具有落实的行动,5.36%的教师认为一般,只有0.19%的教师对新课程新教材没有落实的行动。根据以上数据的显示,教师们普遍有落实新课程新教材的意愿,并且有着实际的落实行动。

2.教师普遍认为新课程新教材更加科学合理

新课程新教材具有一定的合理性,这主要体现在新课程新教材更加注重学生的主体地位,注重学生的自主学习和合作学习。这种教学方式更加符合学生的学习规律和认知特点,能够激发学生的学习兴趣和主动性,提高教学效果。新课程新教材更加注重知识的应用和实践。新教材中增加了大量的实验课程和实践活动,注重培养学生的实践能力和创新精神,这种教学方式更加符合社会对人才的需求。新课程新教材更加注重学生的全面发展。新教材中不仅注重知识的学习,还注重学生的品德、情感、价值观等方面的培养,这种教育方式更加符合学生的全面发展的需要。这些既是新课程新教材强调的基本理念和基本精神所在,也是教师普遍认同和接受的重点内容。同时,作为一线的教师,他们更加关注的是新课程新教材一些具体的变化,因为这些变化直接影响着教师的实际教学设计与行动。

以课程设置和教材使用为例,在课程设置方面,新课程符合学生个性化发展的需求,因为必修课程是每个学生都必须学习的内容,而选修课程学生则可以根据兴趣和特长进行选择。这种设置方式可以更好地满足学生的个性化发展需求,激发学生的学习兴趣和主动性。又因为必修课程是学科知识的基础和核心,而选修课程则是对必修课程的补充和拓展。这种设置方式可以更好地保证学科知识的系统性和完整性,帮助学生建立完整的知识体系。新课程还注重培养学生的综合素质,必修课程更注重学生的基础知识和基本技能的培养,而选修课程则更注重学生的综合素质的培养。这种设置方式不仅可以培养学生的综合素质,还可以提高学生的社会适应能力和竞争力。所以关于必修课与选修课设置是否合理的问题对于教师至关重要，在实际的调研结果中，85.88%教师认为新课程新教材背景下的必修课与选修课设置比较合理，12.01%的教师认为一般，只有2.11%的教师认为新课程新教材背景下的必修课与选修课设置不太合理。根据这一结果显示，大部分教师是普遍认为两种课程设置是比较合理的，但还有一些教师对此不太认同，这仍然需要教师加深对新课程改革中的课程设置问题的理解。

在教材使用方面，相比旧版教材，新教材的设计更加注重与其他课程的衔接，能够更好地保证学科知识的系统性和完整性。这种设计方式可以更好地帮助学生建立完整的知识体系，提高教学效果。但这对一线的教师专业发展和专业素养提出了更高的要求。根据具体的调研结果，多数教师对新教材的使用较为顺利，但还有许多教师不这么认为。具体而言，就是78.27%的教师认为相比旧版教材，新教材使用更加顺利，17.23%的教师认为一般，只有4.5%的教师不认为新教材使用更加顺利。此外，教材使用是否顺利与教材内容编写息息相关，相比旧版教材，新教材的内容编排更加合理，能够更好地满足学生的实际需求，提高教学效果，促进学生的全面发展。对此，80.95%的教师是这么认为的，15.7%的教师认为一般，只有3.35%的教师不这么认为，这说明教师对新教材的内容编排还需要进一步的认识和理解。

3.教师积极开展基于新课程新教材的教学活动

教师积极开展基于新课程新教材的教学活动是至关重要的。因为新课程改革是当前教育领域的重要变革，它强调以学生为中心，注重培养学生的创新精神和实践能力。教师积极开展基于新课程新教材的教学活动，是适应教育改革的要求，推动教育改革的重要举措。教师积极开展基于新课程新教材的教学活动，可以更好地贯彻新课程理念，优化教学方法和手段，提高教学质量，促进学生的全面发展。教师积极开展基于新课程新教材的教学活动，可以促进教师的专业发展，提高教师的教育教学能力，为教师的职业发展奠定坚实基础。教师积极开展基于新课程新教材的教学活动，还可以为学生提供更多的实践机会和创造空间，激发学生的创新思维和实践能力，培养更多的创新人才。

在具体的调研中，大部分教师都能积极开展基于新课程新教材的教学活动。教学设计对教师落实新课程新教材的重要性不言而喻，根据调研结果显示，93.49%教师有按照新课程新教材进行教学设计，6.08%的教师认为一般，只有0.43%的教师没有按照新课程新教材进行教学设计。新课程新教材的落地只靠传统的教学方式已经不合时宜,它需要多样灵活的教学方式作为支撑,根据调研结果显示,88.99%认为新课程新教材带来了课堂教学方式的多样化,9.96%的教师认为一般,只有1.05%的教师认为新课程新教材没有带来课堂教学方式的多样化;89.99%的教师认为探究教学、合作教学等教学方式展开的教学频次有所增加,9.05%的教师认为一般,只有0.96%的教师认为探究教学、合作教学等教学方式展开的教学频次没有增加。对于多样化的课堂教学形式教师是否认同和接受,这一问题同样重要,根据调研结果显示,89.9%教师比较认同课堂教学形式的变化,9%的教师认为一般,只有1.1%的教师不认同课堂教学形式的变化。对于教师自身开展的课堂教学是不是新课程新教材所要求的,90.91%的教师认为自身的课堂教学不太符合新课程新教学的目标和要求,8.71%的教师认为一般,只有0.38%的教师认为自身的课堂教学不太符合新课程新教学的目标和要求。良好的教学效果是教师积极开展和落实新课程新教材的关键,在实际的调研中,84.16%新的教学形式带来了较好的教学效果,14.98%的教师认为一般,只有0.86%的教师认为新的教学形式并没有带来较好的教学效果。

4.新课程新教材的实施为学生的学习带来了良好效果

新课程新教材实施的最终目的是促进学生学习效果的提升,以及学生的全面发展。新课程新教材注重学生的实际需求和兴趣,通过生动有趣的教学内容、灵活多样的教学方法和手段,激发学生的学习热情和兴趣,让学生更加主动地参与到学习中来。新课程新教材注重学生的主体地位,通过引导学生自主学习、合作学习等方式,让学生更加深入地理解和掌握知识,提高学习效果。同时,新教材还注重知识的应用和实践,让学生能够将所学知识应用到实际生活中,提高学习效果。新课程新教材注重学生的综合素质培养,通过多元化的教学内容和教学方法,培养学生的创新精神、实践能力、合作能力、自主学习能力等,让学生成为具有综合素质的人才。新课程新教材注重学生的全面发展,不仅关注学生的知识学习,还关注学生的情感、态度、价值观等方面的培养,通过引导学生关注社会、关注生活、关注他人,让学生成为具有社会责任感和使命感的人。

新课程新教材能够使学生有更多机会学习选修课,因为新课程方案通过学分制改革打破了传统教育中“老师教什么,学生就学什么”的模式。学生可以在一定范围内自主选择想要学习的科目，促进他们全面、自主、有个性地发展。选修课由学校依据当地社会、经济、文化发展需要和学生的多样化需要设置，也有利于各学校办出自己的特色。因此，新课程新教材能够让学生按照自己的兴趣、特长和爱好，选择喜欢的课程，并接受相应的教育。在学分制模式下，学生可以在完成必修课的学习目标之后，有选择地深入研究或选修某些课程，促进自身更全面的发展。根据调研结果显示，84.59%的教师认为新课程新教材能使学生有更多机会学习选修课，12.35%的教师认为一般，只有3.06%的教师不认为新课程新教材能使学生有更多机会学习选修课。对于新教材而言，79.32%的教师认为相比旧版教材，使用新教材能够明显促进学生的学习，18.05%的教师认为一般，只有2.63%的教师不认为使用新教材能够明显促进学生的学习。对于课堂教学形式的变化，学生是否接受及其接受的程度关系着学生学习的效果，根据调研数据显示，87.55%的教师认为学生比较接受课堂教学形式的变化，11.73%的教师认为一般，只有0.72%的教师认为学生不能接受课堂教学形式的变化。

学生的积极性和学习兴趣是学习效果的重要因素之一。新课程新教材注重学生的实际需求和兴趣，通过生动有趣的教学内容、灵活多样的教学方法和手段，激发学生的学习兴趣和主动性。学生对于感兴趣的内容和教学方法更加投入，并愿意积极参与到学习中来。新课程新教材注重学生的主体地位，让学生成为学习的主人。通过引导学生自主学习、合作学习等方式，让学生更加深入地理解和掌握知识，提高学习效果。学生对于自己的学习成果更加关注，积极思考和探索问题，形成良好的学习氛围。新课程新教材还注重培养学生的创新精神和实践能力，让学生将所学知识应用到实际生活中。学生对于实践性的教学内容更加感兴趣，积极参与到实验、社会实践等活动中，提高学习效果。根据调研的数据显示，83.48%的教师认为学生对于新课程新教材的学习具有较强的积极性，15.89%的教师认为一般，只有0.63%的教师认为学生对于新课程新教材的学习不具有较强的积极性；80.42%的教师认为新课程新教材实施后，学生的学习兴趣逐渐增强，17.66%的教师认为一般，只有1.92%的教师认为新课程新教材实施后，学生的学习兴趣没有逐渐增强；79.42%的教师认为新课程新教材实施后，学生的学习效果逐渐提高，18.81%的教师认为一般，只有1.77%的教师认为新课程新教材实施后，学生的学习效果没有逐渐提高。

三、普通高中课程教学推进的现实困境

任何教育改革或者教育政策的落地都处在一定的矛盾与冲突的环境之中,新旧问题的交织为教育的改革或教育政策的落地带来了一定的阻力,这对于普通高中课程教学推进也是如此。虽然在新课程新教材推行的背景下,我省普通高中整体上的课程教学改革取得了明显成效,新课程新教材理念得到了扎实落地,但也面临着一些困境,阻碍着普通高中课程教学的深度推进。

(一)教师实施新课程新教材的能力有待进一步提升

调研发现,虽然教师对于新课程新教材的理念比较认同,具有较强的实施新课程新教材的意愿和积极性,并且也在实施中取得了一定的成效,但整体而言,教师实施新课程新教材的能力有所欠缺,具体表现为对教学内容把握不准。一些教师在实施新课程新教材时,对教学内容的把握不够准确,容易出现教学内容偏离课程目标的情况。教学方法单一。部分教师的教学方法相对单一,缺乏多样性和灵活性,无法满足新课程新教材的要求,也无法激发学生的学习兴趣和积极性。缺乏创新思维。新课程新教材强调培养学生的创新精神和实践能力,但一些教师缺乏创新思维,无法有效地引导学生进行创新性的学习和探索。缺乏实践能力,新课程新教材注重实践性教学,但一些教师自身缺乏实践经验和实践能力,无法有效地组织和指导学生进行实践性学习。虽然有78.27%的教师认为新教材使用更加顺利,但仍有21.73%的教师使用不顺利,同时教师在教学效果方面也存在一定的提升空间。评价能力不足。新课程新教材强调多元评价,但一些教师的评价能力不足,无法准确地评价学生的学习成果和表现,也无法为学生提供有效的反馈和指导。缺乏团队合作能力。新课程新教材的实施需要教师之间的紧密合作和协作,但一些教师缺乏团队合作能力,无法有效地与其他教师合作,共同推进新课程新教材的实施。对新技术应用不足。随着信息技术的发展,新技术在教学中的应用越来越广泛,但一些教师对新技术的应用不足,无法有效地利用新技术提高教学效果和效率。

(二)新课程新教材的实施与考试评价改革的衔接不够

考试评价改革至关重要,它对于新课程新教材的实施具有较强的引领作用,关乎着新课程新教材实施的程度。对于我省普通高中课程教学推进而言,存在的重要问题就是新课程新教材的实施与考试评价改革的衔接不够,主要表现为评价内容与课程目标脱节,新课程新教材的评价内容应该与课程目标相一致。但实际上,一些学校的评价内容与课程目标脱节,没有充分体现新课程的理念和要求;考试方式单一,传统的考试方式往往以纸笔考试为主,缺乏多元化的评价方式,难以全面评价学生的综合素质和实践能力;评价标准不明确,一些学校在制定评价标准时,缺乏明确的指导思想和原则,导致评价标准不够科学、合理、公正;缺乏实践环节的评价,新课程新教材注重实践性和应用性,但一些学校在评价过程中缺乏对实践环节的评价,导致学生的实践能力和创新精神得不到充分体现;教师评价能力不足,一些教师缺乏对新课程新教材的评价理念和方法的了解和掌握,导致评价结果不够准确、客观。66.59%的教师认为新教材习题设计较为容易,巧合的是,66.59%的教师认为新教材的习题与试卷考题难度差异较大。这说明新课程新教材中的知识学习在"以分数论英雄"的考试评价文化中,是与相应的考试测验不一致。也就是说,虽然学校和教师在积极地落实新课程新教材,但由于考试分数的压力,教师和学生不得不仍然以分数为导向的学习,整个教育仍然没有逃离分数至上的窠臼。

(三)新课程新教材实施后学生的学习效果有待加强

新课程新教材实施后,学生的学习效果虽然有一定的提升,但这一提升与教师们所期待的学生学习效果提升仍然有一些差距,甚至出现学习效果两极分化的现象,这意味着新课程新教材追求每个学生都能得到相应的发展并没有完全实现。具体而言,新课程新教材的实施可能会改变学生的学习方式和思维方式,但并不一定能够直接提升学生的学习成绩。如果学生的学习方法、学习习惯没有得到有效的调整和改善,学习成绩可能不会有明显的提升。新课程新教材注重学生的综合素质和实践能力的培养,但有些学生可能对新的学习内容没有兴趣,或者无法适应新的教学方式。根据调研的结果,学校和教师积极落实新课程新教材的积极程度占比基本在90%以上,而学生的学习兴趣、学习效果则占比80%左右,这表明相对于学校和教师积极落实新课程新教材的态度,学生的学习兴趣并没有得到足够的提高。此外,新课程新教材的实施需要学生更加主动地参与到学习中来,但有些学生可能缺乏学习主动性和自主性,无法有效地进行自主学习和探究。新课程新教材注重实践性教学,但有些学生可能缺乏实践机会和实践能力,无法有效地进行实践性学习,实践能力没有得到提升。新课程新教材注重学生的综合素质培养,但有些学生可能只关注学习成绩,忽略了其他方面的发展,综合素质没有得到全面发展。

(四)新课程新教材的实施一定程度上加重了学业负担

新课程新教材的实施在一定程度上加重了学业负担,主要表现为知识内容增多,新课程新教材相对于传统教材,知识内容更加丰富,涉及面更广,因此学生需要学习更多的知识,导致学习负担加重,难度加大。新课程新教材相对于传统教材,更加注重学生的综合素质和实践能力的培养,因此对于一些知识点和技能的要求更高,学习难度更大,学生需要花费更多的时间和精力来学习和掌握;由于新课程新教材的实施需要与考试评价相适应,因此学生需要面对更多的考试和测评,考试压力加大,学习负担加重。学习方式变化带来的不适应,新课程新教材的实施要求学生更加主动地参与到学习中来,需要学生具备更高的自主学习能力和探究能力,因此一些学生可能需要一段时间来适应这种学习方式的变化,这也导致了学生学习负担加重。69.36%的教师认为新课程新教材的落实带来了学科课程的课时负担,这可能是由于新教材的知识比较丰富,导致学科课时过多、作业量过大、资料泛滥、考试增多等。关于这一点,许多教师都认为评价和考试制度不变、教育资源不足、师资培训跟不上、教师能力不足、领导工作不力、推进速度过快等,都是影响新课程新教材实施的重要因素。城市高中教师矛头指向的主要是高考制度,认为高考制度不改革,素质教育就缺乏外部环境,新课改理念就很难实现。而县域高中教师矛头指向的是资源不足和缺乏师资培训的问题。

四、普通高中课程教学推进的相关建议

普通高中实施新课程新教材是势在必行的发展举措,也是不可退却的政策要

求。我们对实施新课程新教材抱有美好的愿望，期待以此为契机能够促进普通高中育人方式变革，能够改变普通高中分数至上的不良教育生态，能够促进学生个性化的发展和真正选拔出多样化的人才。但实施新课程新教材就是一场课程教学改革，是改革就是一个统筹推进的系统工程，在这一工程推进的过程中，不可避免地会出现这样或那样的问题，针对以上存在的问题，我们针对性地提出以下几点建议。

（一）坚持以学生发展为本，增强新课程新教材的实施效果

坚持以学生发展为本，增强新课程新教材的实施效果，是新课程改革的重要目标，它对于提升学校教育质量，促进学生全面发展具有重要的价值意义。做到坚持以学生发展为本，就要在实施新课程新教材的全过程始终坚持以学生发展为本的基本理念，始终重视学生在新课程新教材实施中的获得感，并强化实施学生综合素质评价。

首先，在实施新课程新教材的全过程要始终坚持以学生发展为本的基本理念。需要在课程设计和教学实施中，始终将学生置于主体地位，关注学生的需求和特点，确保教学内容和教学方法符合学生的认知规律和发展需求。需要注重学生的全面发展，包括知识、能力、情感态度、价值观等方面。在教学中，要注重培养学生的创新精神和实践能力，提高学生的综合素质。要采用多种手段激发学生的学习兴趣和动力，如创设问题情境、开展实践活动、引入趣味性的内容等，让学生在学习中感受到乐趣和成就感。需要注重培养学生的自主学习能力，让学生学会学习、学会思考、学会创新。这需要在教学中积极引导学生制订学习计划，鼓励学生独立思考，培养学生的自主学习能力和创新思维。需要建立科学的评价机制，全面评价学生的学习成果和能力。评价应该注重过程性评价和多元化评价方式，及时给予学生指导和帮助，促进学生的全面发展。此外，实践教学和活动课程是新课程新教材的重要组成部分，要让学生在实践中学习和掌握知识，锻炼自己的能力。这要求在教育过程中加强实践教学和活动课程比重，让学生在实践中学习和成长。

其次，在实施新课程新教材的全过程要始终重视学生在新课程新教材实施中的获得感。需要在课程设计和教学实施中，关注学生的学习情况，了解他们的兴趣、特长和需求，确保教学内容和教学方法符合学生的实际情况。需要在教学中，

注重学生的参与和体验,让学生成为学习的主体,通过亲身体验和实践操作,加深对知识的理解和掌握。需要在教学过程中,及时给予学生反馈和调整,关注学生的学习进展和问题,及时调整教学策略和方法,确保学生能够获得更好的学习效果。还需要在教学中,鼓励学生进行自主学习和探索,让他们主动寻找问题和解决问题的方法,培养他们的创新思维和实践能力。同时,除了知识传授和能力培养外,还要关注学生的情感体验,让他们在学习过程中感受到快乐,获得成就和自信。

最后,在实施新课程新教材的全过程强化学生综合素质评价的实施。通过明确评价目标、多样化评价方式、过程性评价与结果性评价相结合、学生自评与互评、建立档案袋评价以及及时反馈与指导等措施的实施,可以全面评价学生的综合素质,促进学生的全面发展。具体而言就是在制定学生综合素质评价方案时,要明确评价目标,包括知识、能力、情感态度、价值观等方面。同时,要确保评价目标与新课程新教材的教学目标相一致,体现学生的全面发展。学生综合素质评价应该采用多样化的评价方式,包括考试、作业、课堂表现、实践活动、小组合作等。这样可以更全面地了解学生的学习情况和能力表现,避免单一评价方式带来的片面性。在实施学生综合素质评价时,要注重过程性评价和结果性评价的结合。过程性评价可以关注学生的学习过程和方法,及时给予指导和帮助;结果性评价可以评价学生的学习成果和能力表现。两者相结合可以更全面地评价学生的综合素质。学生自评和互评是学生综合素质评价的重要组成部分,通过学生自评,可以让学生反思自己的学习过程和方法,提高自我认知能力;通过互评,可以让学生了解他人的学习情况和能力表现,促进交流和合作。档案袋评价是一种重要的学生综合素质评价方式,通过建立档案袋,可以收集学生的作品、成果、反思等材料,展示学生的学习过程和成果。这样可以让学生更好地了解自己的学习情况和进步情况,同时也可以为教师提供更全面的评价依据。此外,在实施学生综合素质评价时,要及时给予学生反馈和指导。通过反馈和指导,可以让学生了解自己的学习情况和问题所在,及时调整学习策略和方法,提高学习效果。

(二)深化课程教学改革,优化新课程新教材的实施方式

深化课程教学改革,优化新课程新教材的实施方式,是当前教育改革的重要任务。它需要教师应从传统的知识传授者转变为学生学习活动的组织者和引导者,

注重培养学生的自主学习能力和创新精神，需要教师树立以学生为中心的教学理念，关注学生的需求和发展，注重学生的个体差异，激发学生的学习兴趣和内在动力。需要优化课程设置，构建完善的课程体系，打破学科壁垒，促进不同学科之间的交叉融合，培养学生跨学科的综合素养。同时及时更新课程内容，反映时代发展和科技进步的成果，确保课程与现实生活和社会需求的紧密联系。需要创新教学方式方法，采用如项目式学习、合作学习、翻转课堂等多样化的教学方法，以满足不同学生的学习需求，积极运用信息技术手段辅助教学，如网络课程、多媒体教学等，提高教学效率和激发学生的学习兴趣，从而提高教学效果。需要加强实践教学环节，培养学生实践能力，增加实验课程的比重，提高学生的实验技能和动手能力，鼓励学生参与社会实践活动，如志愿服务、社会调查等，培养学生的社会责任感和综合实践能力。需要加强教师培训与研修，定期组织教师参加新课程新教材的培训活动，提高教师对新课程新教材的理解和掌握程度，支持教师开展关于新课程新教材实施方式的教学研究，促进教师之间的交流与合作，共同提升教学水平。还需要加强学校与家庭、社会的合作与沟通，建立家校沟通机制，及时了解学生的家庭情况和需求，共同关注学生的成长和发展，积极寻求社会资源的支持与合作，为学生提供更多的实践机会。

具体而言，需要做到以下几点：其一，严格按照课程标准实施教学，避免出现随意增减课时、改变难度、调整进度等问题。严格按照课程标准实施教学，是保障教育质量和学生学习效果的重要措施。它需要教师深入理解课程标准，制订详细的教学计划，坚持科学的教学策略，加强教学过程中的监督和管理，以及加强与家长的沟通和合作。教师应当深入学习和理解课程标准，明确课程的目标、内容、难度、进度等要求，了解所教学生的特点和需求，根据学生的实际情况制订教学计划和策略。教师应当根据课程标准的要求，制订详细的教学计划，包括教学内容、教学方法、教学进度等，根据教学需要和学生实际情况，合理分配课时，确保教学进度的顺利进行。教师应当注重学生对基础知识的学习和掌握，为学生进一步学习和应用打下坚实的基础，注重培养学生的学习能力，包括自主学习、合作学习能力等。教师应当加强课堂管理，关注学生的学习状态和行为表现，及时发现和解决学生的学习问题，定期进行教学评估，了解学生的学习情况和反馈，及时调整教学策略和方法。教师应当与家长保持密切联系，及时沟通学生的学习情况和问题，共同关注学生的成长和发展,引导家长正确看待教育,避免过度追求考试成绩而忽视学生的全面发展。

其二,健全巡课、听课和教学评价制度,注重教学诊断与改进。既要建立巡课制度,完善听课制度,建立教学评价制度,又要注重教学诊断与改进。学校应制订详细的巡课计划,明确巡课的时间、地点和人员安排,定期组织巡课活动,对教师的教学情况进行监督和指导,巡课人员应及时发现教学中存在的问题,并及时向相关教师反馈,促进问题的改进。学校应制订详细的听课计划,明确听课的科目、时间和人员安排,随机安排教师进行听课,了解教师的教学情况和学生的学习情况,听课人员应及时向相关教师反馈意见和建议,促进教学质量的提高。学校应制定详细的教学评价标准,包括教学目标、教学内容、教学方法、教学效果等方面,定期对教师的教学进行评价。评价结果应及时向相关教师反馈,帮助教师了解自己的教学情况和问题,促进教学水平的提高。学校应建立教学诊断机制,定期对教师的教学情况进行诊断,发现教学中存在的问题和不足。根据教学诊断结果,学校应制定相应的改进措施,帮助教师改进教学方法和手段,提高教学效果。学校还应对改进措施进行跟踪评估,了解改进措施的效果和影响,不断优化教学管理。

其三,严格依据课程标准设计作业和命制试题,严格控制考试次数。严格依据课程标准设计作业和命制试题,严格控制考试次数,是保障教育质量和学生健康发展的重要措施。它需要严格依据课程标准设计作业,即作业设计应紧密围绕课程标准,明确作业的目标和要求,确保作业内容与课程目标相一致。教师应根据学生的实际情况和教学目标,精选具有代表性和启发性的作业题目,避免题海战术和机械重复。教师还应关注作业的质量而非数量,确保作业难度适中、覆盖面广,能够真实反映学生的学习情况和问题。需要科学命制试题,即试题命制应遵循课程标准的要求,确保试题内容与教学目标相一致。试题应注重对学生基础知识和能力的考查,避免过于偏僻或超纲的题目。试题难度应适中,既能反映学生的真实水平,又不会过于困难或简单。还需要严格控制考试次数,即学校应制订详细的考试计划,明确考试的时间、科目和次数,避免随意增加考试次数。考试时间应合理安排,避免过于集中或分散,确保学生有足够的时间复习和准备。学校还应加强对考试的管理,确保考试的公正、公平和有效。

其四,重视差异化教学和个别化指导,培养学生自主学习能力。为了更好地满足学生的个性化需求和培养自主学习能力,教师要了解学生的特点和需求,包括兴趣爱好、学习风格和能力优势等,以便更好地满足学生的个性化需求。教师应当了解学生对学习的需求和目标,包括学生的学习基础、学习能力和学习需求等,以便为学生提供适合的教学内容和指导。教师要制订差异化的教学计划,即教师应当根据学生的特点和需求,制订差异化的教学计划,包括教学内容、教学方法、教学进度等,以满足不同学生的需求。在教学过程中,教师应当根据学生的反馈和表现,灵活调整教学计划,确保教学质量和效果。教师要提供个别化的指导,即教师应当为学生提供个别辅导,针对学生的学习问题进行有针对性的指导和解答,帮助学生解决学习中的困难和提高学习效果。教师应当根据学生的个性特点和需求,为学生提供个性化的学法指导,包括学习策略、学习方法、学习技巧等,帮助学生提高学习效率和学习成绩。教师要培养学生的自主学习能力,即教师应当积极引导学生进行自主学习,包括自主预习、自主复习、自主拓展等,培养学生的自主学习意识和能力。教师应当为学生提供丰富的学习资源和学习材料,包括教材、参考书、网络资源等,帮助学生拓展学习内容和提高自主学习能力。

(三)促进教师专业发展,提升新课程新教材的实施力度

促进教师专业发展,提升新课程新教材的实施力度,是提高教育质量和培养创新人才的关键。具体而言,深入推进普通高中实施新课程新教材,需要继续开展有关新课程新教材新高考的相关培训,组织开展有关新课程新教材新高考的相关教研,同时加强与高等院校之间的合作,为教师专业发展提供专业指导。

首先,深入推进普通高中实施新课程新教材,持续开展有关新课程新教材新高考的相关培训。持续开展有关新课程新教材新高考的相关培训,对于提高教师的专业素养和教学能力,以及适应新的高考改革要求具有重要意义。具体需要制订详细的培训计划,明确培训的目标和要求,包括提高教师的课程实施能力、教学评价能力、学生指导能力等。根据培训目标,制定详细的培训内容,包括新课程新教材的特点和要求、新高考的考试内容和要求等。并合理安排培训时间,确保教师有足够的时间参加培训,并能够将所学知识应用到实际教学中。需要采用多种培训形式,如组织教师参加集中培训,邀请专家进行讲解和指导,提高教师的理论水平和教学能力;组织教师分组讨论,分享教学经验和心得,探讨教学中的问题和困惑,

促进教师之间的交流与合作;组织教师观摩优秀教师的教学过程,学习先进的教学方法和理念,提高教师的教学水平和能力;利用网络平台,提供在线学习资源和学习课程,方便教师随时随地学习新知识。需要加强实践训练,组织教师进行实践教学活动,包括模拟课堂、教学设计等,提高教师的实践能力和教学水平。鼓励教师进行教学反思,对自己的教学过程进行反思和总结,发现问题并改进教学方法和策略。鼓励教师参与课题研究,结合教学实际开展课题研究,探索教学规律和方法,提高教师的科研能力和水平。还需要建立评价机制,制定科学合理的评价标准,对教师的培训效果进行评价和反馈。定期对教师的培训效果进行评价和反馈,及时发现问题并改进教学方法和策略。对表现优秀的教师给予表彰和奖励,激励教师不断学习和进步。

其次,深度推进普通高中实施新课程新教材,组织开展有关新课程新教材新高考的相关教研。要明确教研目标,包括提高教师的专业素养、探索新的教学方法和策略、促进学校教学质量提升等,根据目标以及新课程新教材新高考的要求,确定教研主题,如“新课程理念下的教学策略研究”“新教材使用中的困惑与解决”“新高考背景下的教学评价改革”等。要制订教研计划,合理安排教研时间,确保教师有足够的时间参加教研活动。根据教研主题和目标,确定教研形式,如研讨会、讲座、观摩课、课题研究等。根据教研主题和目标,制定详细的教研内容,包括研讨的问题、讲座的主题、观摩课的教学设计等。要开展教研活动,组织教师开展研讨会,就新课程新教材新高考的相关问题进行深入探讨,分享经验和心得,共同解决教学中的困惑和问题;邀请专家或优秀教师举办讲座,介绍新课程新教材新高考的理念和要求,分享成功的教学经验和教学方法;组织教师观摩优秀教师的教学过程,学习先进的教学方法和理念,提高自己的教学水平;鼓励教师结合教学实际开展课题研究,探索新的教学方法和策略,为教学实践提供科学依据。要加强交流与合作,建立教师之间的交流平台,促进教师之间的交流与合作,共享教学资源和学习经验;鼓励教师之间进行合作研究,共同解决教学中的问题,提高教学效果和质量;组织教师外出学习,参加相关学术会议和研讨会,了解最新的教育理念和教学方法。教师要会总结与归纳,对教研活动的成果进行整理和汇总,形成相关的教学资料和教学案例;对教研活动进行反思,发现问题并改进教学方法和策略;将教研活动的成果进行推广和应用,促进学校教学质量的提升。

最后,深度推进普通高中实施新课程新教材,加强与高等院校之间的合作,为教师专业发展提供专业指导。加强与高等院校之间的合作,为教师专业发展提供专业指导,是促进教师专业成长和提高教学质量的重要途径。具体而言就是需要建立合作关系,普通高中与高等院校之间签订合作协议,明确双方的合作目标、内容和方式,设立专门的联络机构或人员,负责协调和沟通双方的合作事宜。要积极开展学术交流活动,邀请教授或专家到学校举办学术讲座,介绍最新的教育理念和教学方法;组织教师与教授或专家共同参加研讨会,就教育教学问题进行深入探讨和交流;组织教师到高等院校观摩教学活动,学习先进的教学方法和经验。要加强开展科研项目合作,普通高中与高等院校联合申报科研课题;共同开展研究工作,普通高中与高等院校共享科研资源,包括实验室、数据库等,为教师提供更广阔的科研平台;普通高中与高等院校共同发表论文,促进学术成果的交流和共享。要加强培训和指导教师的合作,高等院校为高中教师提供专业培训,包括课程设计、教学方法、评价方法等;教授或专家指导高中教师的教学工作,提供针对性的建议和帮助;高等院校参与高中的教学评估工作,提供专业的评估意见和建议。同时还要推进教育资源共享,普通高中与高等院校共享课程资源,包括优质课程、教学视频等,为教师提供丰富的教学素材;普通高中与高等院校合作开发教材,确保教材内容与教育理念相一致,提高教学质量;普通高中与高等院校共享实验设备,为高中教师提供更好的实验教学条件。

(四)继续改革考试评价,推进新课程新教材的协同实施

随着新课程新教材的逐步实施,考试评价制度也需要进行相应的改革,以适应新的教育理念和教学方法。比如,新课程新教材强调学生的全面发展,注重培养学生的创新精神和实践能力。因此考试评价的目标也应该从单一地掌握知识转向综合素质的评价,包括学生的知识、能力、情感、态度和价值观等方面。传统的考试评价方式往往注重纸笔测验,而新课程新教材的实施需要更加多样化的评价方式。学校可以采用表现性评价、作品展示、口头报告、实践操作等多种评价方式,全面评价学生的综合素质和实践能力。新课程新教材注重学生的学习过程和学习体验,因此,考试评价也应该加强对学习过程的评价。学校可以采用课堂表现、小组讨论、作业完成情况等过程性评价方式,及时了解学生的学习情况和问题,为学生提

供有效的反馈和指导。新课程新教材的实施需要学生、教师、家长等多方面的参与和支持。因此,考试评价也应该鼓励多元评价主体的参与,包括学生自评、互评、教师评价、家长评价等,全面了解学生的表现和发展情况。具体而言,就是要加强新课程新教材与新高考协同实施的一致性研究,出台相关的政策引导新课程新教材与考试评价改革的协同实施,进一步深化考试招生制度改革。

其一,加强新课程新教材与新高考协同实施的一致性研究。新课程新教材与新高考都是基于新时代对人才培养需求而设计的,因此,在实施过程中需要明确教育目标和要求,确保两者的协同实施。学校应该深入研究新课程新教材与新高考的理念、目标和要求,明确各自的特点和优势,为协同实施提供基础。新课程新教材注重学生的全面发展,强调跨学科的综合性学习。因此,在协同实施过程中,需要加强对课程内容的整合,打破学科壁垒,促进学科之间的交叉融合。同时,学校应该根据新高考的要求,合理设置选修课程和必修课程,确保课程内容与新高考要求的一致性。新课程新教材的实施需要创新教学方式和评价方式,以适应新的教育理念和教学方法。学校应该积极探索和实践新的教学方式和评价方式,如项目式学习、合作学习、表现性评价等,以激发学生的学习兴趣和积极性,提高学生的综合素质和实践能力。同时,学校应该根据新高考的要求,制定相应的评价标准和方法,确保教学与评价的一致性。教师是推进新课程新教材与新高考协同实施的关键。学校应该加强教师培训,提高教师的专业素养和教学能力,学校应该鼓励教师开展关于新课程新教材与新高考协同实施的课题研究,深入探讨两者之间的内在联系和相互作用,为协同实施提供理论支持和依据。政府和教育部门应该加强对新课程新教材与新高考协同实施的政策支持和保障,包括制定相关政策法规、提供经费支持、加强督导评估等方面。教育部门应该加强对学校实施新课程新教材与新高考的指导和帮助,为学校提供必要的支持和保障。新课程新教材与新高考的实施需要全社会的支持和参与。因此,教育部门应该加强社会宣传和教育,提高公众对新课程新教材与新高考的认识和理解。学校也应该加强与家长和社会的沟通和合作,共同关注学生的成长和发展。

其二,出台相关的政策促进新课程新教材与考试评价改革的协同实施。为了促进新课程新教材与考试评价改革的协同实施,政府可以出台关于新课程新教材与考试评价改革协同实施的综合性政策文件,明确改革的目标、原则、实施步骤和保障措施。在政策中明确各级教育部门、学校、考试机构等在实施新课程新教材与考试评价改革中的职责和协作方式,形成协同推进的工作机制。修订并更新课程标准,确保其与新时代的教育目标和人才培养需求相适应,为新课程新教材的实施提供指导。鼓励教材编写机构及时更新教材内容,注重学科交叉融合,强化实践性和创新性,以适应新课程的需求。加大对新课程新教材与考试评价改革的教师培训力度,提升教师的教育教学能力和专业素养。建立与新课程新教材实施和考试评价改革相适应的激励机制,鼓励教师积极参与改革实践。加大对新课程新教材与考试评价改革的经费投入,确保学校有足够的资源来实施改革。合理配置教育资源,确保所有学校都能公平获得实施新课程新教材与考试评价改革所需的资源。通过媒体和社交平台等多种渠道宣传新课程新教材与考试评价改革的理念、目标和实施情况,提高公众的认知和理解。鼓励社会各界积极参与新课程新教材与考试评价改革的讨论并建言献策,形成良好的社会氛围和支持体系。建立对新课程新教材与考试评价改革实施情况的监督机制,定期对各级学校和考试机构进行评估和督导。及时公开新课程新教材与考试评价改革的实施情况和评估结果,接受社会监督,确保改革的公正性和有效性。

专题四　拔尖创新人才培养

引　言

人才是衡量综合国力的重要指标,拔尖创新人才作为人才资源中最宝贵、最稀缺的资源,对于提升全球竞争力,实现中华民族伟大复兴具有基础性、根本性的地位和作用。“拔尖创新人才”各国的叫法因文化及习惯的差异而有所不同,欧美及亚洲一些国家如新加坡、韩国等多称为“天才”或“英才”,与其相应的教育称为“天才教育”或“英才教育”。在我国,存在“超常儿童”“资优儿童”“拔尖创新人才”等不同提法。各国虽然称呼不一,但是对拔尖创新人才的定位具有以下几个共性:即发展性、潜在性、优异性和才能外显性,他们在一个或多个领域比相同年龄、相同文化背景和生活环境下的人具有更加突出的创新能力或潜在创新能力。党的二十大报告明确指出“全面提高人才自主培养质量,着力造就拔尖创新人才”,将拔尖创新人才培养的迫切性、重要性放在前所未有的战略地位。习近平总书记在 2023 年 9 月主持中共中央政治局第五次集体学习时再一次强调:“进一步加强科学教育、工程教育,加强拔尖创新人才自主培养,为解决我国关键核心技术攻关提供人才支撑。”高中教育作为国民教育的重要组成部分,是衔接义务教育和高等教育的重要环节,在拔尖创新人才培养上具有承上启下的重要作用。加快探索高中拔尖创新人才自主培养的新路径,是新时代贯彻和落实教育强国战略,构建高质量现代化教育体系的重要现实命题。

河南省深入学习贯彻习近平总书记关于教育、关于人才的重要论述,坚持立德树人根本任务,持续深化育人模式改革,不断提升拔尖创新人才自主培养能力。省委教育工委、省教育厅、省委组织部、省发展改革委等 12 家单位联合印发河南省加强基础学科人才培养若干措施，着力破解基础学科拔尖人才培养的突出矛盾，加快建设高质量基础学科人才培养体系。为转变育人方式，创新学生培养模式，我省确立人才优先发展战略布局，坚持人才资源优先开发，开展普通高中多样化发展省级示范校转设工作带动拔尖创新人才培养的同时，深入实施“中学生英才计划”，选拔一批品学兼优、学有余力的中学生走进大学，激发科学兴趣，提高创新能力，树立科学志向，构建普通高中与高等学校、教科研机构协同育人机制，探索创新型人才培养新模式，坚定不移走人才强省之路。

一、河南省普通高中拔尖创新人才培养的政策及推进措施

（一）系统谋划，多部门联合提升“引领力”

为推进普通高中拔尖创新人才培养，河南省人民政府办公厅、教育厅办公室持续发布多项政策措施，提升“引领力”。《国家中长期教育发展和改革规划纲要（2010—2020 年）》中明确提出，要改革人才培养机制，创新人才培养模式，形成人才辈出的局面。同时，还强调高中阶段是学生个性形成的关键时期，对培养创新人才具有重要特殊意义，在拔尖创新人才培养过程中起着奠基的作用。2022 年党的二十大报告指出，教育、科技、人才是全面建设社会主义现代化国家的基础性、战略性支撑。必须坚持科技是第一生产力、人才是第一资源、创新是第一动力，深入实施科教兴国战略、人才强国战略、创新驱动发展战略，开辟发展新领域新赛道，不断塑造发展新动能新优势。报告旗帜鲜明地提出了“创新是第一动力”这一新时代科教强国命题，而其中，拔尖创新人才的培养显得格外紧迫。2022 年底，中国科协办公厅、教育部办公厅正式公布《2023 年“英才计划”工作实施方案》，旨在选拔一批品学兼优、学有余力的中学生走进大学，在自然科学基础学科领域的知名科学家指导下参加科学研究、学术研讨和科研实践。由此可见，拔尖人才的培养从大学逐渐延伸到基础教育，贯穿到大中小学各个学段。

2020 年 1 月 9 日，河南省人民政府办公厅印发《关于新时代推进普通高中育人方式改革的实施意见》，明确了河南省十大重点任务。在第十项任务中提到要推动普通高中多样化发展，创新人才培养模式。2023 年 4 月 10 日河南省教育厅办公

室发布了《关于进一步推进普通高中多样化发展相关工作的通知》①,第四项任务提出要创新学生培养模式,强调通过特色办学撬动学校发展方式和育人模式转型,实现普通高中教育从分层教育逐步向分类教育发展,为学生提供更加优质、可选择的普通高中教育,促进学生全面而有个性的发展,为拔尖创新人才的培养提供有利的校园环境和完善的保障。2023 年 5 月,河南省各部门贯彻教育部等十八部门联合印发的《关于加强新时代中小学科学教育工作的意见》,积极探索拔尖创新人才选拔培养有效模式,建立统筹协调机制,明确“中学生英才计划”“强基计划”“基础学科拔尖学生培养计划”“高校科学营”等项目在选拔、培育、使用上的侧重点。总而言之,拔尖创新人才培养是贯彻和落实教育强国、科技强国和人才强国战略三位一体的重要切入点。高中教育阶段拔尖创新人才培养是在教育强国背景下,基于新时代教育公平理论对于“培养什么样的人、为谁培养人、怎么培养人”这一命题的时代探索,不仅是构建中国现代化高质量基础教育体系的应有之义,同时能够丰富和完善教育界关于基础教育领域内教育公平和因材施教的探索。

(二)强化示范,以特色高中撬动“创新力”

为转变育人方式,创新学生培养模式,河南省开展了普通高中多样化发展省级示范校转设工作带动拔尖创新人才培养,以特色办学撬动拔尖人才的“创新力”。自 2014 年 6 月,河南省便启动实施了普通高中多样化发展试点。经过为期 3 年的试点探索,2017 年 3 月,河南省对试点学校培养目标、办学模式,在课程资源开发、教师队伍建设、教育教学改革、办学条件改善、管理体制创新、示范作用发挥等方面进行了综合考评,最终拟定郑州市第一中学、郑州外国语学校等 30 所试点学校为首批普通高中多样化发展示范校,同时制订了《首批河南省普通高中多样化发展试点学校评估标准》。2023 年 5 月,河南省开展了新一轮普通高中多样化发展示范校建设②,并遴选了郑州外国语学校、河南省实验中学等新一轮示范校。示范校的

① 河南省人民政府.河南首批普通高中多样化发展省级示范校转设工作启动.[EB/OL].(2023-04-10)[2023-12-31].https://www.henan.gov.cn/2023/04-10/2722074.html.

② 河南省教育厅办公室.河南省教育厅办公室关于公布新一轮河南省普通高中多样化发展示范校名单的通知[EB/OL].(2023-05-17)[2023-12-31].https://jyt.henan.gov.cn/2023/05-17/2744331.html.

建立,在一定程度上可为拔尖创新人才的培养提供有利的校园环境和完善的保障。

通过强化特色高中的示范效应带动拔尖创新人才培养,这是一个综合性的系统工程,需要多方面的努力和配合。河南省通过采取省、市、县三级管理共建机制,坚持省级统筹,落实市、县主体责任,引导县级建设特色高中,形成区域内学校特色化错位发展布局。不断要求各示范高中创新教育理念、优化课程设置、改革教学模式、建立多元评价体系、加强师资队伍建设、加强校内外合作以及营造创新文化氛围等,进一步深化课堂教学改革,创新学生培养方式,发现和培养一批具有学科特长、创新潜质的拔尖后备人才,促进学生全面而有个性地发展,以期在拔尖创新人才培养上取得突破。因此,示范校建设重点在于督促河南省各普通高中进一步完善学校多样化发展方案,积极践行科学育人观念,围绕学校特色发展类型,依托学科基地建设,打造特色课程资源、构建特色课程体系。省内各部门加强对普通高中多样化发展示范校建设的指导,定期组织学校赴先进省份进行跟进式深度研修,开展全省多样化发展示范校的交流活动,要求学校在教育理念、课程设置、教学模式、评价体系等方面进行全面改革,并遴选一批高等院校参与普通高中学科建设,探索高等院校和普通高中衔接培养机制,以适应拔尖创新人才培养的需要。

(三)积极推进,郑州纳入“英才计划”城市

“英才计划”全称为“中学生科技创新后备人才培养计划”,旨在通过选拔一批品学兼优、学有余力的中学生走进大学,在自然科学基础学科领域的知名科学家指导下参加科学研究、学术研讨和科研实践,使中学生感受名师魅力,体验科研过程,激发科学兴趣,启迪科学思维,提升创新能力,培养未来科技创新人才。“英才计划”涵盖了多个学科领域,包括数学、物理、化学、生物、计算机等。这些学科都是自然科学的基础学科,对于培养学生的科学素养和创新能力具有重要意义。据中国科协办公厅、教育部办公厅正式公布的《2023 年“英才计划”工作实施方案》要求,2023 年“英才计划”要落实《“十四五”教育发展规划》《关于新时代进一步加强科学技术普及工作的意见》《关于加强基础学科人才培养的意见》和《教育部等六部门关于实施基础学科拔尖学生培养计划 2.0 的意见》有关要求,切实促进高校优质科技教育资源开发开放,以提升学生培养质量为重点,着力培养基础学科拔尖创新后备人才,建立高校与中学联合发现和培养青少年科技创新后备人才的有效模式。

2023年“英才计划”拓宽了实施范围,覆盖城市和培养高校均有增加。河南省为创新人才培养模式,积极推进并实施“英才计划”,积极选拔身心全、基础厚、会整合、爱探究、重实践的学生,使其树立科学志向,激发其学科特长、创新潜质。2023年郑州市加入实施“英才计划”城市队伍,郑州大学被纳为培养高校,遴选在兴趣、学力、特长等方面具有创造力、发展潜力巨大、禀赋优异的学生进行培养。“英才计划”的实施在于进一步探索中学与高校教育相衔接、高校与中学联合发现和培养青少年科技创新后备人才的有效模式,可推动高校和中学联合培养基础学科拔尖人才常态化、制度化。

二、河南省普通高中拔尖创新人才培养的模式探索及培养成效

(一)联合省外共育,贯通培养模式

拔尖创新人才选拔培养是一项系统工程,需要在制度顶层设计、理念、内容、方法与途径上探寻有效的良性培养模式。为深入贯彻落实党和国家育人方式变革的要求,以科创带动教育理念和教育模式转变,全面提高人才培养质量,2023年河南省的部分高中与省外知名高校开展了拔尖创新人才共育项目,明确创新人才培养目标,搭建创新人才培养体系,挖掘与国内名校共建创新人才培养项目的成熟案例,探索大学-高中-初中拔尖创新人才贯通培养体系。如郑州市第五十六高级中学与上海交通大学联合开展人才共育项目,学习省外知名高中先进的教育理念,转变育人方式,探索青年学生创新人才的培养路径和成长平台。除此之外,省内一些高中借鉴大学经验,在高中设立“导师制”,针对学生特点实行“一师多徒”或“多师一徒”。在国家实施“强基计划”的大背景下,省内不少高中以学科竞赛为依托,创设了竞赛班,着力培养学生综合素质和创新潜质、突出学科特长发展,对于识别出的拔尖人才种子学生进行单独编班,配备最优师资,提供最佳学习条件,强化竞赛教学。有的学校还开设了物理、化学、数学、生物和信息竞赛课程教学,竞赛奖项可以让学生获得“强基计划”破格入围资格,若入选国家集训队可以获得保送资格。以学科竞赛为切入口,在基础教育领域播撒科学创新的种子,以新颖的思路、灵活的方式培养拔尖创新人才,为国家建设和经济社会发展输送优秀人才。

除共育项目外，为贯彻落实国家基础教育课程改革精神，全面提升学生综合素质，河南省内部分市县制订了《英才培养计划纲要》，将初高中衔接问题前置，按照纲要要求，成立创新人才培养中心（英才部），采用以“分层培优、学科竞赛、强基培训”为主的“尖刀”培养机制，对学生进行分层、分项、分专题的针对性辅导，真正做到让学生“听得懂、学得会、想得深、做得对、说得准、行得通”；创新实施“2.5+3.5”和“2+4”培养模式，实行学科分层走班制教学，着力打通全国一流名校途径；以服务学生升学和德智体美劳全面发展为目标，创新实施“5+1”课程模式，即 5 天（周一至周五）标准课程和 1 天（周六或周日）特色课程，增加学生的选择，让每一个人都能学有所长、学有所得，成长为具有人文底蕴、科学精神与创新品质的复合型拔尖创新人才。2023 年 7 月省教育厅在郑州市第七高级中学举行河南省首届普通高中学科夏令营活动，涵盖生物、物理、化学、信息技术四个学科，分别由河南师范大学，以及普通高中省一级学科基地学校——河南省实验中学、郑州市第七高级中学、郑州市第二高级中学承办。每个学科夏令营有营员 50 名左右，营员由普通高中省级科学基地学校和省辖市教育局在高一或高二年级在读、身体健康、学习成绩优秀、综合素质突出、对相关学科怀有强烈兴趣、有志于从事科学研究的学生中推荐产生。

为加快推进拔尖创新人才自主培养，2023 年 11 月，在省教育厅的大力支持下，河南省实验中学和郑州外国语学校致函丘成桐先生申请设立“丘成桐少年班”，随后，丘成桐先生复函，同意河南省两所中学开设“丘成桐少年班”。“丘成桐少年班”是由著名数学家丘成桐先生倡导的一项数理拔尖人才培养项目，秉持“重基础、高起点、高标准”的原则，主要面向“崇尚科学，身心健康，成绩优秀，具有突出数学、物理潜质和特长并有志于终身从事科学研究”的拔尖中学生，联合大学与中学的优势教学资源进行合力培养，激发学生兴趣和潜能。该项目的目标是培养崇尚科学、身心健康、成绩优秀，具有突出数学、物理潜质和特长，并有志于终身从事科学研究的拔尖中学生。在教育模式上采取初高中一贯制培养的模式，通过小班教学来充分发展学生的数理特长，并兼顾通识教育，以实现学生的个性化及全面发展。在课程设置上，在保证国家规定的语文、英语、历史、地理、生物、音乐、美术、信息技术等课程开齐开足的同时，对数学、物理、化学等学科的课时和开课时间进行调整，加强数理学科的拓展学习，并提前开设与物理和化学相关的启蒙课。在师资配备上,利用大学和中学优秀的师资,结合“全面发展,特长突出”的培养目标,为学生提供高质量的教育。2024 年 1 月,丘成桐先生为河南省实验中学、郑州外国语学校颁发了“丘成桐少年班”牌匾,标志着“丘成桐少年班”正式落户河南。河南省“丘成桐少年班”于 2024 年秋季开始招生,丘成桐先生担任“丘成桐少年班”总顾问,负责全面指导、规划总体培养计划,实行从初一到高三的 6 年贯通式培养,充分促进学生的数理特长发展,兼顾通识教育,以实现学生个性化及全面发展。总而言之,采取初高中贯通、大中学联动方式培养,旨在为国家开辟一条从基础教育到高等教育拔尖创新人才一体化识别、选拔、培养、升学的通道,让一批有天分、有潜力、有志趣的学生脱颖而出,并实现个性化发展。

(二)创新课程体系,革新教学方式

高水平拔尖创新人才培养课程体系和高质量教学是学校发展的生命线。拔尖创新人才是具有某方面专长的人才,常规课程往往不能适应此类人才的特殊培养目标。2023 年河南省内部分高中聚焦拔尖创新人才培养,全力打造科创课程、竞赛课程、强基课程、外语特色课程,开发道德科创课程、竞赛课程、强基课程、外语特色课程,构建“核心课程体系+实验课程体系+发展课程体系”,不断优化教学方法和考核模式,以特色课程提高育人实效度,成效突出。核心课程体系以培养学生的基础性学力为目的,同时为学生发展性学力和创造性学力的培养奠定基础;实验课程体系注重研究性教与学,强化自主性理科实验,以选择性深度学习等教学方式为主,设置有重点实验课程、融合实验课程;发展课程体系是在学科教学内容上有所加深和拓宽,在科学竞赛、高校自主招生、国际合作交流等方面有所侧重。部分开设有“创新班”的高中通过基础型课程、拓展型课程、研究型课程三大类课程的有效整合,重点培养学生的创新人格、创新思维和创新能力。基础型课程强调促进学生基本素质的形成和发展;拓展型课程实行开放式教学,直接与高校“对接”,聘请教授和专家进课堂,拓展学习的深度和广度,增加实践与体验等内容。研究型课程旨在引导有潜质、有兴趣的学生根据研究领域选择导师,参与小课题或者项目研究,从高一起在数学、物理、化学、生物学、计算机、工程学或社会科学等领域选择一到两个自己感兴趣的课题,以项目形式与导师沟通联系。同时鼓励学生积极参与数学、物理、化学、信息学等相关科目的“国际中学生科学与工程赛”“全国科技创

新赛”“青少年电脑机器人竞赛”等竞赛活动。根据高中新课程精神，省内部分高中从核心领导团队、重点研究领域、代表性创新成果、AI 根技术、合作企业等方面打造 AI 青年教育体系、AI 教育高中课程、AI 教师培训、AI 研究性学习、AI 未来校园、AI 德育心理机器人等相关课程。有些创新班实施了更为灵活有效的课程方案，课程设置和学习内容均实行开放式教学，直接与高校“对接”，聘请教授、专家进课堂，拓展学习的深度和广度，增加实践与体验等内容。

除打造高水平课程体系外，省内部分高中构建以特色课程为核心的教学体系，激发学生学术志趣和内在动力，不断完善人才培养方案，优化教学方法和考核模式，将新技术和新方法充分应用于课堂教学之中，提升学生综合素养和能力，增强学生使命责任，培养具备创新精神和服务国家重大需求的青年拔尖英才。根据国务院办公厅《关于新时代推进普通高中育人方式改革的指导意见》，省内部分高中明确提出“明目标、重基础、善设疑，大容量、活课堂、高效率”的课堂教学标准，以学生为主体，坚持以问题为主轴、思维为主攻、训练为主线，全面实施基于情境、问题导向，集互动式、启发式、探究式、体验式等为一体的高效课堂教学模式，形成了具有特色的“问题驱动下的‘四主’高效课堂”模式，让学生在轻松愉悦的学习环境中舒展个性、发挥潜能、自主发展、自由成长。学校围绕“教师发展”中心任务，把校本研修作为一把手工程，成立“校长组织领导，副校长亲自抓，教科研室、师培中心、教务处协同抓，各教研组具体抓，每个教师都动起来”的五级工作网络，积极开展丰富多彩的培训、教研活动。在师德建设、教师培训、校本研修、课题研究、课程开发等多方面下功夫，引领教师由优秀走向卓越，助力不同个体的融合共生和个性化成长，从而更好地为培养具有较强实践能力和创新精神、拥有坚定爱国情操和强烈社会责任感、具备国际视野的卓越英才服务。

（三）举办主题论坛，共商培养路径

为化解高中拔尖学生培养面临的现实问题，拓宽拔尖学生培养的策略路径，探索具有河南特色的拔尖创新人才培养模式，2023 年河南省高中联合国内知名高校及其附属中学举办了“拔尖创新人才早期培养”交流会。2023 年 8 月 25 日，由百校联盟主办、伊川一高承办的“新高考背景下拔尖学生培养策略”交流会在洛阳市伊川县龙凤山古镇召开，来自洛阳、郑州、平顶山、新乡、焦作、濮阳、南阳、信阳等地

的19所县域高中校长云集伊川,百余名人员参加会议,共商发展。部分高中校长作了《高效课堂才是实施高质量发展的主渠道》《尖优生培养的实践与思考》等专题报告,在学校管理提升、学科教研活动组织、课堂效率优化等方面探讨拔尖创新人才培养的成功经验,提出了构建以培养创新管理学校、创新实践教师、拔尖创新学生三位一体的创新人才基础培养链和构建跨区域、跨学校、跨学段、跨学科的协同培养的工作体系。部分高中依托“国家自主创新示范区”“基础教育课程改革实验示范区”两大平台,锚定“高品质”“创新”两大特色,不断推进区域基础教育改革的探索与实践。

省内高中深刻把握新时代教育的特点,紧跟时代步伐和社会需求,为拔尖创新人才的早期发现与培养建立科学的机制体制,把创新教育融入人才培养的全过程,做出了积极有益的探索和实践,人才培养成果丰硕,不少优秀毕业生进入清华大学、北京大学、中国人民大学、上海交通大学、西安交通大学、斯坦福、剑桥等国内外著名高校。早期培养对于构建拔尖创新人才培养体系至关重要,对于拔尖创新人才,早发现比晚发现好,早培养比晚培养好。通过战略合作、深度交流、密切贯通实现教育资源共享,在学校管理、学校文化、学科建设、课程建设、评价建设、教师培养、课堂建设等方面进行主题活动,建立互利互惠、互补互促的联合与协作关系,共同凝聚立德树人的教育初心与智慧,对于探索并完善拔尖创新人才早期培养机制,培养具有高度社会责任感、卓越科技创新能力、深厚人文情怀的拔尖创新人才至关重要。

(四)多方联合协作,提供配套保障

河南省在培养拔尖创新人才方面,采取了多项保障措施,这些措施涵盖了政策支持、平台建设、激励机制等方面。为保障拔尖创新人才策略顺利实施,省委教育工委、省教育厅等12家单位联合印发河南省加强基础学科人才培养若干措施,着力破解基础学科拔尖人才培养的突出矛盾。在平台建设上,立项建设河南省基础学科拔尖学生培养基地,支持高校与科研院所、企业等合作共建卓越人才教育基地。

2023年河南省内部分高中在培养拔尖创新人才方面,实施了组织、经费和政策保障。在组织保障方面,部分高中一方面成立由校长任组长,主管教学工作的副

校长任副组长，相关职能部门及学科带头人共同参与的领导机构和具体负责方案实施的组织机构，协调各方关系，调动有效资源，为实验方案的顺利实施提供有力的组织保障。另一方面，成立学校拔尖创新人才培养指导顾问团，聘请全国知名的教育专家审核、指导和监督课题项目，参与课程研发，同时组建学生科学技术协会，协助组织落实学生科技交流、学术竞赛活动。在经费保障方面，省内高中对积极参加学科竞赛及全国科技创新大赛的学生，给予全方位的支持，在课程开发、创新实验、教学实验室建设、学生专修和科技活动方面给予资金保障。在政策保障方面，出台相应的文件，对教师配备、经费投入、条件建设、学生日常管理、教学运行管理、各主要教学环节质量标准与质量管理评价等进行明确。对在培育拔尖创新人才方面做出杰出贡献的教师学校从资金、设施、工资福利、个人职称晋升等各个方面提供强有力的保障。通过实验过程和实验成果两个方面，围绕拔尖创新人才培养定位和培养目标，对创新实验项目进行考评和管理。

三、河南省普通高中拔尖创新人才培养存在的问题

（一）人才识别选拔方式存在偏差

人才、科技创新越来越成为国家核心竞争力，拔尖创新人才培养的重要性毋庸置疑。但在教育实践过程中，有很多教育管理者和工作者对于拔尖创新人才的选拔及培养还存在不少误区，不少学校将拔尖创新人才等同于学科测试意义上的“成绩优异生”，这也是当下我国基础教育对创新人才选拔的极大误解。当前我省基础教育阶段多采用智力测验、竞赛项目等方式识别拔尖创新人才，用成绩“衡量”学生，聘请各种学科竞赛教练，以期用培训或学科竞赛“筛选”出一个个天才少年。从长远发展看，拔尖创新人才在超常领域的发展速度可能存在阶段性变化，部分早期被发现的学生可能在中后期面临拔尖“瓶颈”，如果缺乏动态性的跟踪识别，容易因缺乏及时关注与支持而陷入困境。且省内不少普通高中的实验班在识别选拔创新人才时以学生成绩为选拔标准，过度看重学业成绩，选拔方法静态、标准单一、思路常规，与人才成长的发展阶段化、内容多样化、需求特殊性等存在一定程度的不匹配。不考虑学生是否对某一学科领域真正有兴趣，将实验班与升入名校挂钩，

会使一些具有特殊潜力的学生因未达到成绩门槛而错失机会,也会让一些学业成绩暂时超前的学生在后期学习中乏力,会出现心理与学业上的多重问题。

另外,省内仍有不少高中将“拔尖”等同于“掐尖”,将“早期培养”等同于“提前学习学科知识”,直接影响了拔尖创新人才培养的数量和质量,高中跨区域“掐尖”选拔拔尖创新人才进行集中培养的模式,在取得斐然成绩的同时也招致了一定的质疑,被质疑的核心在于其人才培养模式有违教育公平。不少人认为,为“掐尖”选拔出来的少部分拔尖创新学生提供免费优质教育,会使这些原本已经在各方面优于他人的学生更加优秀,是维护精英主义的体现。因此,目前我省在人才识别选拔的过程中,尚缺乏一套完善的鉴别程序与遴选标准,更缺乏对能够体现不同学科或者不同能力的复合标准的运用。因此,针对学生个体在各学段的阶段性表现,开展动态识别十分有必要。从某种程度而言,每个学生身上都有创新的潜质和“特质”,这种“特质”并不仅仅体现在学业成绩的优异上,对于学校而言,发掘并培养这份“特质”,营造宽松、非功利的教育环境十分重要。

(二)师资及教学方式适切性不足

专业化的师资队伍是培养拔尖创新人才的关键,目前我省不少培养项目对师资构成设置了选拔程序,并开设了师资培训计划。尽管如此,当前培养拔尖创新人才的师资力量主体仍是接受常规培训的教师,即选拔教学成绩优异、教学经验丰富的教师进入超常班、实验班、项目组等,承担人才培养任务。由于拔尖创新人才的早期培养在培养对象、教学内容和方法等方面具有不同于常规教学的特殊性,教师面对课堂教学中差异化的学生群体,何时及如何压缩或拓展教学材料、鼓励独立自主探究等,均需系统的规范化培训,因而这些选拔出来的教师并不一定能够适应拔尖创新人才的培养模式。目前省内有针对小学教师、中学教师、特殊教育教师的学历培养项目,尚缺乏针对拔尖创新人才成长与发展相关知识的系统讲授,在创造性课程开发、课题研究指导等方面的教师培训存在不足,这可能会使现有师资队伍难以与培养需求完全匹配,不利于拔尖创新人才的培养。

除此之外,普通高中的拔尖创新人才培养大多以传统教学方式,在培养中不可避免地会存在与传统人才培养趋同的问题。目前我省拔尖创新人才培养在实践探索中既有特定项目组、超常班、实验班,也有在普通班基础上扩充的项目组。超常班常常会采用加速式的教学方式，缩短学习时长，给予学生更多创新空间。然而，这种加速式的成才方式有时难以与学生身心成长规律完全匹配，使得培养出的学生可能在某一方面具有创新潜能，而在综合素养方面有所欠缺，也可能因缺乏个性化的培养方案，难以激发学生的特殊潜能。

（三）中高一体化培养需有效衔接

河南省高等教育相较于北上广地区发展相对滞后，在拔尖创新人才的一体化培养方面，省内普通高中和大学开展互补深度合作的优势不足。由于高水平大学数量不足，许多优秀高中毕业生一般会选择到其他省市的高水平大学深造，导致人才流失，从目前我省高中与大学的衔接情况来看，高中和大学之间的信息交流和合作机制不够完善，导致双方在人才培养上的合作不够紧密，难以形成有效的合力。如何推进高中与大学的紧密衔接、联动互动、协同培养成为当务之急。

在创新型人才培养体系构建上，我国较为重视高阶段的高等教育，忽视低起步阶段的基础教育，拔尖创新人才选拔培养存在中小学试点少、大学试点多的现象。河南省内基础教育阶段的人才培养模式改革受到“中高考指挥棒”的影响，具有应试倾向。有些中小学通过充实模式和加速模式，在低年级开展拔尖创新人才培养试点工作，但到了高年级就不得不收缩试点做法、腾出精力应对中高考。拔尖创新人才的成长有其内在规律，选拔培养周期长、见效慢，培养成效主要体现在高等教育阶段甚至是毕业后的工作阶段，但选拔培养的根基却在基础教育阶段，目前两个教育阶段未能很好地衔接，存在各自为政、各行其道，培养脱节的现象。因此，如何尽早从低年级着手，打破基础教育与高等教育之间的衔接障碍，完善基础教育与高等教育阶段的衔接贯通培养体制，是我省也是我国选拔培养拔尖创新人才需要聚力攻关的难题。

四、河南省普通高中拔尖创新人才培养的发展策略

（一）动态识别，分类统合类型化选拔

选拔真正的拔尖创新人才是培养拔尖创新人才的第一步。拔尖创新人才有很

大的差异性和复杂性,人才识别应基于不同情况进行分类统合,动态化、类型化识别。一方面,在时间维度上受自然禀赋、培养情境、资源配置等方面的综合影响,不同学生在某一领域超常表现的显露早晚,时间上会有所不同。心理学家发现,青少年时期是智力发展与兴趣显现的关键时期,而一部分超常儿童更是较早在求知欲、关注力、学习能力等方面,表现出高需求、高强度、复杂性等特征;也有部分学生由于先天发展滞后或缺乏早期发现环境,在较晚阶段才显“冒尖”;相关研究也表明,高智商的青少年在后续的追踪表现中并非全部延续“拔尖”。另一方面,不同类型拔尖创新人才的“拔尖”与“创新”,可能表现在不同领域、不同方面。拔尖创新人才可能存在“持续发展拔尖”“早期拔尖后期停滞”“早期普通后期拔尖”等不同外显模式。拔尖创新人才不能简单归结为智商层面或一般能力层面的超常,而可能是在一个或多个领域或元认知领域具有超常表现与发展潜力的学生,单一的内容识别标准与拔尖创新人才成长的复杂性不相符合。①

基于学生阶段性表现、多样性标准、特殊性需求,整合各学段多维表现,围绕不同学生差异化的超常表现,对拔尖创新人才开展动态识别、类型化识别十分必要。我省可采用涵盖标准化考试、质性评价、自我认知以及外部评价等多种测评手段,结合标准化考试、第三方评价、非学力评估等相结合的综合素质评价机制,采取多层次、全方位、动态化的评价识别和筛选办法,引进动态化人才选拔测验,如可引进国外学术评估测验(Scholastic Assessment Test)、天才少年中心(Center For Talented Youth)学科测验②,结合认证测验维度、分数等,对拔尖创新型人才进行有意识地筛选。

(二)搭建平台,培育专业化师资团队

师资队伍是拔尖创新人才培养的根基所在,拔尖创新人才的培养离不开优秀的师资队伍,教师作为学校最重要的资源,是影响学生发展水平和质量的关键因素。拔尖创新人才培养需要坚持激励与服务并重的原则,搭建专门的师资研修中

---

① 景安磊,周海涛,施悦琪.推进拔尖创新人才的一体化选育[J].教育研究,2024,45(04):17-27.

② 李木洲,孙艺源.世界强国拔尖创新人才选拔培养的多元模式与中国选择[J].教育研究,2024,45(04):40-51.

心，为教师专业成长提供学习平台、研究平台和交流平台，让教师在积极主动的实践中不断创新。德国曾于 1985 年在联邦政府设置天才教育署，慕尼黑大学也开设有天才教育课程，培养天才教育师资。“好的教师才有好的教育”，培养拔尖创新人才的师资必须具有良好师德和突出的师能，特别要有创新意识和创新能力。

在师资队伍建设上，我省可依托借用外部资源，培养校内师资，从学科骨干教师当中选取 1—2 名优秀教师到国内知名高中进行观摩进修学习，使他们逐渐成为竞赛和强基教练，形成自己的教学风格和主张，打造一支能力超群、敢于创新、勇于实践、绩效卓著、各具风采的优秀教师团队，才能保障拔尖创新人才的培养质量。除此之外，学校内部要加强师资团队管理，设立专职和兼职教师岗位，并制定相应考核奖励方案，培育良好师德，以充分发挥教师的积极能动性和特长优势，为拔尖创新人才培养提供强有力的师资保障。

（三）因材施教，建设多样化课程体系

英才教育实施的载体是课程，学校要以拔尖创新人才培养为基本取向，为不同类型、不同发展需求和不同发展方向的学生提供多层次、多方面、多角度的学习机会，通过统整、融合和拓展，探索多样化课程体系。具体而言，首先应面向全体学生开展综合性课程，将学科知识、学科思维跨段对照关联，编制各个学科的融合点及思维渗透点；其次应根据学生的个性特质设置自主选修课，以促进学生在某一领域的精深发展；再次是专门为禀赋优异学有余力的学生开设专项卓越课程，通过志趣导向、前沿导向、思维导向和项目导向，培养学生的探究精神、科学精神、创新精神；最后还应培养学生的创新意识、创造能力、创业素养，提升学生跨文化理解力和全球化的视野。

学校可开发创新课程资源，为特殊人才开设特色课程，内容涉及数学、自然科学、语言、社会情感、艺术创造等领域，将数学、物理、化学、生物、通用技术、综合实践、计算机、艺术等课程资源整体融合，逐步延伸科学与创新教育的领域，为学生提供更丰富、更鲜活的课程资源。如在数学和物理拓展延伸课程上，可开设概率论与数理统计、数学逻辑基础等高等课程，利用课余时间进行数理竞赛辅导，带领学生体验现代前沿科技——超导技术及磁悬浮列车、GPS 全球定位系统等，激发学生对数学和物理的兴趣，增强他们的数理基础。在特色专业课程上，对于潜力好、兴趣

强的学生,学校可设置专业入门课程,让学生能够在自己所喜爱的领域进行深入研究,使学生获得学科前沿性、交叉性知识,培养学生特殊才能。同时需要兼顾个性化添置硬件,按照课程基本要求并兼顾拔尖学生开展科学与创新实践的需要,加强硬件设施建设,添置必要的活动室及工具器材,如数字化学科探究实验装备、科创设计与创客空间等,精心编制相关资源使用说明或操作手册,以满足学生实施探究性学习的需要。在活动模式上,还可以组织学生参与高校和科研院所的学科营、夏令营、冬令营、科学营、英才计划,进行课题学习与项目研究,参与各类学术竞赛、科研活动等,开阔学生视野。

(四)学段衔接,贯通一体化培养模式

拔尖创新人才培养在理念、制度、内容、方法与途径上和一般性人才培养截然不同,因此精准施策、个性化培养成为关键。基础教育和高等教育作为一种递进的教育关系,两者在拔尖创新人才的选拔培养上承担了不同的使命。基础教育主要承担的是拔尖创新人才的早期发掘与选拔,普通高中要发挥好拔尖人才早期培养的"上下衔接"作用,完成拔尖创新人才的早发现、早培养。高等教育主要承担的是后期选拔与培养,即通过入学或在校筛选,为有潜质、有特殊才能的大学生提供专业指导、拓展课程、个性化教学等专门化培养服务,完成拔尖创新人才的最终成长成才。美国、德国和日本在拔尖创新人才选拔培养方面具有较多先行经验,其拔尖创新人才选拔培养模式多元,主要有"先选拔—后培养"的静态型选拔培养模式、"识别—培养—再识别"的动态型选拔培养模式和"识别—培养—深化培养"的衔接型选拔培养模式①,不同人才选拔培养模式背后的共性经验即是基础教育和高等教育在拔尖创新人才的选拔培养过程中具有内在的、高度的连续性与衔接性。

拔尖创新人才的培养需要建立健全大中小各学段教学一体化机制,从教育科学的角度和人才成长的规律看,拔尖创新人才成长的基础是在中学阶段,高中生对新事物充满了好奇,对创新充满了热情,并且已经储备了一定的自然科学和人文科学知识。学校可以此为契机,根据高中生的心理特征和学龄特点营造和谐的人文

---

① 李木洲,孙艺源.世界强国拔尖创新人才选拔培养的多元模式与中国选择[J].教育研究,2024,45(04):40-51.

环境和自由的学习氛围，培养学生批判性思维能力和创新意识，发现并培养人才苗子，注重学生身心健康、社交能力、情感表达和创造力等全面发展，充分考虑学生的身心特点和发展规律，避免过度教育和不当培养方式带来的负面影响，以帮助他们建立积极、健康的人生态度和行为习惯。普通高中应该使学生奠定坚实的素养基础，为学生打好共同基础的同时进行差异化教学，引导学生在情境中、实践中学习，在生活自然中进行学习。为与高等教育有效衔接，一方面，可构建"导师+研究生+本科生+高中生"的"学研共同体"，建立协同教育关系，开展一体化课题研究。另一方面，可组织大中小学一线教师、课程教学论、教育心理学等领域的学术工作者围绕拔尖创新人才心理发展、学习行为、课程教材设计、特殊课程体系构建等问题开展深入研究，形成兼顾普遍性基础需求与特殊性自主需求的教材参考体系，以及各学段相连贯的内容链条。① 总而言之，只有完善深层次合作互动机制与冲突协调机制，才能减少因学段分割、沟通不畅、观念冲突等造成的衔接问题。

（五）互通联动，构建多主体育人生态

在拔尖创新人才培养上，政府、高中和高校协同联动，有助于形成多主体、系统化育人生态。上有政府政策法规引领支持，下有中学、大学互通联动，达成共识，形成合力，才能形成良性循环。目前有些国家已经在这方面进行了较好的探索，比如日本、新加坡、俄罗斯等国都有专门的法规和措施保证天才儿童得到早期培养，韩国为拔尖创新人才的培养设立了科技高中等专门培养机构。英国教育和技能部从2000年起将"城市精英""精英组"和"精英挑战"等国家培养高层次人才项目引入1000多所中学、500多所小学和100多所大学预科学校，制订了天才儿童培养的计划和政策。由于我省各地市区域及各学校发展不平衡，创新型拔尖人才的培养要在政策、资金、师资等方面合理布局、整合资源，兼顾学校差异化发展态势。在培养拔尖创新人才方面，政府部门可以建设以涵育学生科学素养为重点的创新教育资源平台，充分利用各种可用资源，丰富教育的内容与形式，努力拓展拔尖创新人才培养的学习场域和选择空间。

---

① 景安磊，周海涛，施悦琪.推进拔尖创新人才的一体化选育[J].教育研究，2024，45(04)：17-27.

在培养拔尖创新人才过程中,学校不仅需要与有关行政部门、大学、企业、家长等构成综合性的课程资源支持系统,还需要多渠道拓展信息来源,将学科发展最新前沿信息、最新专利公报、诺贝尔奖获得者论坛、全国青少年创新大赛等典型事例与创新教育融合。“拔尖创新”不是个体与生俱来的特性,而是在其与环境的一系列复杂互动中发展形成的。因此普通高中学校要重视与家庭、社会的协同培养,一方面要加强家校社协同促进人才培养,另一方面要积极将家庭和社会资源——包括高校、科研院所、科技场馆等资源转化为校内育人资源,为早期培养提供支持。总而言之,构建统筹多方主体力量的共育氛围,完善拔尖创新人才选拔培养法规政策体系,倡导科学合理的家庭教育观念,健全开放包容的学校选育渠道,才能更好地营造共担共建的社会育人生态。

专题五　学生发展

引　言

学生发展质量是衡量普通高中教育质量的重中之重。2021 年 12 月教育部印发《普通高中学校办学质量评价指南》，明确提出要坚持育人规律，适应高中阶段学生成长特点，引导学校丰富课程体系，发展学生核心素养，增强学生综合素质，促进学生全面而有个性的发展。为贯彻落实这一文件精神，2023 年 11 月，河南省教育厅印发了《河南省普通高中学校办学质量评价实施方案（试行）》，指出要把立德树人作为根本标准，坚持以学生全面培养、全面发展为核心，并聚焦品德发展、学业发展、身心健康、艺术素养和劳动实践等 5 项关键指标，对学生发展质量进行评价。

从相关数据来看，2023 年河南省普通高中 1098 所（含十二年一贯制学校 156 所），比上年增加 48 所，增长 4.57%。普通高中在校生规模 10000 人以上的 2 所（永城市第一高级中学 10477 人、永城市第三高级中学 10154 人），占比 0.18%；5000—9999 人（含 10000 人）122 所，占比 11.11%；2500—4999 人 293 所，占比 26.68%；100—2499 人 604 所，占比 55.01%；1—99 人 12 所，占比 1.09%；0 人 65 所，占比 5.92%。毕业生 77.47 万人，比上年增加 3.26 万人，增长 4.39%。其中，招生90.06万人，比上年增加 1.61 万人，增长 1.82%；在校生 262.27 万人，比上年增加 11.82万人，增长 4.72%。独立设置普通高中校均规模 2374 人，比上年增加 3 人；平均班额 51 人，与上年持平。56 人及以上大班 1515 个，占 2.94%，比上年下降 0.43 个百分点；其中超大班 176 个，占 0.34%，比上年下降 0.45 个百分点。河南省普通高中学生人数多、体量大，了解现阶段河南普通高中学生的发展现状、取得的成绩与面临的问题，并预判下一步的发展空间，对未来河南省普通高中教育的发展具有重要的现实意义。

一、河南省推进普通高中学生发展相关政策

(一)启动中小学德育创新发展工程,加强德育队伍建设

为深入贯彻落实党的二十大报告和习近平总书记关于教育的重要论述精神,全面落实立德树人的根本任务,进一步增强新时代中小学德育工作的科学性、专业性和有效性,加快推进教育强省建设,根据《中小学德育工作指南》《中共河南省委 河南省人民政府关于深化教育教学改革全面提高义务教育质量的实施意见》《河南省教育厅关于进一步做好中小学德育工作落实立德树人根本任务的意见》等文件要求,2023 年 8 月 9 日,河南省教育厅颁布《河南省中小学德育创新发展工程(2023—2027 年)实施方案》,明确提出了将中小学德育创新发展工程作为落实立德树人根本任务、建设教育强省的重要抓手,全方位提升我省中小学德育工作创新水平,全维度增强中小学德育工作者的创新意识和创新能力,全方面培养有理想、有本领、有担当的时代新人,并重点强调要推进"五育"并举实验区和实验学校建设、推动德育工作品牌化特色化建设、促进中华优秀传统文化教育创新发展、拓展学校家庭社会协同育人路径、举办河南省中小学德育创新展示活动、汇集中小学德育创新发展成果等六项举措,为形成较为完善的河南省中小学德育创新发展体系,打造中小学德育创新发展的河南品牌做了系统科学的顶层设计与规划。

同时,针对德育师资队伍建设问题,相关政策也进行了一系列部署。2023 年 3 月 22 日至 23 日,郑州市举办全省中小学德育创新发展暨班主任素养提升工作会议,会议指出,要进一步加强德育队伍建设,继续实施班主任素养提升工程,常态化开展班主任全员培训,切实保障班主任待遇,引导班主任把"为学、为事、为人"统一起来,引领学生健康快乐成长成才。河南省各地市因地制宜,采取各种灵活方式促进教师队伍建设。例如,鹤壁市在 2023 年实施的"强师计划"中,就强调要全面实行培训学时制,强化培训过程信息化管理,通过规范教师培训管理体系来提升教师的专业能力和专业水平;焦作市在 2023 年开展的师德师风专项治理行动中,通过加大宣传、开展主题教育等形式来提升教师对自身的职业认知,以此来助推教师

生全面发展的前提和基础,遵循学生成长成才规律,把解决学生心理问题与解决学生成才发展的实际问题相结合,并提出了健全教育、监测预警、咨询服务、干预处置“四位一体”的学生心理健康工作体系。为切实加强全省中小学心理健康教育工作,促进学生身心健康和谐发展,河南省结合本省的实际发展需要,出台了一系列配套政策,研发了河南省中小学心理健康教育网、河南省中小学生心理健康监测系统、河南省中小学心理健康服务云等,积极响应贯彻落实国家相关政策精神和要求。2023 年 4 月河南省教育厅办公室印发《关于开展 2023 年河南省中小学心理健康教育宣传月活动的通知》,要求各地各校要遵循不同学段特点和学生成长规律,围绕“六个一”系列活动内容要求,开展一系列心理健康知识宣传活动、举办一场心理健康教育创新实践活动、举办一次考前心理辅导活动、开展一次心理健康教育关爱行动、开展一次教师心理健康专题培训活动、开展一次家庭教育指导活动,着重强调要把中小学心理健康教育宣传月活动与学校育人工作结合起来,充分利用好校内外各种资源,切实发挥学校主阵地作用,创新活动内容和形式,引导鼓励全体师生积极参加,不断增强学校心理健康教育的吸引力、针对性、科学性和实效性,培养学生珍视生命、热爱生活、积极向上的心理品质,全面提升学生心理健康教育工作水平。

(四)借力高校美育浸润帮扶资源,重视美育骨干教师培训

为进一步强化学校美育育人功能,构建德智体美劳全面培养的教育体系,根据中共中央、国务院办公厅《关于全面加强和改进新时代学校美育工作的意见》精神,2022 年 3 月,中共河南省委办公厅、河南省人民政府办公厅印发了《关于全面加强和改进新时代学校美育工作的实施方案》,强调要全面深化学校美育改革,弘扬中华美育精神,坚持以美育人、以美化人、以美培元,聚焦“教会、勤练、常展(演)”,将美育纳入各级各类学校人才培养全过程,贯穿学校教育各学段,提高学生审美、人文素养和创新能力,并从四个方面提出健全学校美育工作体系,包括开齐开足上好美育课程、丰富美育实践活动、加强师资队伍建设、建立美育帮扶机制,并于 2022 年 6 月公布了河南省首批体育美育浸润行动计划名单,2023 年 10 月公布了第二批体育美育浸润行动计划名单,要求入选的河南大学等共 20 所高校要依托本校体育美育教师和学生力量,积极向农村和贫困地区中小学校提供持续性的

定向的精准帮扶和志愿服务，帮助其开展体育美育课程教学、社团活动、校园文化建设、教师培训，推动所帮扶的中小学体育美育日常化、多样化、特色化发展，提高教学水平和教育质量。同时，为加强和改进学校美育工作，河南省教育厅高度重视中小学美育教师培训，分别于2023年3月和11月主办了2023年全省中小学戏曲教师专项培训班和2023年全省学校美育骨干教师系列培训——舞蹈编创、合唱指挥专项培训班，致力于打造一支师德水平高、专业技术精湛、教学能力强的学校美育教师队伍。

（五）推进劳动教育实践基地建设，丰富劳动教育系列活动

为丰富劳动教育实践途径，拓宽学校开展劳动教育实践活动场所，促进劳动教育实践基地制度化、规范化建设，实现以劳树德、以劳增智、以劳强体、以劳育美的目的，2023年4月河南省教育厅印发了《河南省劳动教育实践基地遴选与管理办法（试行）》，研制了《河南省劳动教育基地量化评估指标体系（试行）》。为扎实推进我省学校劳动教育实践基地建设，根据河南省教育厅关于印发《河南省劳动教育实践基地遴选与管理办法（试行）》的通知，2023年6月在省域范围内，面向由政府、学校和社会力量举办，可承接学校劳动教育实践活动的基地、场所等，启动首批河南省劳动教育实践基地遴选工作。2023年5月，河南省教育厅办公室颁布《关于组织开展中小学生劳动教育系列活动的通知》，提出为贯彻德智体美劳全面发展的教育方针，落实党中央、国务院和省委、省政府关于加强新时代劳动教育的有关要求，进一步提升中小学生劳动素养，推动全省中小学校劳动教育工作系统化、常态化开展，决定在全省中小学校组织开展劳动教育系列活动，具体包括开展劳动教育培训活动、开展劳动教育特色学校创建活动、举办劳动教育教师教学素养展示活动、组织劳动成果和劳动教育技能展示活动、开展"晒劳动"短视频征集活动、开展"豫劳动悦生活"系列评选活动等共十三项活动。

（六）全面加强高中学生发展指导，优化学生发展质量评价

为贯彻落实国务院办公厅《关于新时代推进普通高中育人方式改革的指导意见》、河南省人民政府办公厅《关于新时代推进普通高中育人方式改革的实施意见》、教育部关于印发《普通高中学校办学质量评价指南》等文件精神，统筹推进高

考综合改革,切实提高普通高中育人质量,促进普通高中学生全面而有个性的发展,2023 年 9 月河南省教育厅印发了《关于加强普通高中学生发展指导工作的通知》,提出普通高中学生发展指导是发展素质教育的重要途径,是推动普通高中多样化有特色发展的关键环节,要坚持以学生发展为中心,扎实开展理想发展指导、深入做好心理发展指导、全面推动学习发展指导、系统设计生活发展指导、科学规划生涯发展指导;并进一步提出具体举措,包括建立学生发展指导中心、组建专兼结合的指导教师队伍、构建科学适切的课程体系、突出学科融合的育人实效、开展系统丰富的实践活动、完善学生发展的评价体系等。针对学生发展评价问题,围绕德育、美育、劳育等学生发展领域,相关政策都重视并强调了评价的重要性,如《河南省中小学德育创新发展工程(2023—2027 年)实施方案》提出:要构建评价制度体系,各地要将中小学德育创新发展工程作为教育督导的重要内容,切实创新评价方式,制定科学的评价指标,与文明校园创建、各类示范学校创建等有机结合,并融入学校工作考核、教育工作年度考核、校长教师年终考评、学生素质评价中去,形成整体推动合力,确保高质量实施。

为不断提高学生发展评价工作的科学性、针对性、有效性,2023 年 11 月,河南省教育厅印发了《河南省普通高中学校办学质量评价实施方案(试行)》,提出以学生全面培养、全面发展为核心,聚焦学校办学质量,在学生发展方面以品德发展、学业发展、身心发展、艺术素养、劳动实践 5 项指标,12 个考查要点以及学生访谈、主题汇报、查阅档案等考查方式,系统构建了普通高中学生发展质量评价体系,以促进学生德智体美劳全面健康发展。

二、河南省普通高中学生发展的成效与问题

为了解河南省普通高中学生的发展现状,总结成效,发现问题,河南省教育厅于 2024 年 3 月初,对省内普通高中 2022 级高二学生和 2023 级高一学生进行了问卷调查,从品德发展、学业发展、体质健康、心理健康、艺术素养、劳动实践、综合素质评价等七个方面,调查了河南省普通高中学生发展现状,共收集问卷 14090 份,剔除无效问卷 802 份,最终有效问卷共 13288 份,覆盖河南省南阳、商丘、焦作、郑州、驻马店等 16 个地市;其中性别为男生 6855 份,占比 51.6%,女生 6433 份,占比

48.4%;学校类型分布为城市普通高中6315份,占比47.5%,县域普通高中6973份,占比52.5%;年级分布为高一6705份,占比50.5%,高二6583份,占比49.5%。调查结果显示,样本总体分布比较均衡,具有较强的代表性。

(一)河南省普通高中学生发展取得的成效

1.学生德育活动多样化特色化

品德发展是落实立德树人根本任务的关键。面对当前社会变革和实践创新中的新挑战、新问题,要用历史的眼光、国情的眼光、辩证的眼光、文化的眼光和国际的眼光,引领学生通过观察、辨析、反思和实践,确立正确的政治方向,培育政治认同、科学精神、法治意识和公共参与等核心素养,形成正确的世界观、人生观和价值观。在省教育厅和各级教育行政部门指导下,各地区结合时代发展趋势,因地制宜地开展丰富多彩的德育实践活动。如商丘睢县教体局从拓宽德育渠道方面来深化未成年人思想道德建设,利用睢杞战役烈士纪念馆等未成年人思想道德建设示范基地,开展"烈士认亲"、未成年人祭扫烈士墓、参观"睢杞战役烈士纪念馆"等活动,强化学生爱党爱国爱社会主义的情怀。兰考县把焦裕禄精神融入思政课教育,尝试建立一种新的育人模式——特色文化育人、特色环境育人、特色活动育人,密切德育与"智体美劳"四育的联系,以中华优秀传统文化为推手,让每个学生都能发挥自己的特长和优势,磨砺意志,发扬艰苦奋斗、无私奉献精神,以此来塑造学生健康人格。在学校德育工作方面,根据首届河南省中小学德育创新展示活动结果显示,不少学校结合当地优秀传统文化资源来积极开展德育创新,不仅使学校德育焕发出新的生机,也助力我省中小学校德育工作品牌化特色化建设,如南阳市第十三中学的《传承仲景文化,践行医圣精神》,既让学生感受到了仲景文化的源远流长、医圣精神的博大精深,也塑造了豫西地区独特的德育典范。此外,问卷调查结果显示,不论是城市普通高中还是县域普通高中,都非常重视对学生进行思想品德教育,县域普通高中有过半学生、城市普通高中有超80%学生在高中阶段参与过形式多样、内容丰富的德育课程与活动(图10),且大部分学校都有针对学生品德发展的评价办法或规定,其中县域普通高中符合占比达58.4%,城市普通高中符合占比高达86.1%(图11),这不仅为我省中小学"德育品牌化特色化建设"提供了良好基础,而且为普通高中学生品德发展提供了有力保障。

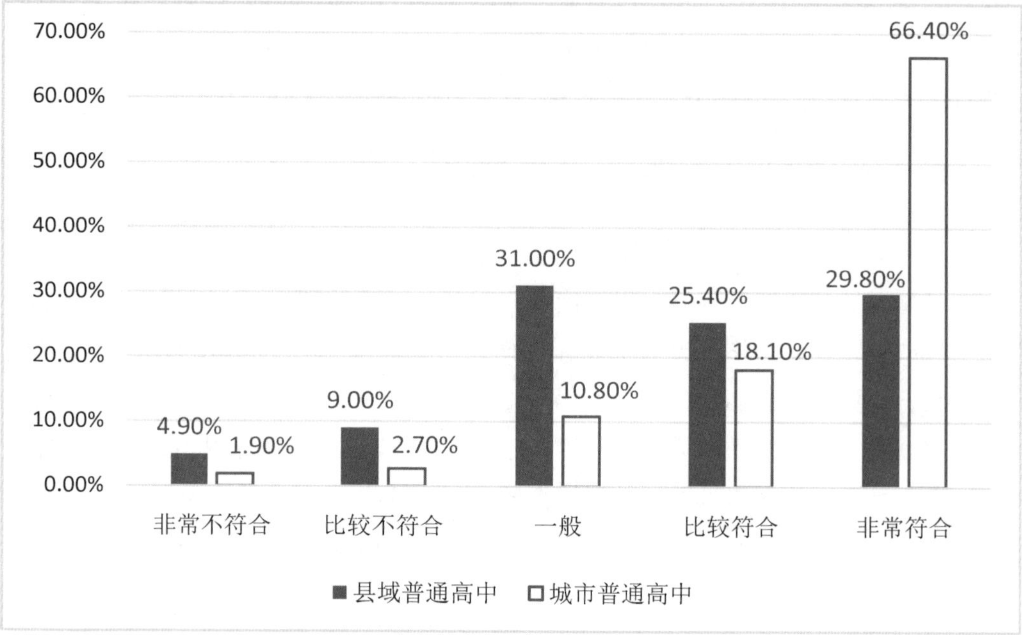

图 10　县域、城市高中学生参与德育活动课程情况

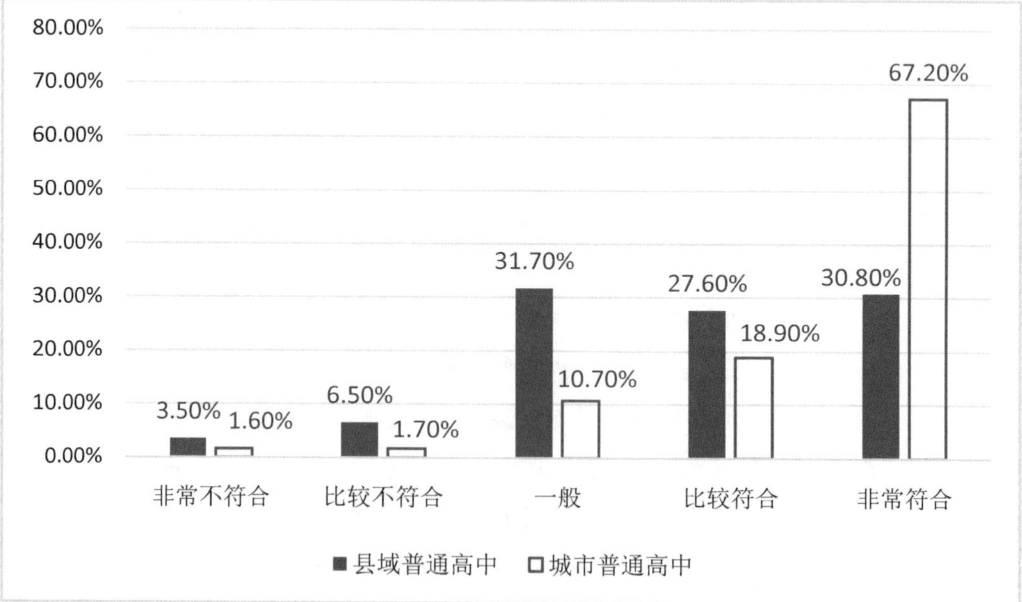

图 11　县域、城市高中学生德育评价情况

2.学生体质健康状况整体向好

贯彻和落实立德树人根本任务，须以“健康第一”为指导思想，强调健身育人功能，高度重视培养学生的学科核心素养；在强调学生体能、运动技能和体育文化学习的同时，融合与学生成长相关的健康教育知识和方法，关注学生健康与安全意识的培养以及健康文明生活方式的养成，培养学生积极进取、不怕困难、顽强拼搏、挑战自我、追求卓越、团结合作、公平竞争和遵守规则等体育品德，促进学生身心健康、体魄强健，从而推动“健康中国”建设。根据河南省体育局、河南省教育厅印发的《关于深化体教融合 促进青少年健康发展的实施意见》要求，加强学校体育工作，要开齐开足上好体育课程，普通高中每周至少应开设 2 节体育课。河南省教育厅印发的《河南省普通高中办学质量评价指标》中学生身体健康发展指标，主要包括养成健康生活习惯，按时作息，保证充足睡眠；坚持参加体育运动，校内每天锻炼至少 1 小时，积极开展校外锻炼活动；体质健康监测达标，掌握 1—3 项体育运动技能。调查结果显示，不论是县域普通高中，还是城市普通高中，体育课基本上都能正常开设，大部分学生（城市 91.3%，县域 82.6%）每周都会按时上体育课（图 12）；在每天一小时运动休闲时间上，城市普通高中学生符合占比超 70%，县域普通高中学生符合占比近 60%（图 13）；在体质健康测试方面，大部分学生都实现了达标（69.01%）（图 14）。总体来看，普通高中学生体质健康状况整体向好。

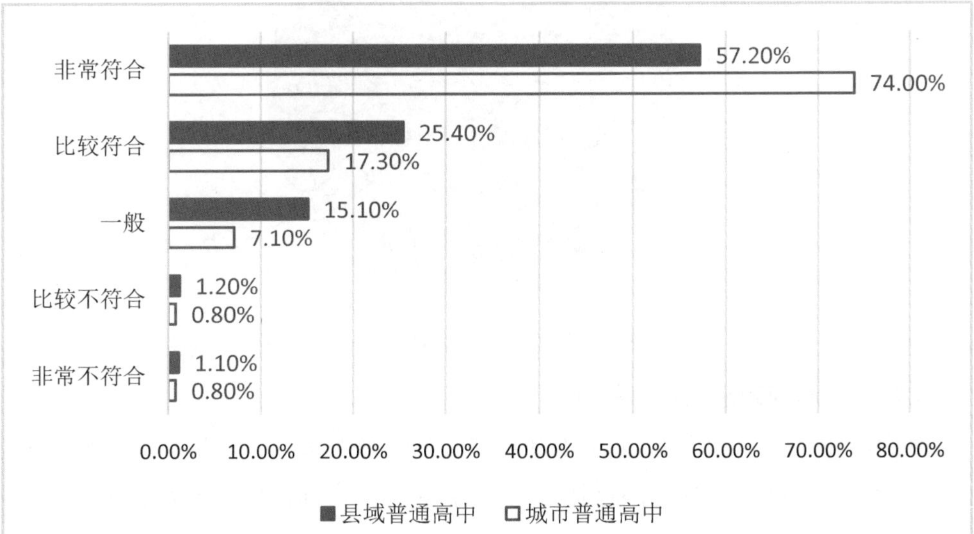

图 12　普通高中学生每周按时上体育课情况

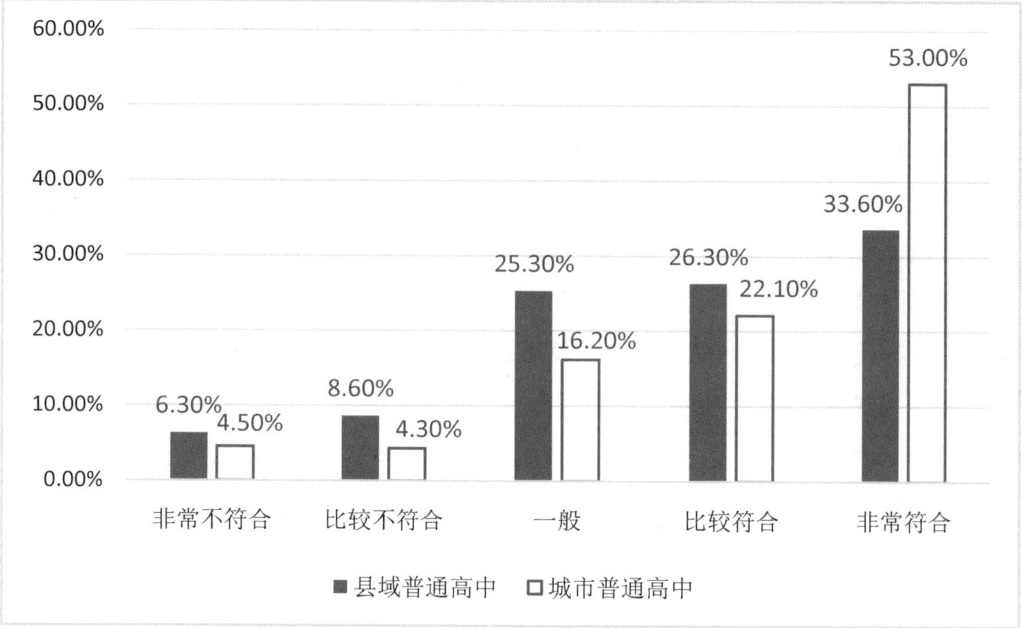

图 13　每天至少一小时的休闲(课外阅读、运动、和同学聊天等)时间情况

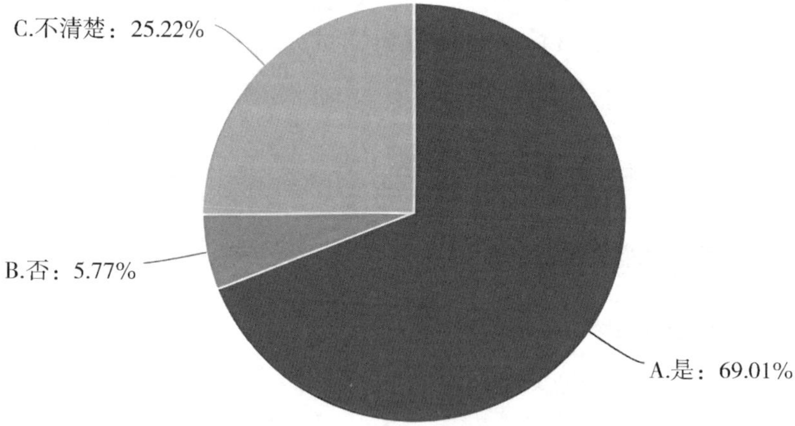

图 14　普通高中学生体质健康测试达标情况

3.学生生涯规划意识持续提升

高中阶段是学生世界观、人生观和价值观形成的关键期，也是学生选择未来人生发展方向的关键期，开展普通高中生涯规划教育是贯彻选择性教育思想，促使学生全面而有个性发展、实施素质教育的重要组成部分。2019 年，国务院办公厅印发《关于新时代推进普通高中育人方式改革的指导意见》,提出普通高中育人方式改革的重点任务之一是要加强学生发展指导,并明确指出对学生的理想、心理、学习、生活、生涯规划指导应注重指导实效,健全指导机制的要求。同时,做好高中生生涯规划教育也是深入推进新高考改革的重要使命,一方面符合育人为本的教育规律,满足学生个性化、自主发展的需求,有助于成功成才目标的达成;另一方面也对学生提出做好选择与规划人生的更高要求,要具备处理好个人特长与未来职业发展关系的能力,要为学生的终身发展更新理性思维方式和优化人生决策。《河南省普通高中办学质量评价指标》中针对学生的劳动实践,其考查要点之一是积极参与社会考察、研学实践、志愿服务和公益活动;在农业生产、工业体验、商业和服务业实践中,主动体验职业角色;有一定的职业生涯规划意识和能力。调查结果显示,过半学生(51.1%)在高中阶段参与过社会考察、研学实践、志愿服务、公益劳动、职业体验等社会实践,56.9%的学生对自己的未来职业生涯有一定的规划和设计(图 15);其中,高一学生职业生涯规划和设计符合占比58.8%,高二学生职业生涯规划和设计符合占比 54.9%,高一学生生涯规划意识与能力整体略高于高二学生(图 16),说明随着新高考的推进,学生生涯规划意识与能力正在得到持续提升,有助于进一步推进新高考改革,促进素质教育的有效实施。

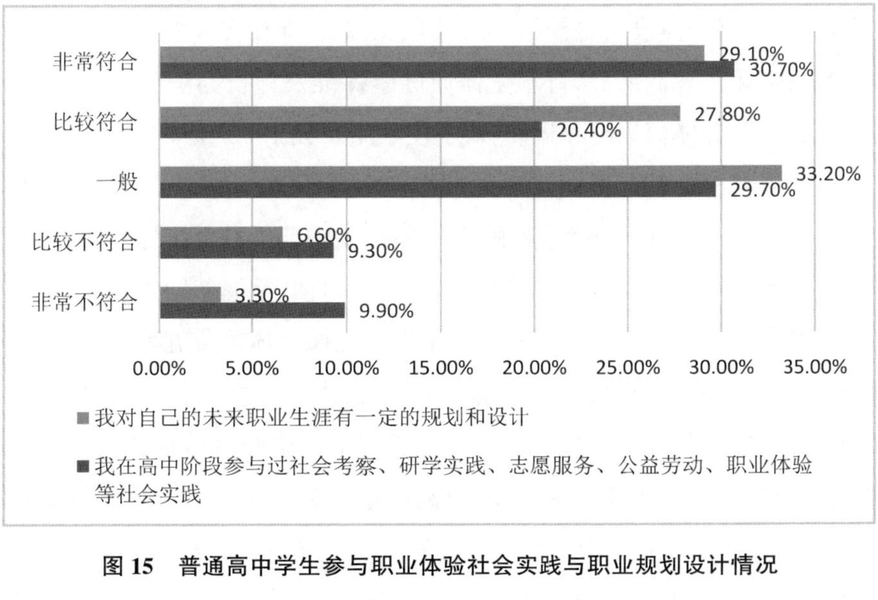

图 15 普通高中学生参与职业体验社会实践与职业规划设计情况

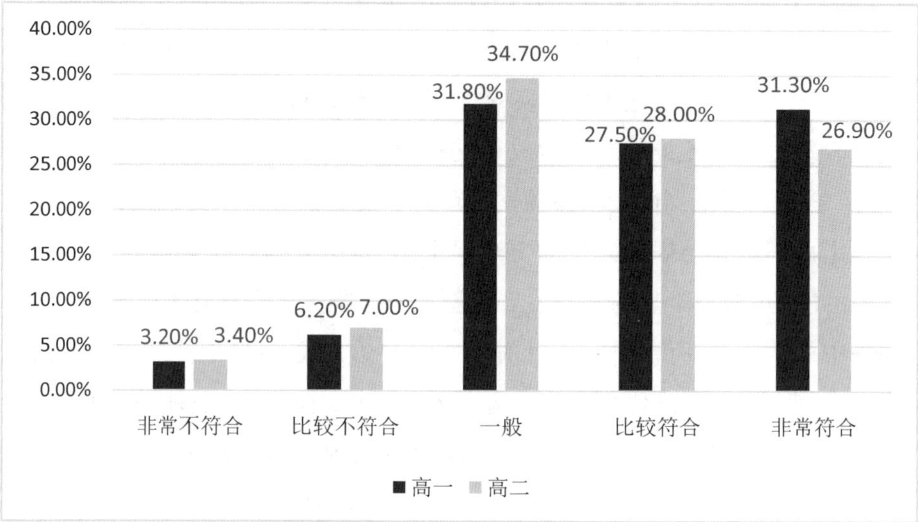

图 16　高一、高二学生对未来职业生涯规划设计情况

4.学生五育发展状况较为均衡

构建德智体美劳全面培养体系是新时代推进普通高中育人方式改革的重要目标之一,国务院办公厅《关于新时代推进普通高中育人方式改革的指导意见》指出,要强化普通高中学生综合素质培养,改进科学文化教育,统筹课堂学习和课外实践,强化实验操作,建设书香校园,培养学生创新思维和实践能力,提升人文素养和科学素养;强化体育锻炼,修订学生体质健康标准及评价办法,丰富运动项目和校园体育活动,培养体育兴趣和运动习惯,使学生掌握 1—3 项体育技能;加强美育工作,积极开展舞蹈、戏剧、影视与数字媒体艺术等活动,培养学生艺术感知、创意表达、审美能力和文化理解素养;重视劳动教育,制定劳动教育指导纲要,统筹开展好生产性、服务性和创造性劳动,使学生养成劳动习惯、掌握劳动本领、树立热爱劳动的品质。调查结果显示,河南省普通高中学生在德智体美劳五育发展方面,品德发展均分最高,劳动实践和身心发展基本持平,艺术素养发展相对较弱,学业发展均分最低(图 17);从学校类型来看,城市普通高中学生和县域普通高中学生在各自群体内五育发展相对比较均衡,但城市高中学生的五育发展状况整体要好于县域高中学生(图 18);从各年级学生的五育发展状况来看,高一、高二学生在学业发展和身心发展两个方面整体较好,没有明显差异,但在品德发展、艺术素养、劳动实践方面,高一年级学生发展状况明显好于高二年级学生(图 19)。学生德智体美劳五育发展虽然存在一定的城乡差距和年级差异,但总体上河南省普通高中学生的五育发展状况基本比较均衡,有助于学生在“五育并举”的基础上,获得富有个性的成长与发展。

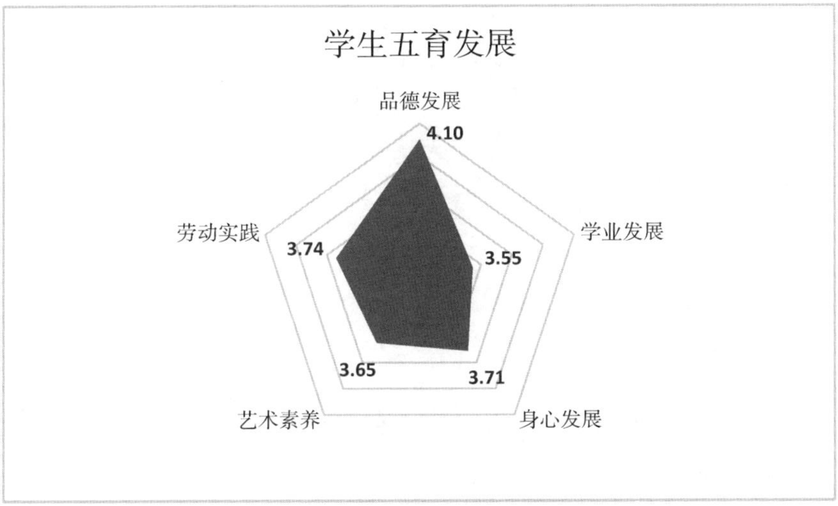

图 17　普通高中学生五育发展雷达图

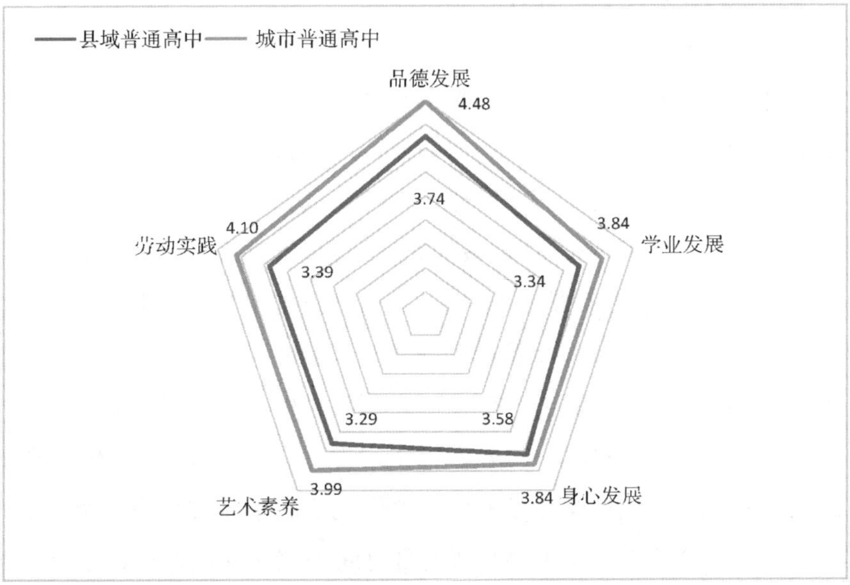

图 18　县域、城市普通高中学生五育发展雷达图

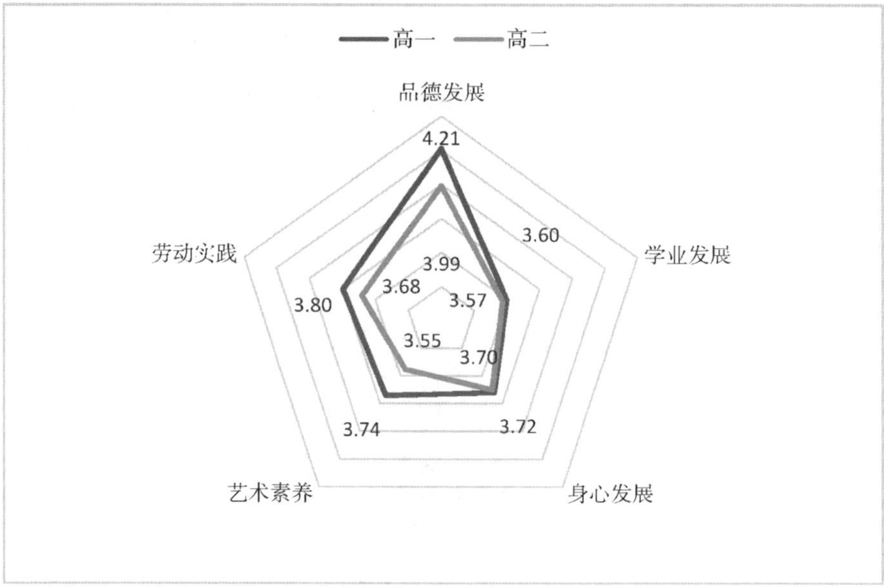

图 19　高一、高二年级学生五育发展雷达图

(二)河南省普通高中学生发展存在的问题

1.学生学业负担过重、睡眠时间不足

为切实减轻违背教育教学规律、有损中小学生身心健康的过重学业负担,促进中小学生健康成长,近年来教育部等部门陆续印发了关于中小学生减负措施的相关文件。针对普通高中学生学业负担问题,教育部《普通高中学校办学质量评价指南》及《河南省普通高中办学质量评价实施方案(试行)》都明确指出,要统筹调控作业量和作业时间,合理安排学生在校作息时间,充分保障学生睡眠和自主学习活动时间等。调查结果显示,在学业发展方面,目前普通高中学生普遍反映学习压力比较大,在题目为"我感受到很大的学习压力(父母的要求、老师的期望、同学间的竞争、升学压力等)"的调查中,有 45.66%的学生选择了符合,约三分之一(33.41%)的学生认为学习压力一般,只有五分之一(20.93%)的学生选择了不符合(图 20);且县域普通高中学生学习压力整体上要高于城市高中学生(图 21);此外,有近半(47.12%)的学生每天要花费大量时间来完成课后作业(图 22);在睡眠时间上,31.04%的学生认为自己睡眠时间不够,32.61%的学生认为睡眠时间一般,

只有36.35%的学生选择了睡眠时间充足（图 23），说明普通高中学生普遍缺乏充足的睡眠时间。

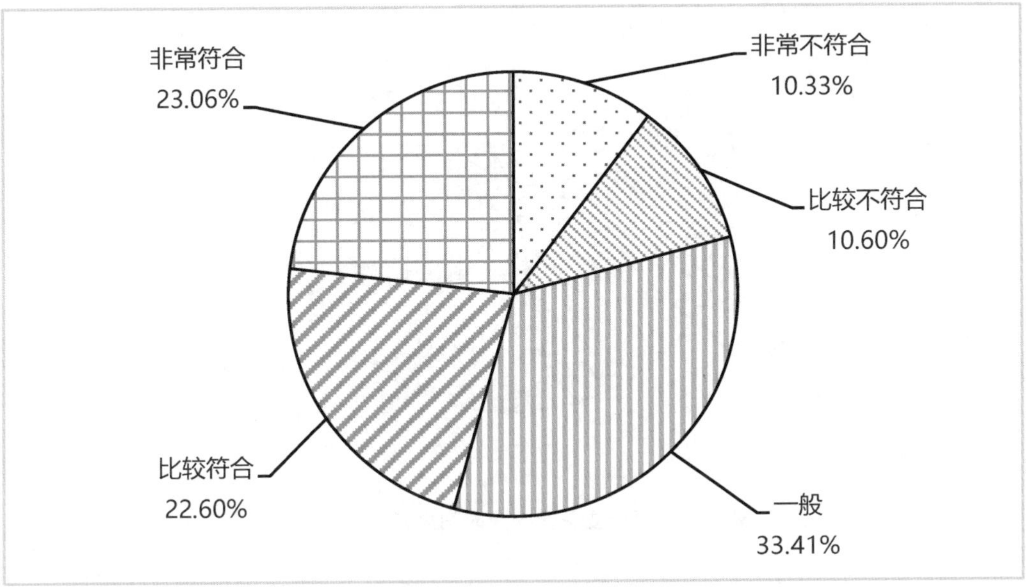

图 20　我感受到很大的学习压力（父母的要求、老师的期望、同学间的竞争、升学压力等）

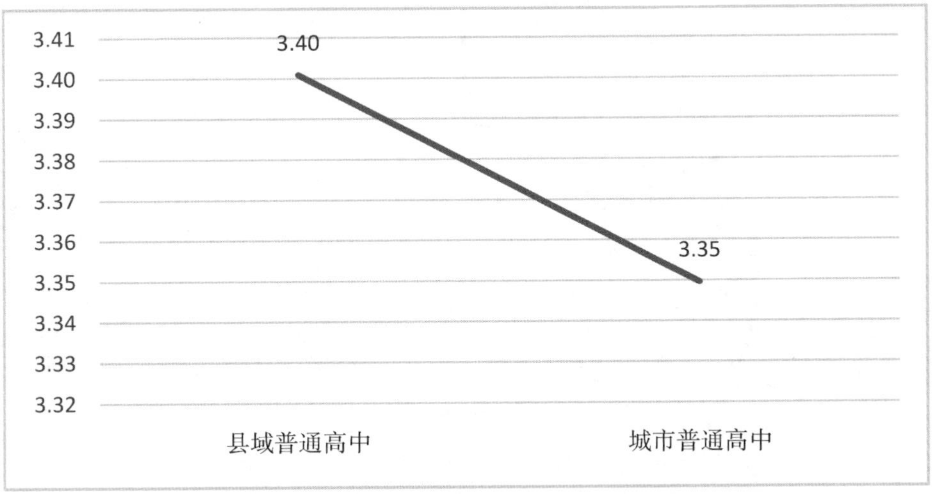

图 21　县域、城市普通高中学生学习压力对比

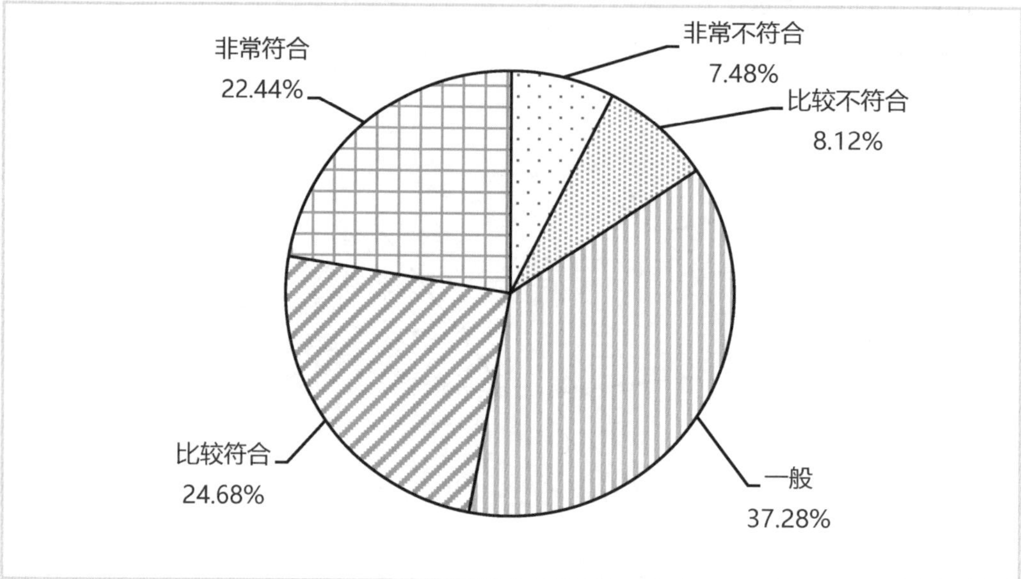

图 22　我每天要花费大量时间来完成课后作业

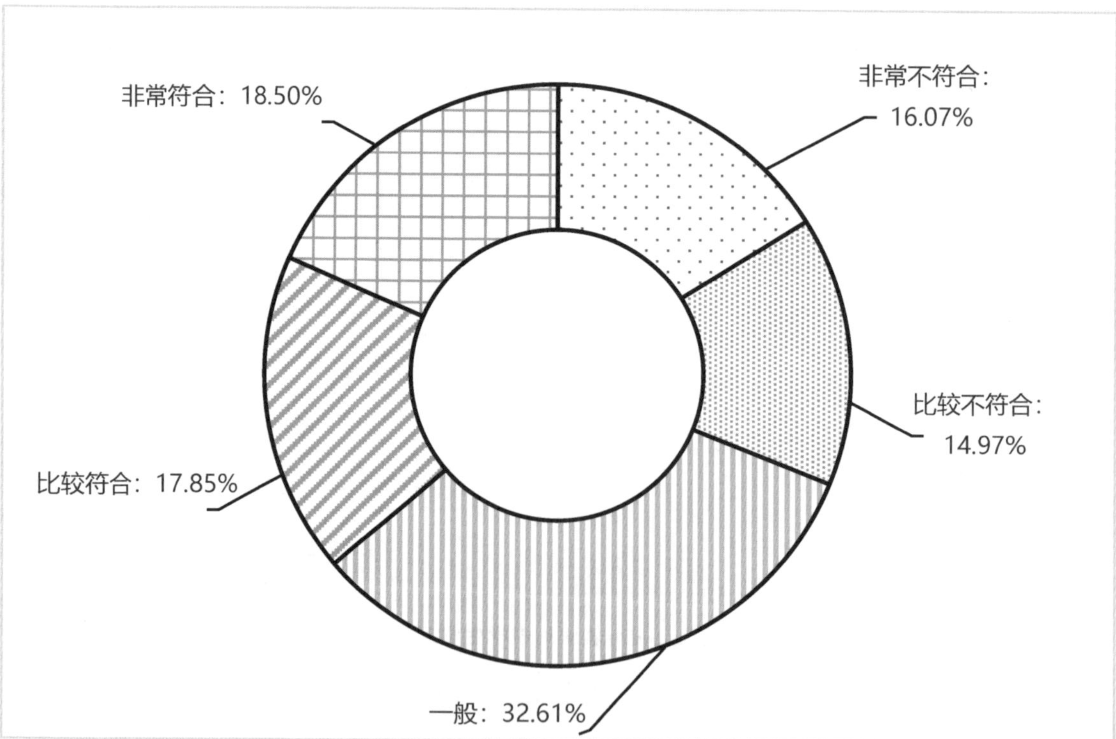

图 23　目前我的睡眠时间充足

2.学生心理健康问题仍较为普遍

高中学生处于人生发展的关键阶段,是人格形成和完善的重要时期,受青春期生理、心理的快速变化,以及学业发展、社会期望、激烈竞争等压力的持续影响,高中学生普遍面临着身心协调发展的矛盾,高中阶段也是多种心理问题的高发期。我国历来重视中小学生心理健康工作,在加强心理健康教育、规范心理健康监测、完善心理预警干预、加强心理人才队伍、支持心理健康科研、优化社会心理服务、营造健康成长环境等方面部署实施了一系列专项计划。调查结果显示,河南省县域和城市普通高中学校都非常重视学生的心理健康,84.85%的学生所在的学校有专门的心理咨询室并且配备有专业的心理辅导教师(图 24);超 70%的城市普通高中学生参加过心理健康辅导,近半(49.6%)的县域普通高中学生参加过心理健康辅导(图 25)。此外,调查数据显示,普通高中学生心理健康问题仍然比较普遍,不少学生会因为老师的批评或考试成绩不理想导致情绪低落,近半学生在高中阶段受到过各种心理问题的困扰(学业压力、亲子关系、师生人际交往、情感问题等),且高二年级学生心理健康问题明显高于高一年级学生(图 26),县域普通高中学生心理健康问题明显高于城市高中学生(图 27),这说明心理健康教育的针对性举措有待加强,亟须有效缓解普通高中学生的心理健康问题。

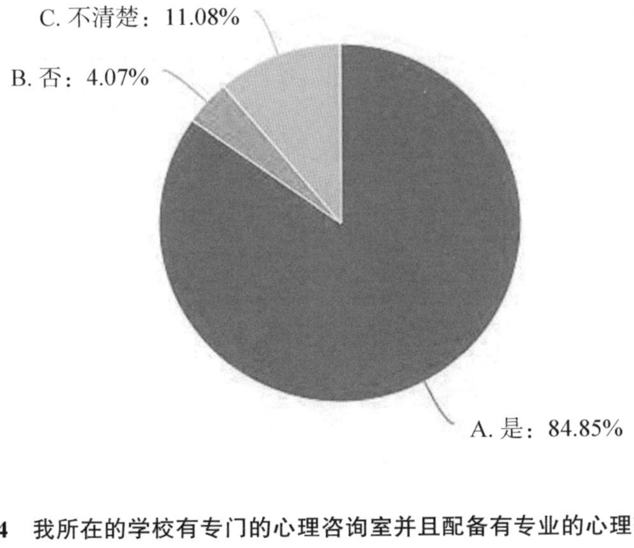

图 24　我所在的学校有专门的心理咨询室并且配备有专业的心理辅导教师

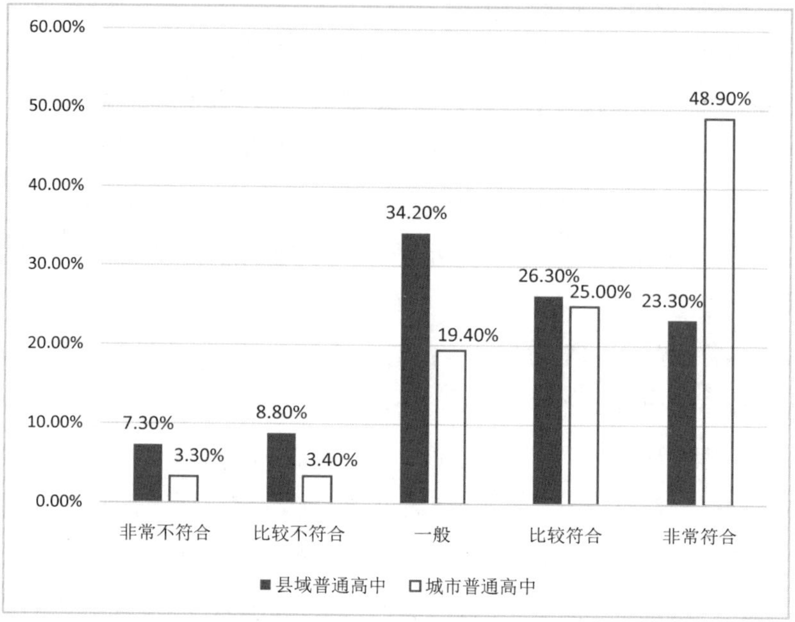

图 25　县域、城市普通高中学生参加心理健康辅导情况

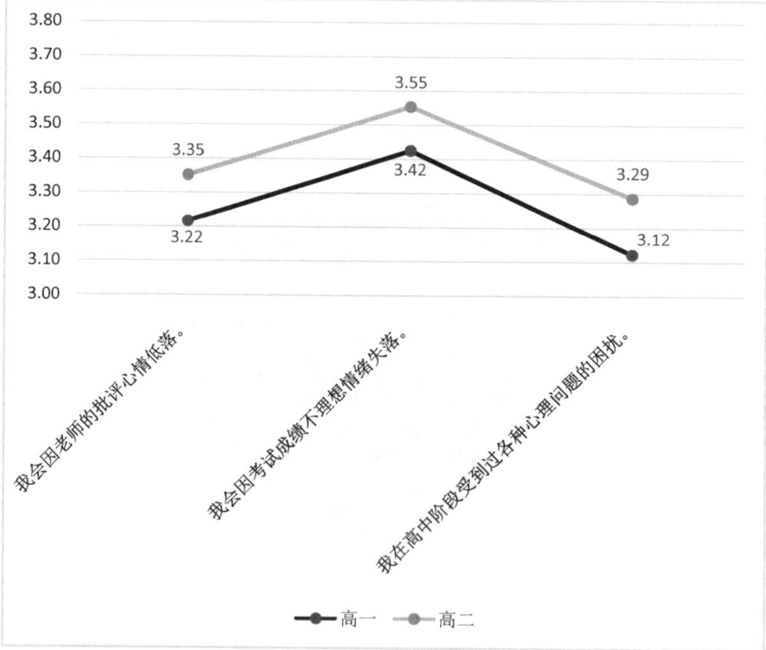

图 26　高一、高二年级普通高中学生心理健康发展情况

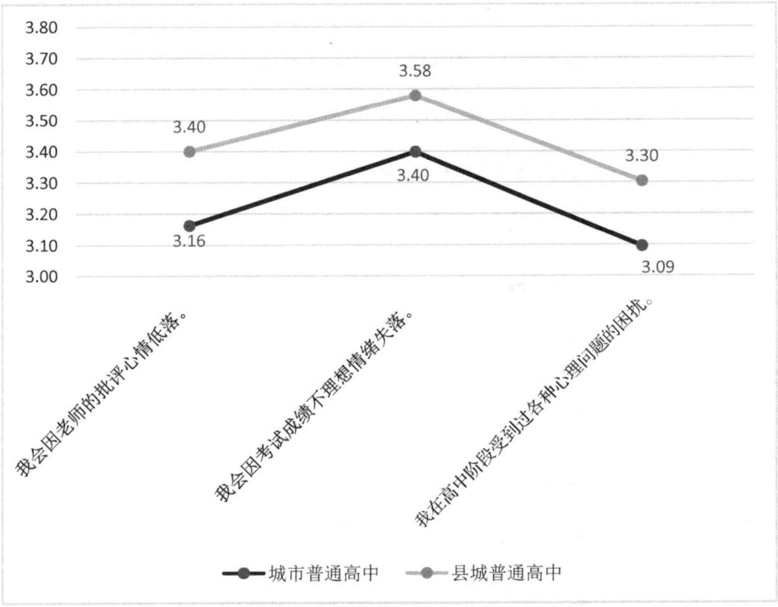

图 27　县域、城市普通高中学生心理健康发展情况

3.学生美育、劳育及过程性学习方面城乡差距明显

党的十八大以来，国家实施高中阶段教育普及攻坚计划，县域普通高中的办学资源得到显著优化，但一些地方的县中还存在基础条件薄弱、教育质量有待提高等突出问题。调查结果显示，学生在艺术素养、劳动实践以及过程性学业表现等方面仍然存在明显城乡差距。

首先，在艺术素养发展方面，52.9%的学生在高中阶段参加过形式多样、内容丰富的美育课程与活动，其中至少掌握一项艺术技能的占比为 49.1%，但超 1/3 的学生在参与美育课程与活动，艺术技能掌握方面表现都是一般（图 28）；同时高中一年级学生在上述两个方面整体上优于高中二年级学生（图 29）；从学生艺术素养发展的均值比较来看，县域普通高中学生在艺术素养发展方面明显落后于城市普通高中学生（图 30）。

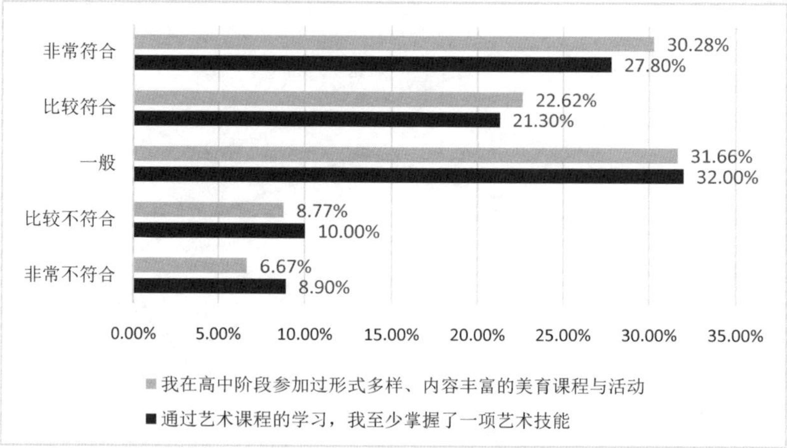

图 28　普通高中学生参与美育课程活动和掌握艺术技能情况

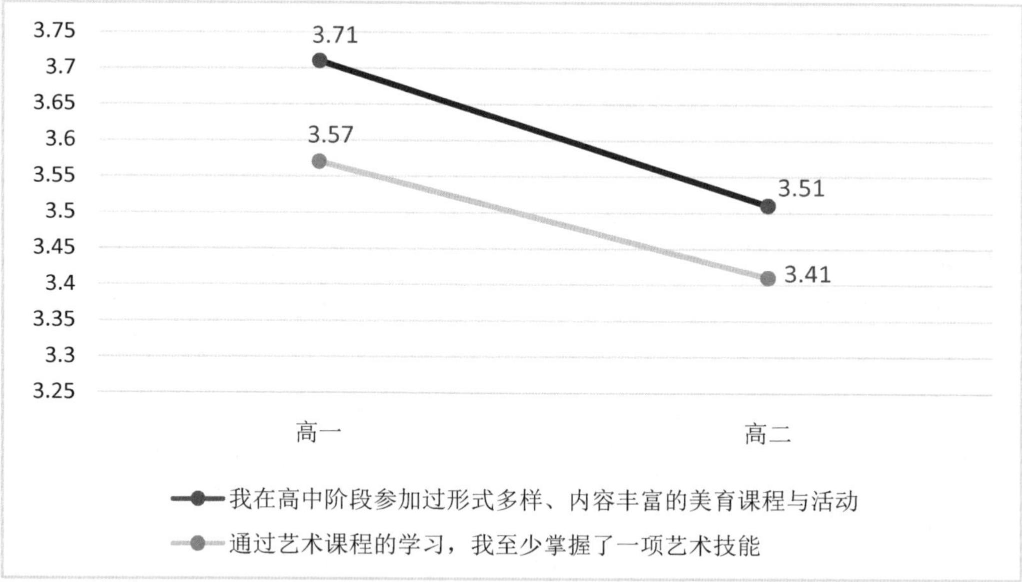

图 29　高一、高二年级学生参与美育课程活动和掌握艺术技能情况

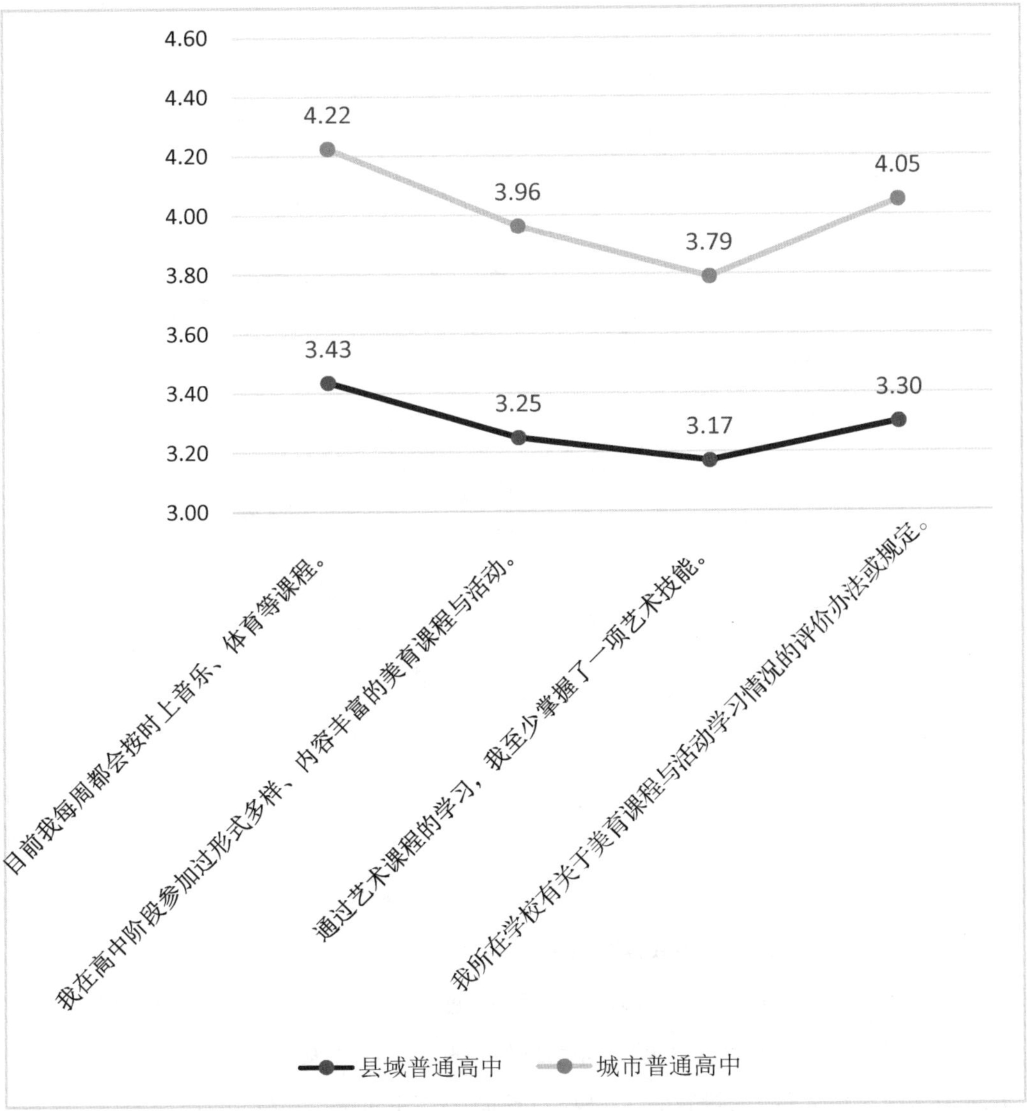

图 30　县域、城市普通高中学生艺术素养发展情况

其次，在劳动实践方面，城市和县域普通高中学生在劳动课程与活动参与、劳动教育评价、社会实践参与等各方面的均值都存在明显差距，且城市普通高中学生的劳动实践发展状况整体上优于县域普通高中学生（图 31）。

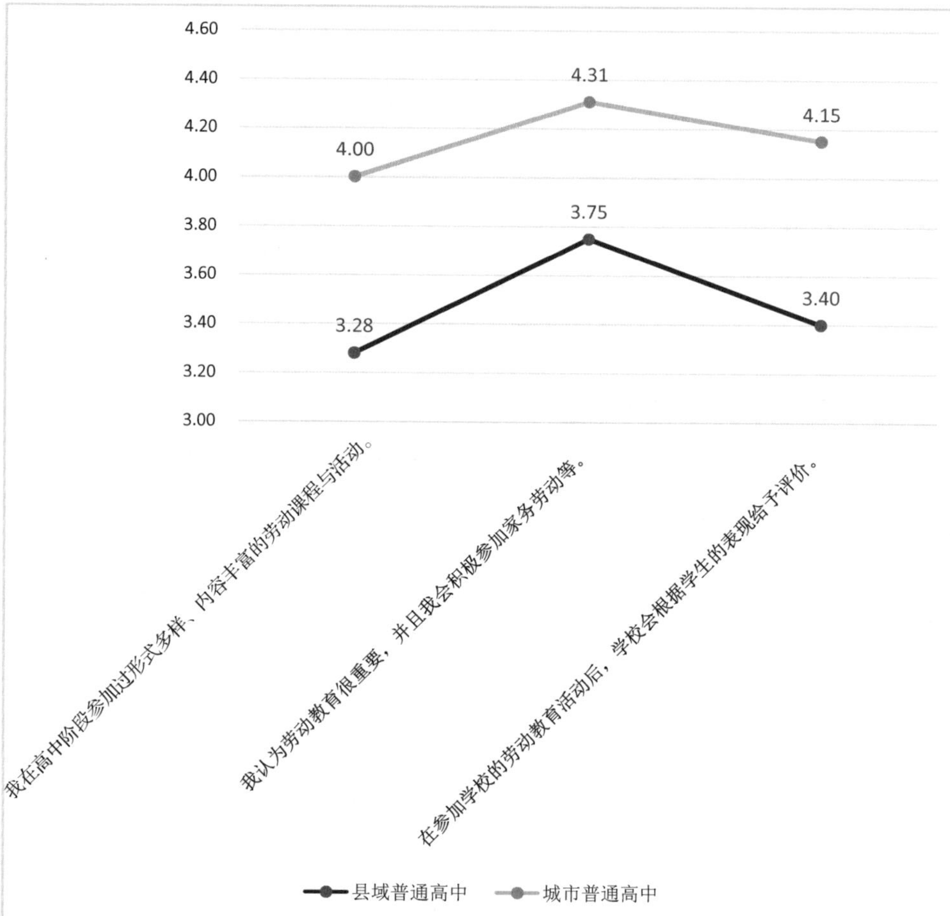

图 31　县域、城市普通高中学生劳动实践发展情况

最后,在学生过程性学习表现上,城市普通高中学生在题目为“我能够适应老师的教学方式,并且在课堂上能全部掌握所讲授的内容”调查上,选择“非常符合”的占比最大,其次是“比较符合”,县域普通高中学生选择“一般”的占比最大,其次是“比较符合”(图 32);在回答“我有一套适合自己的学习方法,能够有效完成学习任务”问题时,城市普通高中学生也是选择“非常符合”的占比最大,其次是“比较符合”,县域普通高中学生选择“一般”的占比最大,其次是“比较符合”(图 33)。可见,在过程性学业表现上,县域普通高中学生明显落后于城市普通高中学生,县域普通高中教育教学质量仍有待提高。

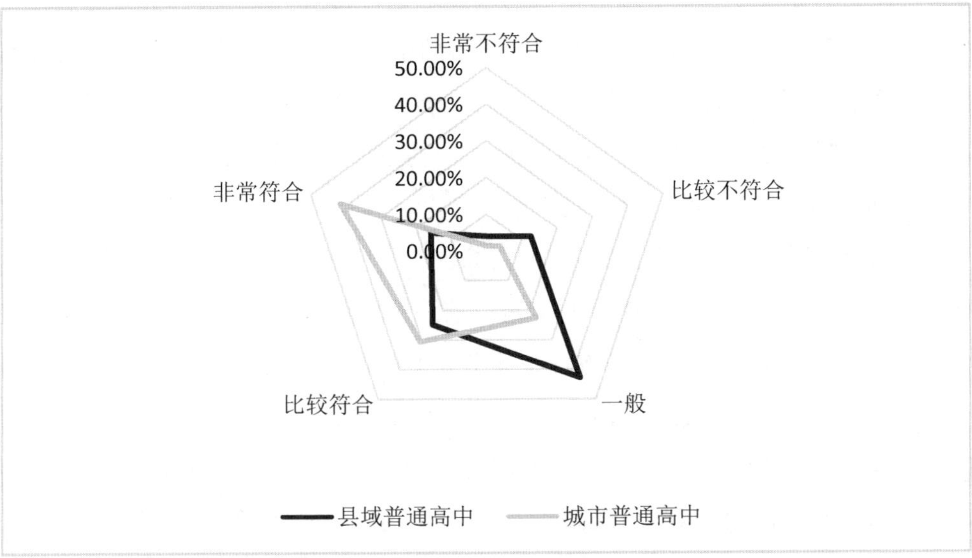

图 32　县域、城市普通高中学生适应教师教学方式、掌握课堂内容情况

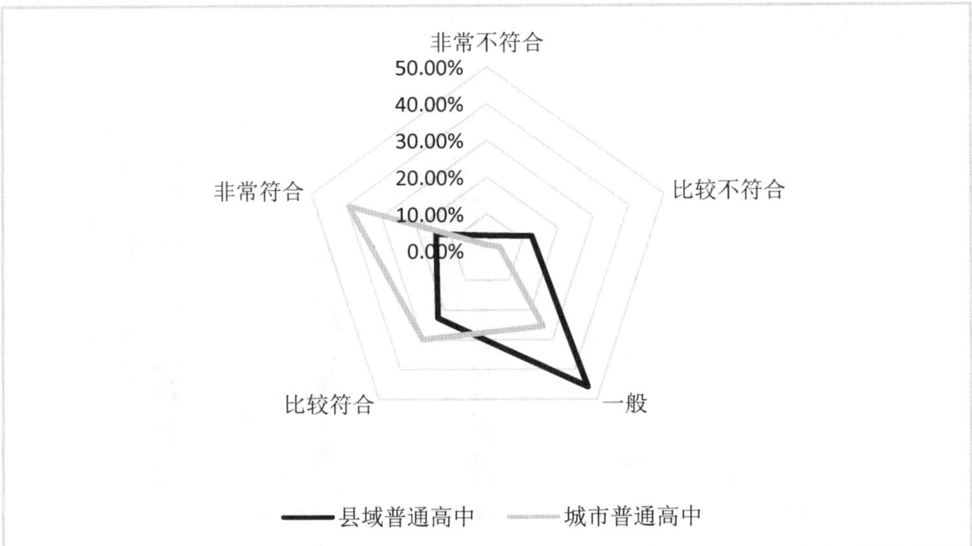

图 33　县域、城市普通高中学生掌握学习方法情况

4.综合素质评价“校本化”实施滞后

2014 年 9 月,《国务院关于深化考试招生制度改革的实施意见》明确了“两依据一参考”的高校招生录取机制,将综合素质评价作为高校招生录取的重要参考,这对普通高中育人方式变革带来一系列重要影响。2019 年 6 月,国务院办公厅印发的《关于新时代推进普通高中育人方式改革的指导意见》明确指出,在构建全面培养体系中,要完善综合素质评价,把综合素质评价作为发展素质教育、转变育人方式的重要制度,强化其对促进学生全面发展的重要导向作用,强化对学生的爱国情怀、遵纪守法、创新思维、体质达标、审美能力、劳动实践等方面的评价,并要求各地完善综合素质评价实施办法,切实开展综合素质评价实践。从调查结果来看,河南省普通高中学生综合素质评价的实施目前还比较滞后,学生在接受综合素质评价培训或学习、开展自我评价等方面整体上并不乐观(图 34);从年级分布来看,高一高二学生在接受学校组织的综合素质评价培训和综合素质自我评价两方面基本持平,且均值较低,在“综合素质评价结果是否用于评优评先”问题上,高一年级略高于高二年级(图 36);从学校类型来看,城市普通高中学校在学生综合素质评价培训、实施等方面进行了一定的实践探索,相比之下,县域普通高中学生综合素质评价得分均值整体偏低(图 35),这说明县域普通高中的综合素质评价实施情况不甚理想,仍有待进一步加大推进力度。

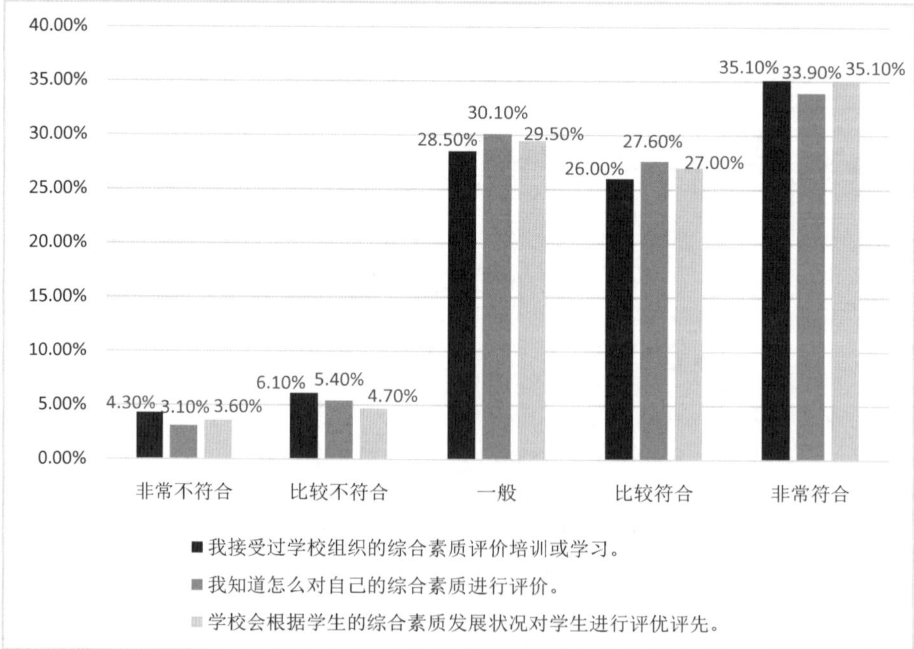

图 34　学生综合素质评价实施情况

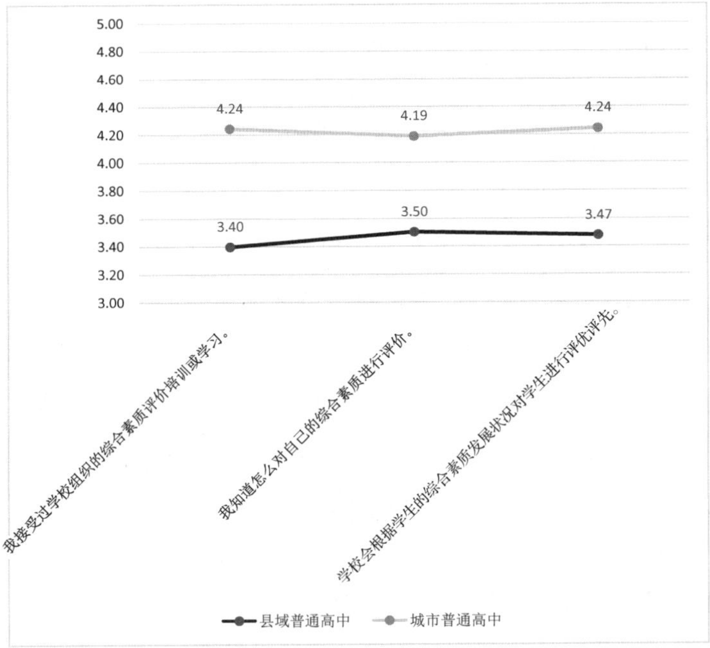

图 35　县域、城市普通高中学生综合素质评价开展情况

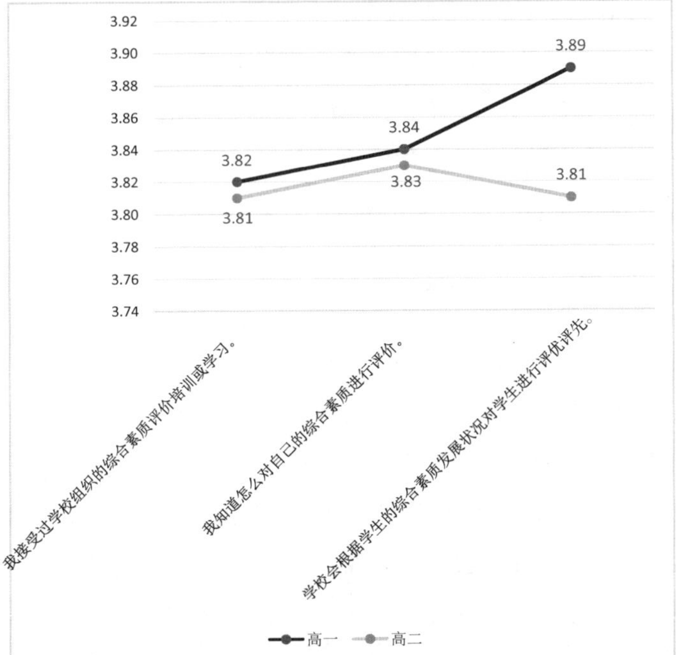

图 36　高一、高二普通高中学生综合素质评价开展情况

三、河南省普通高中学生发展的推进举措

(一)多管齐下共同发力,切实减轻学生学业负担

2019 年 5 月,河南省教育厅等九部门共同制定了《河南省中小学生减负措施实施方案》,从规范学校办学行为,切实提高育人质量;严格校外培训机构管理,营造良好育人生态;家庭履行教育监护责任,努力形成育人合力;强化政府管理监督,确保减负措施落地生效等四个方面,共提出了 30 项具体的实施措施。河南省作为高考人数大省,激烈的高考竞争导致了普通高中学生的高度“内卷化”,与义务教育阶段相比,普通高中学生的学业负担更为沉重,因此,要想切实减轻学生的学业负担,需要多管齐下,多方发力,从宣传教育、政策落实、资源供给等多个方面入手。一方面,要加强宣传教育和引导,普及基本的教育评价知识与素养,让学生、教师、家长、社会民众了解相对评价和绝对评价在高考中发挥的作用,避免一味地在群体内强化“内卷”,甚至以牺牲学生身体健康为代价;另一方面,继续加强减负措施落地,在严格依照课表教学、严禁节假日双休日补课或上新课、合理安排作业时间、培养良好学习习惯、指导学生实践锻炼等方面强化检查、督导和评价,确保政策措施真正落地;同时,进一步扩大省内优质高等教育资源供给,提高高等教育培养质量,为普通高中学生提供多样化、更为合适的升学出口选择,进一步满足普通高中生对优质高等教育资源的需求。

(二)持续完善针对举措,有效缓解心理健康问题

促进学生身心健康、全面发展,是党中央关心、人民群众关切、社会关注的重大课题。随着经济社会快速发展,学生成长环境不断变化,学生尤其是普通高中生心理健康问题更加凸显。从调查结果来看,随着年级的增高,普通高中学生心理健康问题随之增加,且县城普通高中学生的心理健康问题明显多于城市普通高中学生,面对这些问题,应始终坚持“健康第一”的教育理念,切实把心理健康工作摆在更加突出位置,聚焦影响学生心理健康的核心要素、关键领域和重点环节,补短板、强弱项,把解决学生心理问题与解决学生成长发展的实际问题相结合,采取有针对性

的心理健康工作举措。首先,持续深化“五育并举”促进学生心理健康,做到以德育心、以智慧心、以体强心、以美润心、以劳健心;其次,通过开设心理健康相关课程、加强知识科普、明确问题操作指南等,全方位开展心理健康教育,同时利用心理健康测评工具,加强对学生心理健康状况的监测和测评,强化风险预判和条件保障;最后,重点关注学业压力、经济困难、情感危机、家庭变故、校园欺凌等风险因素,针对多发易发学生群体,加强常态化、过程性心理健康预警,及早发现学生的心理健康问题,强化心理安抚和疏导,给予针对性的干预举措,充分发挥校内外人员和相关机构的协同作用,共同开展学生心理健康教育,有效缓解学生的心理健康问题。

(三)加强学校督导评估,持续落实学生五育发展

长期以来,教育领域存在“重智、轻德、弱体、少美、缺劳”的问题,“五育并举”强调德智体美劳缺一不可,这是对教育的整体性、完整性的倡导,不仅丰富了新时代党的教育方针内涵,也意味着教育更加重视内涵式发展、更加注重育人质量的全面提高;同时,县城普通高中在推进教育高质量发展和乡村振兴战略中承担着重要使命,寄托着广大农村学生对接受更好教育的美好期盼。实施新高考以来,河南省普通高中学生的发展状况取得了一定成效,德智体美劳五育发展整体上比较均衡,但仍然存在一定的城乡差距,在县城普通高中持续落实“五育并举”的发展方针,需要进一步加强普通高中学校办学质量督导评估。根据教育部《普通高中学校办学质量评价指南》,以及省教育厅《河南省普通高中学校办学质量实施方案(试行)》等文件的要求,各地市应出台普通高中学校办学质量实施办法等配套文件,依托河南省普通高中学校办学质量评价系统,开展常态化的学校自评,规范开展市级全面评价,高质量开展省级统筹评价,真正助力普通高中育人方式发生根本性变革,提高普通高中学校育人质量,贯彻落实好“五育并举”的方针政策。

(四)落实综合素质评价,持续提升学生核心素养

普通高中实施“校本化”综合素质评价,既是新高考改革“两依据一参考”方针政策的基本要求,也是推进普通高中育人方式变革,实施素质教育的有效方式,更是学生全面而有个性发展的根本诉求。与传统的纸笔测验等评价方式相比,综合

素质评价是一项长期、系统的教育活动,普通高中学校往往有畏难情绪、逃避心理或抵触行为,但从长远来看,综合素质评价是破除“唯分数论”顽瘴痼疾的创新点和突破口,也是普通高中学校提升办学质量、提高育人质量的必由之路。因此,在普通高中加强落实综合素质评价校本化实施势在必行。教育行政管理部门和普通高中学校需要高度重视,科学规划并有效组织实施综合素质评价工作:一方面,区域层面要做好综合素质评价的顶层设计、过程指导和结果反馈;另一方面,普通高中学校要结合实际情况研制综合素质评价校本化实施方案,通过开展丰富多样的课内外活动,把学生从繁重单一的学业负担中解放出来,让学生在品德发展、学业发展、身心健康、艺术素养、劳动实践等领域得到提升,在全面发展的基础上不断获得个性化自主发展;同时,为进一步确保普通高中学校真实有效地组织开展综合素质评价工作,可将学生综合素质评价纳入学校办学质量评价、校长绩效考核、学校评优评先等工作中,以保障综合素质评价的常态化、长效化。

专题六　新高考准备工作

引　言

考试招生制度是国家基本教育制度，是人才培养的枢纽环节，关系到国家发展大计，关系到每一位受教育者的前途命运。为进一步促进公平、科学选才，2014年，国务院发布了《关于深化考试招生制度改革的实施意见》(以下简称《意见》)，正式启动了我国新一轮考试招生制度改革。2022年，为贯彻落实国务院《意见》精神，我省结合自身的省情、教情实际，并在充分借鉴、汲取上海、浙江等高考综合改革试点单位宝贵经验的基础上，研究制定了《河南省深化普通高等学校考试招生综合改革实施方案》(以下简称《方案》)。

作为我省考试招生制度改革的总蓝图，《方案》进一步明确了指导思想和改革目标，确定了主要任务，强化了保障措施。根据教育部总体安排部署，我省作为第五批启动高考综合改革的8个省(区)之一，从2022年秋季入学的普通高中一年级学生开始，实行基于统一高考和高中学业水平考试成绩、参考综合素质评价的普通高等学校考试招生模式。我省《方案》的发布，即是要通过进一步深化我省的考试招生制度改革，倒逼高中教育教学模式创新，提升人才选拔的科学性、有效性和针对性，进而为办好人民满意的教育，为实现中原崛起、河南振兴、富民强省提供有力的智力支持和人才支撑。厘清此次高考改革的核心措施，探究其对高中教育的影响，为改革方案的不断完善提供理论依据，并为深化高中学校“育人方式变革”提供可行建议。

一、新高考改革的核心措施

《方案》指出,到2025年,初步形成分类考试、综合评价、多元录取的考试招生模式……构建顺应时代要求、符合教育规律和我省省情的普通高等学校考试招生制度。可见,推进分类考试、实施综合评价、赋予学生学习选择权是此次新高考改革的核心举措,这有利于改善教育教学生态,促进学生全面而有个性的发展。

(一)推进分类考试,匹配学生个性发展

《方案》指出,要推进"健全与普通高等学校考试招生相对分开、符合职业教育类型特征的高职院校考试招生制度"。在我省新高考综合改革实施后,普通高校考试招生主要包括普通高校统一考试招生和高职院校分类考试招生,针对不同群体采用"两依据、一参考"的考试招生模式及"文化素质+职业技能"的考试评价方式。同时,我省保留考生通过参加普通高校统一考试招生进入高职院校学习的通道。[①] 由此可见,招生方式的变化是此次改革的重点之一,它进一步推进了分类考试办法,更加注重与学生个性发展的匹配和契合。正如有学者所指出的那样,"高等职业教育分类考试绝不是对原有的分层次考试的改良,而是基于高等职业教育发展宗旨、培养目标的一种独立类型的、全新的考试招生制度设计,最终与普通高考、成人高考并列成为三大独立的招生考试体系。[②] 无疑,这样的制度设计就进一步明晰了高职教育人才培养目标定位与普通高等教育的差异与区别,真正实现了"因材施招",体现了对人才成长规律和人才选拔培养规律的充分尊重。

(二)实施综合评价,促进学生全面发展

《方案》指出,从2022年秋季入学的普通高中一年级学生开始,实行基于统一高考和高中学业水平考试成绩、参考综合素质评价的普通高等学校考试招生模式。可以看出,此次改革除了要依据学生的考试成绩之外,还要参考学生的综合素质评

---

① 河南省人民政府.《河南省深化普通高等学校考试招生综合改革实施方案》政策解读.https://www.henan.gov.cn/2022/06-27/2475871.html.

② 罗立祝.高等职业教育分类考试改革思考[J].中国高等教育,2013(20):47-50.

价，即“要看分也要见人”。这一举措事实上就进一步打破了“唯分数论”评价对学生全面发展的束缚和禁锢，强调在评价学生时，既要关注其学术成绩，又要考察其在社会实践、创新能力、道德品质等方面的综合素质，从而使评价更具全面性和多样性。在新高考改革背景下，综合素质评价强调的是评价内容的全面性，不仅考查学生的学习能力，还考查学生的社会实践及创新能力等，这必将积极改善我国基础教育领域中普遍存在着的重知识传授、轻实践锻炼，重考试分数、轻个性特长培养等不良状况，进而有利于促进学生全面而个性的发展。同时，此举措有助于构建更加公平公正的招生选拔机制，优化人才选拔流程，确保能够选拔出具有综合素质和创新潜力的优秀学生，为高等教育和社会发展输送优质人才，促进教育公平和社会进步。

（三）赋予学生学习选择权，尊重学生专业性向

赋予学生学习的选择权，尊重学生专业性向，是此次改革最具特色、最有亮点的制度创新之一。《方案》规定：选择性考试科目包括思想政治、历史、地理、物理、化学、生物学6门科目，学生可根据自身兴趣、志向、优势和普通高等学校招生要求，选择3门参加考试。其中，物理、历史为首选科目，考生须选择1门参加考试；思想政治、地理、化学、生物学为再选科目，考生从中选择2门参加考试。选择性考试由省级统一组织。这样，高中学生就有了12种选择组合，进而极大改变了现在“文综”“理综”2选1的格局。由于这是学生根据自身的兴趣、爱好、特长以及潜能自主选择的结果，所以，这种选择从本质上来说，即是对学生专业性向、学科优势和个体差异的尊重与保护。它有利于引导学生根据自己的兴趣、个性发展作出选择，从而实现了“考其所长”“考其所好”。学生学习自己喜欢的科目，就不会觉得辛苦与劳累。鉴于此，各高中学校需要研究、制定指导学生选课选考的具体办法，而不能代替、“命令”学生被动选择。正如有学者所指出的那样，试点省份的部分高中由于管理简单化和师资条件有限，只开设部分选科组合的班级，比如学生想选择历史+生物+政治，但中学不开设这个组合，学生只能另作他选。因此要找到选科组合的最优解，学生还需要考虑学校条件、师资力量、兴趣爱好、职业生涯等多种因

素,在不确定和个性化中找到自己的答案。①

二、新高考准备工作的现状

调查采用方便抽样和整群抽样相结合的方式,选取河南省高中阶段 2350 名教师和 14738 名学生为研究对象。共计发放并回收教师电子问卷 2349 份,其中有效问卷 1841 份,有效回收率为 78.37%,样本分布情况如表 12 所示;发放并回收学生问卷 14738 份,其中有效问卷 12341 份,有效回收率为 83.74%,样本分布情况如表 13 所示。

表 12　教师被试人口统计学信息

样本分布特征		人数	比例(%)
性别	男	577	31.3
	女	1264	68.7
年龄	30 岁以下	416	22.6
	30—50 岁	1157	62.8
	50 岁以上	268	14.6
学历	大专及本科	1276	69.3
	硕士及以上	565	30.7
任教学科	语文	251	13.6
	数学	305	16.6
	英语	260	14.1
	政治	132	7.2
	历史	137	7.4
	地理	111	6.0
	物理	149	8.1
	化学	185	10.1
	生物	139	7.6
	其他	172	9.3

① 金涛.新高考,学生如何选科[J].河南教育(教师教育),2022(01):14-16.

续表

样本分布特征		人数	比例(%)
工作年限	3年以下	255	13.9
	3—5年	223	12.1
	6—10年	370	20.1
	11年以上	993	53.9
职称	一级	564	30.6
	二级	706	38.4
	三级	218	11.8
	副高级	353	19.2

表13　学生被试人口统计学信息

样本分布特征		人数	百分比(%)
性别	男	5963	48.3
	女	6378	51.7
年级	高一	4548	36.9
	高二	4620	37.4
	高三	3173	25.7
在班级中的位置	前20%(上游)	1863	15.1
	20%—40%(中等偏上)	3176	25.7
	40%—60%(中等)	4319	35.0
	60%—80%(中等偏下)	2181	17.7
	暂时落在后20%	802	6.5
选择高考方案	语文、数学、外语、历史、化学、地理	60	0.5
	语文、数学、外语、历史、化学、政治	47	0.4
	语文、数学、外语、历史、地理、政治	3935	31.9
	语文、数学、外语、历史、生物、化学	119	0.9
	语文、数学、外语、历史、生物、地理	365	3.0
	语文、数学、外语、历史、生物、政治	843	6.8
	语文、数学、外语、物理、化学、地理	871	7.1
	语文、数学、外语、物理、化学、政治	537	4.3
	语文、数学、外语、物理、地理、政治	117	0.9
	语文、数学、外语、物理、生物、化学	4552	36.9
	语文、数学、外语、物理、生物、地理	638	5.2
	语文、数学、外语、物理、生物、政治	257	2.1

本研究围绕我省新高考综合改革实施情况,基于学生和教师两类主体,着重从选课走班、教师负担、学生综合素质评价、职业生涯规划教育等维度进行调查分析,以客观呈现新高考综合改革对高中教育的影响。

(一)取得的成效

我省新高考综合改革全面贯彻党的教育方针,坚持以习近平新时代中国特色社会主义思想为指导,是一场对高等教育招生制度的深刻变革。可以看到,新高考在落实立德树人根本任务,促进学生全面发展,赋予学生学习选择权以及"在增强综合素质上下功夫",推动高校科学选拔人才和维护社会公平等方面取得了显著的成效。

1.立德树人根本任务得到有力贯彻

新高考改革践行立德树人理念,以落实立德树人根本任务为导向,有力贯彻党的教育方针。习近平总书记指出:要坚持不懈用新时代中国特色社会主义思想铸魂育人,着力加强社会主义核心价值观教育,引导学生树立坚定的理想信念,永远听党话、跟党走,矢志奉献国家和人民。① 新高考在实践中切实贯彻这一指示,引导学生树立坚定的理想信念,永远听党话、跟党走。通过科学的考核体系,新高考助力学生在学科知识和全面素质上实现双轮驱动,更好地适应社会需求,成为具备德智体美劳全面素养的时代新人。实践证明,此次新高考综合改革在贯彻立德树人根本任务方面取得了明显的成效,为学生的全面发展、高校的科学选拔各类人才以及维护社会公平等方面做出了积极的探索和努力。

2.进一步赋予了学生学习的选择权

此次新高考改革特别注重学生在选科上的权利,为他们提供更为广泛的学习选择空间,有效地拓展了学生学业发展的路径,成效显著。新高考通过科目设置赋予了学生更多的学科选择权。选择性考试科目的设置充分考虑了学生个性和兴趣的差异,涵盖了思想政治、历史、地理、物理、化学、生物学等六门科目。学生可以根据自身的兴趣和志向,在这六门科目中自由选择三门进行考试,其中有一门是首选

① 习近平.习近平在中共中央政治局第五次集体学习时强调加快建设教育强国 为中华民族伟大复兴提供有力支撑[N].人民日报,2023-05-30(1).

科目,另外两门为再选科目。这样的设置有效地激发了学生的学科热情,使其更有动力深入学习感兴趣的领域,突出了学科选择的个性化和多样性。新高考通过考试科目选择的差异性,更好地满足了不同学生群体的需求。对于对某一领域有特长和浓厚兴趣的学生,可以通过选择性考试更有针对性地展示自己的学科特长,进一步凸显个性。相对于传统高考的固定科目,新高考的选择性考试更加符合学生的差异化需求,给予了更多学科发展的可能性。同时,学生在选择科目时需要考虑自身的兴趣、优势和未来发展方向,这种主动性的思考过程有助于培养学生的自主学习意识和职业规划能力。总之,新高考通过对科目的差异性设置,进一步赋予了学生在学科选择上的权利,创造了更为灵活和个性化的学业发展环境。这一举措不仅有利于学生更好地发挥自身优势,也推动了学生在学科学习中的深度和广度,为他们的未来发展提供了更为有力的支持。

3."在增强综合素质上下功夫"得到明显提升

习近平总书记在全国教育大会上强调,要在增强综合素质上下功夫,教育引导学生培养综合能力,培养创新思维。① 良好的综合素质是青年成长成才的时代要求,也是社会主义建设者和接班人的要求。新高考的实施是推动国家人才培养体系迈向新高度的生动实践,通过优化科目设置,不仅要求学生善于学习、乐于学习、勤于学习,更强调了全面素质的培养,包括综合能力、创新思维、文明素养等方面。这意味着学生在学业上不再仅仅是单一学科的追求,更注重在多个领域的全面发展。这种改革克服传统教育中单一化和分科教育的局限性,旨在培养学生的综合素质,拓展其视野,提升其创新能力,从而更好地适应社会的快速发展。在国家战略层面的有力支持下,全面推动学生综合素质的改革,使新高考综合改革持续不断推进。此次改革正以更高质量的综合教育,培养出更多具有全面素质的时代新人。

(二)存在的困扰

新高考的推行使得高中教育面临着一定的调整和应对压力。尽管新高考在培养学生综合素质方面取得显著成效,但也存在着一些挑战和困扰。

---

① 习近平出席全国教育大会并发表重要讲话[EB/OL].(2018-09-10)[2023-11-25].http://www.gov.cn/xinwen/2018-09/10/content_5320835.htm.

1.学生选科存在一定盲目性

实行“选考”制度,允许学生根据个人发展情况做自主选择,旨在充分尊重学生的个性化发展需求,使学生在选考科目上有更大的自主选择权,进而提升其学习的积极性和主动性,使其更加专注于自身擅长领域的深入学习。此外,选考制度旨在尊重学生的主体性并扩大学生选课空间,创造多元化的发展方向。这在一定程度上缓解了传统教育模式下的应试压力,有助于培养学生的综合素质和创新能力。然而实际情况中,由于学生缺乏对选科制度的全面认识,具有一定的盲目性。

表 14　学生选择高考科目时的考虑因素

选项	人数	百分比
目前学科成绩	10369	84.02%
学习兴趣	9396	76.14%
学科难度	7097	57.51%
就业前景	6378	51.68%
学好的信心	5400	43.76%
教师和家长建议	4866	39.43%
大学专业要求	4794	38.85%
志愿填报广度	4100	33.22%
自己所在学校的教学资源	2323	18.82%
教师喜爱程度	1591	12.89%
任课教师的教学水平、个人魅力等	1399	11.34%
其他同学的选择	1056	8.56%
其他	122	0.99%

根据表 14 数据可知,学生选择高考科目时的影响因素,84.02%的学生选择目前学科成绩,76.14%的学生选择学习兴趣,57.51%的学生选择学科难度,51.68%的学生选择就业前景。综上来看,在高考选科过程中,学生通常主要依据学科成绩和个人兴趣来决定其选科方向。选择自己擅长的科目,可以最大化地发挥个人优势,提高学科成绩,从而增加在高考中取得优异成绩的可能性。这种选择符合学生对自身能力的实际评估,也符合其对高考成功的期望。因此,成绩成为学生选科时最为重要的考量因素之一。同时,学生根据自身在某一学科的表现和个人兴趣来进

行选科,体现了对个人学习效果和学业成就的双重关注。这种选择方式能够在一定程度上优化学生的学习体验,提高其对科目的投入度,从而在考试中获得更好的成绩。此外,我们可以发现,半数以上学生会主动将当前的学业与未来的就业前景联系起来,更加关注课程内容的实际应用以及未来职业发展的需求。然而,将学业与就业前景紧密联系的选科动机也暴露了学生在决策过程中的功利性特征。在这种功利性导向下,学生可能过于关注即将到来的职业机会,而忽视了对学科本身的热情和探索,最终可能导致学生对知识的学习变得工具化,从而减少了对学科本身的深层次理解和长远的学术兴趣。

同时,部分学生由于初次接触高中选择性课程以及选课走班,对未来的学习内容和发展方向感到模糊,而学校缺乏足够的培训、宣传和经验,未能为学生提供明确的指导。因此,学生们面对即将进行的选课走班感到极度焦虑,对于如何着手处理这一问题感到无从下手。如在调查中,有 46.55%的学生选择不清楚所选科目对未来大学与专业有何影响,41.95%的学生选择没有明确的目标与方向。另一方面,盲目从众现象愈演愈烈,学生过于关注同伴选择的热门课程,而非根据个人兴趣和职业规划做出理性决策。这种从众行为不仅限制了学生多元化的学科发展,也容易形成信息传递的闭环,使得一些有价值但相对冷门的课程被忽视。因此,当前选课走班制度亟须深化改革,引导学生建立明晰的职业规划,减轻其选择压力,以促进个体全面素质的培养。

表 15　学生选科时自身存在的困扰情况

选项	人数	百分比
目前学科成绩不理想	8214	66.56%
不清楚所选科目对未来大学与专业有何影响	5745	46.55%
对自己学好某科目没有信心	5225	42.34%
没有明确的目标与方向	5177	41.95%
对所选科目不够了解	3556	28.81%
不清楚自身的兴趣	3033	24.58%
其他	206	1.67%

总之,选考的初衷是为了让学生按照兴趣去选择,实际上,较多学生是根据高校需求、自我利益最大化做出的功利性和盲目性的选择。这种选考行为违背了学

业水平考试改革的设计初衷,是对选考制度的一种冲击和挑战。

2.综合素质评价实施存在不足

学生综合素质评价实施是一项需要政府、学校和教师等多方共同参与的系统性工程。目前综合素质评价的区域推进成效显著,但在实施过程中也出现无力、成效不明显等问题。如在对学生关于综合素质评价看法的调查中(见图 37),仅有38.75%的学生认可评价内容能够彰显学生的个性特点和优长,有 48.41%的学生认为评价的实施使其更关注自身的全面发展,仅 34.66%的学生认可综合素质评价的开展降低了"唯分数论"的现象。可知,学生对学生综合素质评价的认可度有待提高,综合素质评价开展的成效还存在些许不足之处。

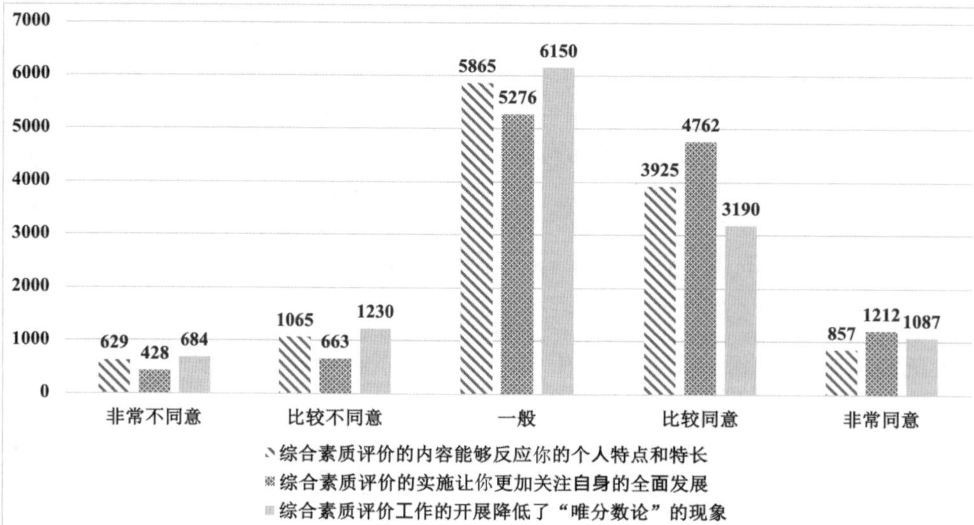

图 37　学生对综合素质评价的认同调查

此外,在学校实施层面,调研中发现诸多学校普遍存在以下问题。一是任务等待多于自主探索,主要以完成任务为工作目标,即上面布置什么任务,学校就完成什么规定动作,缺少积极主动探索;二是盲目探索多于专业引领,改革意愿较强的学校也有一些积极探索,但因为缺乏专业培训与指导,多处于盲目摸索状态,如教师评语主要由教师根据以往经验自己把握,学生自我描述过于强调客观事实忽视学生自我反思的作用。如表 16 所示,不少教师对高考政策的理解和把握不够(75.90%),对综合素质评价的认识和理解存在困惑(58.47%),认同度不高,执行力不强，存在质疑甚至“反对”综合素质评价“占用”学生时间的看法。

表 16 新高考实施以来教师存在的困惑

选项	人数	比例
对高考政策的理解与把握	1397	75.90%
学科素养的解读与培养	1234	67.05%
教学内容与进度安排	1122	60.97%
学生的综合素质评价	1076	58.47%
学生与班级管理	877	47.61%

3.师资队伍有待进一步优化

教师是教育改革“落地”的重要实践者，其队伍结构与素养水平关系着此次新高考改革的成败。如选考制度带来的教师结构性失衡成为新高考改革背景下学校在师资方面面临的一大挑战。① 选考制度给予了学生对考试科目的自主选择权，但由于这种相对自由的选择权以及部分学生盲目“随大流”的选科心态，使选科结果呈现出不均衡的分布特征，进而导致了对学科教师需求的差异化。此外，新课改呼唤走班制下的教学方法。教师会面临诸多教学上的变动，对教师专业能力提出了新的要求。如根据不同班级学生的特征及时调整教学方法的因材施教的能力，增强走班制下学生群体凝聚力的管理能力以及基于核心素养目标的教学能力等等。总而言之，新高考改革对教师队伍的结构、素养和能力提出了更高的要求。为解决新高考带来的高中教师结构性缺编问题，需要政府部门协同编办、规划、人事、教育部门共同研究提出解决之策②，要在师资队伍的建设和管理上进行系统性的重建与革新，以确保教育改革的顺利实施和长远发展。

① 石静.新高考改革背景下普通高中组织结构变革的现状与思考［J］.教育导刊：上半月，2021(06)：47-51.

② 钟秉林.深化教育评价改革背景下高考综合改革的实施路径［J］.现代教育管理，2021(08)：1-8.

4.职业生涯规划教育有待加强

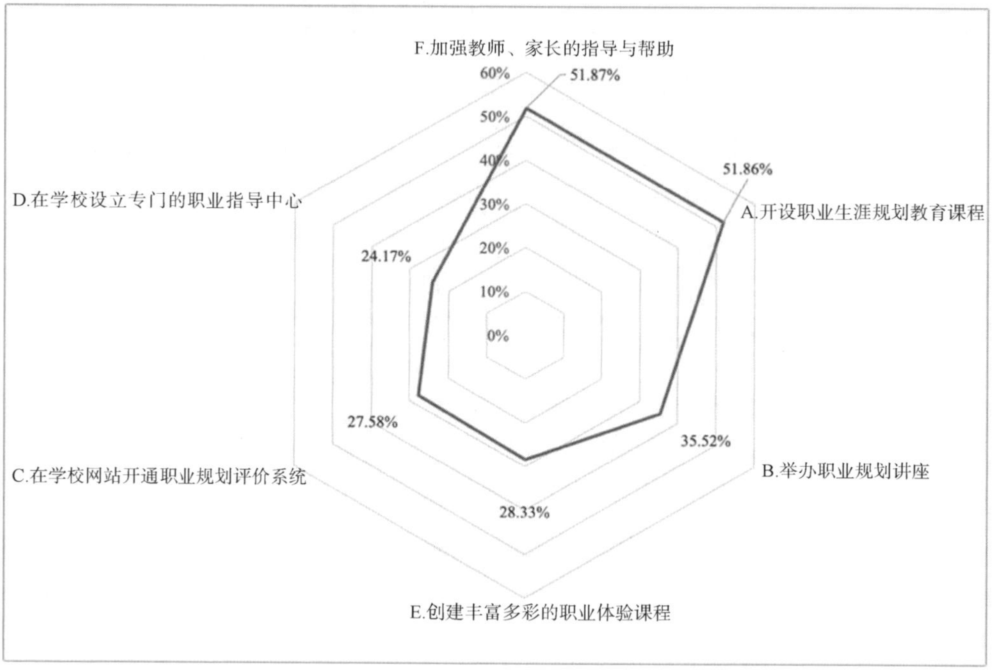

图 38　学生接受职业生涯规划教育的实施途径

为解决学生如何科学合理地选科、选考、选专业以及选择未来职业这一难题，有必要对学生职业生涯规划进行有效指导。例如，上海市教委要求每个学校都要为学生配备职业生涯规划指导老师，并开展有职业生涯规划教师培训项目，要求指导教师不仅能指导学生学习，还要在学生选科、选考、选专业甚至职业意向等方面都能给予一定的指导，这对传统教师指导工作提出了不少挑战。调查显示(见图38)，我省目前学生职业生涯规划教育处于各校摸索阶段，多是班主任工作职责之一，且班主任教师也多根据自身的经验、阅历给予学生参考性建议。最常见的职业生涯规划教育实施途径是教师与家长的指导帮助(51.87%)和开设职业生涯规划课程(51.86%)，但在调研中也发现任课教师多由心理健康教师担任，其专业性、指导性都显不足。也有学校开展了学生职业生涯规划的讲座、宣讲(35.52%)等多种形式的活动，但一般局限于理念、政策性宣讲，缺少对学生的针对性指导。此外，仅有少部分学校在学校设立专门的职业指导中心，开通相关的职业规划评价系统等。总体而言，“从科学的生涯规划教育目标出发，新高考下普通高中生涯规划内容至少应包括让学生学会正确地自我认知、科学地学业规划和合理地职业预期”①。目前,我省学生职业生涯规划教育的普及度、规范性有待进一步加强,实效性有待进一步提升。

5.考试命题能力有待提升

高考命题能力决定着高考试题的有效性、可靠性,进而影响着为国选拔人才的质量与成效。《河南省深化普通高等学校考试招生综合改革实施方案》指出,要加快推进省级命题基地和命题队伍建设,加强招生考试机构、招生信息化和标准化考点建设,提高试题命制与考试管理的专业化、科学化水平。由此可见,高考命题的专业化、科学化是当前教育改革面临的新要求和新挑战。为扎实落实新高考改革任务,提升高考命题能力的专业化水平,亟须打造一支高度专业化的命题队伍。“命题人员是做好命题工作的队伍保障,离开这支队伍,安全保密和命题质量等问题都无从谈起。”②一方面,要建设高层次的命题专家队伍,负责试题的整体设计、结构把控等任务,确保命题质量达到中华人民共和国教育部的标准,能够有效测评考生的综合素质与学科能力;另一方面,又要吸引一线中青年命题教师,优化命题队伍结构,强化基层教师在命题过程中的参与度和实践能力,为命题工作注入更多的创新活力和实践经验。同时,还需加强命题人员的培训与继续教育,定期开展命题研讨和交流活动,以提升命题人员的专业素养和科学素养,确保命题工作能够持续优化、与时俱进。

三、应对新高考的建议

为了有效应对高中教育面临的冲击和挑战,深化普通高中学校育人方式变革,需要教育部门、学校、高校招生机构等各种相关教育组织形成合力,采取一系列切实可行的举措。

---

① 李军靠,丁一鑫,赵丹.新高考下普通高中选课走班教学的困境与跨越[J].中国教育学刊,2018(01):26-30.

② 姜钢.深化考试内容与形式改革 切实提高命题专业化水平[J].中国考试,2013(01):3-8.

(一)合理引导学生的高考科目选择

实施选考制度的最大改革红利,是为学生提供了一个根据自身学习兴趣和特长来选择科目的机会。但盲目无序的选考行为,却使得学生最后选择的科目偏离自身的兴趣和特长。这一现象的出现,不得不引起我们的高度重视与反思。因此,在下一阶段,需进一步完善选考制度的顶层设计。一是强化高校对选科的相关要求。例如,若高中学生的选科只需有一门与高校招生的"专业组"对应,这就降低了对"合适"人才的精准要求。因此,建议高校对学生选科的要求从"或"的关系,调整为"或"与"和"并存的关系。即允许高校精准提出对候选人才选科的要求,从而提高人才选拔的科学性、针对性与有效性。二是探索学业水平考试成绩的校正机制。之所以出现广大考生投机性的选考行为,实与不同学科等级性考试成绩的等值问题相关。当下学业水平考试成绩按照考生总人数划比例而获得等级的设计,就在一定程度上更强化了这种投机性行为。因此,建议组织研究力量对此问题展开技术攻关。三是将生涯规划教育纳入学校课程建设。有学者指出,大部分学生在选科前并未接受过专业的测评与指导,其对自我的认知还停留在主观的自我评价上,而这难以保证学生自我认知的客观性,也难以保证学生选科决策的合理性。① 因此,学校应从课程建设层面考虑这一问题。高中生涯教育是指导学生进行科学选科、专业选择的必要途径②,开展生涯规划教育的目的在于促使学生进一步认识自我,引导学生基于自身的兴趣、爱好和特长做出相应选择,从而使学生既能"选我所爱",又能"爱我所选"。

(二)探寻综合素质评价的实施路径

综合素质评价的实施方向关系着评价的科学性、客观性和公正性问题。从该制度的政策意图以及价值诉求方面来看,综合素质评价的核心性、关键性、根本性目的功能不外乎两个焦点和重心,即推进人才培养和服务人才选拔。在新时期,综

① 薛萍."3+3"高考选科模式及生物学教学实践分析——以青岛西海岸新区实验高级中学为例[D].重庆:西南大学,2021:58.

② 顾雪英,魏善春.新高考背景下普通高中生涯教育:现实意义、价值诉求与体系建构[J].江苏高教,2019(06):44-50.

合素质评价就肩负了“双重使命”,既要勇挑学生综合素质培养以及提升的重担,同时又要承担为高等学校遴选优秀人才的责任。这两种功能相互交叉、杂糅、互融,共同构成了综合素质评价的实践机制和方式。而评价功能的发挥和实现需要适切的评价主体以及更具针对性的评价路径与渠道。以育人功能而言,基础教育学校是理所当然的评价主体。而针对人才选拔功能来说,高等学校应是不二选择。这两种功能取向,既相互联系又有所不同。事实上,这一相对清晰、易行的制度框架,在实践调研中却发现,由于认识不清、理解不明等诸多原因,两种不同功能的评价却聚拢在同一个评价主体身上——基础教育学校,致使其承受了“双重负荷”。因此,在当前实施综合素质评价的过程中,按照“谁使用谁评价”原则,在关系到学生切身利益的高校招生录取中,高等学校可以借助一大批经验丰富的专业招生人员,选拔出最适合自身培养的优秀学生。而在关系到学生综合素质培养过程中,基础教育学校应以立德树人理念为指引,坚持以做好活动写实记录基础上的评价育人思路,真正促进学生全面而个性化的发展与成长。

(三)构建区域层面的教师流动机制

构建区域层面的教师流动机制,对于教育资源的均衡配置、教师结构性失衡的缓解以及教育质量的整体提升具有重要意义。新课程改革中的选科制度强化了学生的选择权和自主权,但也加大了对教师队伍需求的复杂性,也对教师队伍的多样性和专业性提出了更高的要求。在我们看来,可构建区域层面的教师流动机制来应对此挑战。它不仅能够优化教师资源的配置,缓解因课程改革带来的资源错配问题,还能支持教师的专业发展,提高教育质量。具体而言,首先,区域教育管理部门应设计灵活的教师调配机制,以适应不同地区和学校的实际需求。这可以通过制定区域内教师流动的具体实施方案,“建立健全社会保障制度和有效的工资福利机制,缩小地区学校的差距”①,确保教师资源在不同学校和学科之间的科学分配。其次,建立完善的教师职业发展支持系统至关重要。这包括提供针对性的培训和专业成长机会,帮助教师在不同教学环境中不断提升自身能力,并适应新课程的要求。最后,为确保教师流动机制的有效运作,应设计合理的激励机制和评估方法。

① 殷世东.义务教育阶段教师流动机制的构建[J].教育发展研究,2013(18):80-84.

这包括制定明确的工作目标,实施透明的评价流程,并结合教师的实际贡献给予适当的奖励和反馈,进一步提升教师的积极性。通过教师流动机制的构建,打造区域层面教师资源的“蓄水池”,可实现科学配置不同学科教师的教学工作,使之有序协作、相得益彰。

(四)推进职业生涯规划教育

在新高考改革背景下,推进学生职业生涯规划教育的重要性和必要性是不言而喻的。职业生涯规划教育是指通过系统的教育方法和策略,帮助个体识别、探索和发展其职业兴趣、能力和价值观,从而制定并实现职业目标的过程。强化职业生涯规划教育,不仅有利于学生适应新的选考制度,选择适宜自己的考试科目,还能促进学生认识自我、认识社会与了解世界,使其更好地适应社会生活。首先,兴趣与特长的挖掘与发现是职业生涯规划的关键所在。教师应具备对学生潜能优势与专业性向的教育意识和敏锐感知,准确把握学生的擅长点与“闪光点”,进而开展个性化、精准化的生涯规划指导。其次,教师应具备一定的职业生涯规划教育素养,包括对职业发展理论的理解、对职业市场需求的把握以及对学生心理特点的深刻认识等,以帮助学生树立正确的职业观念和发展目标,为学生提供科学的职业指导和支持。最后,可采用多种渠道、多元化方式辅助学生做出适合自己的职业选择,如贯通家校教育、开展职业体验活动、组织职业生涯讲座等。学校应与家庭和社会各界紧密合作,形成职业生涯教育的合力,共同为学生提供丰富的职业信息和体验机会,使其在面对未来职业选择时能够做出明智而理性的决策,确保职业生涯的长远发展和成功。

(五)加强教师培训的力度

为了从根本上减轻教师的工作负担,首要任务是提升教师的专业素养。这需要加强教师培训的力度,特别是针对走班制下的教学管理和综合素质评价的实施,确保教师能够深刻理解并有效应对这两项重要工作。

学业水平考试改革以及综合素质评价实施,均是学校教育教学工作的重要组成部分,学校应将此两项工作和日常教育教学活动有机融合,确保学业水平考试改革的有效落地以及综合素质评价的制度化、规范化和常态化实施。但调研发现,目前部分高中学校对于如何应对学业水平考试的挑战以及更为规范化的实施综合素质评价还存在不清楚、不明白的地方。而部分教育行政部门对高中学校教师的培训力度明显不够，致使高中学校对两者改革的认识仍停留在惯常思维的局限之内，不能很好地开展工作。因此，为进一步深化新高考改革，各级教育行政部门应积极、持续推进并加大对高中学校的培训力度，进而使高中学校和教师能更深刻地理解此次改革，更好地“善待”此次改革。调查显示，大部分教师表现出广泛的培训需求，题目选项中的培训活动都被近一半教师选择，包括命题分析解读与学科教学研讨(74.69%)、所教学科前沿知识培训(73.11%)、生涯发展规划课程培训(57.03%)、教师心理健康辅导(56.11%)、互联网等现代教育技术培训(51.39%)、教育科学研究方法培训(49.16%)、现代教育评价方法培训(48.51%)。在培训方式方面，教师们较为青睐的形式包括与同行或名师的交流与探讨，以及访问名校进行实地学习等，比例均在 70% 以上。相对较少的教师选择听专家讲座和报告(52.44%)以及互联网在线课程(36.32%)。这表明，教师们是真心需要务实的指导帮助，而非有形式化倾向的讲座和网络课程。因此，学校需要多与教师交流沟通，了解教师的真实内心与困境，着力为教师提供适合的培训内容与形式。

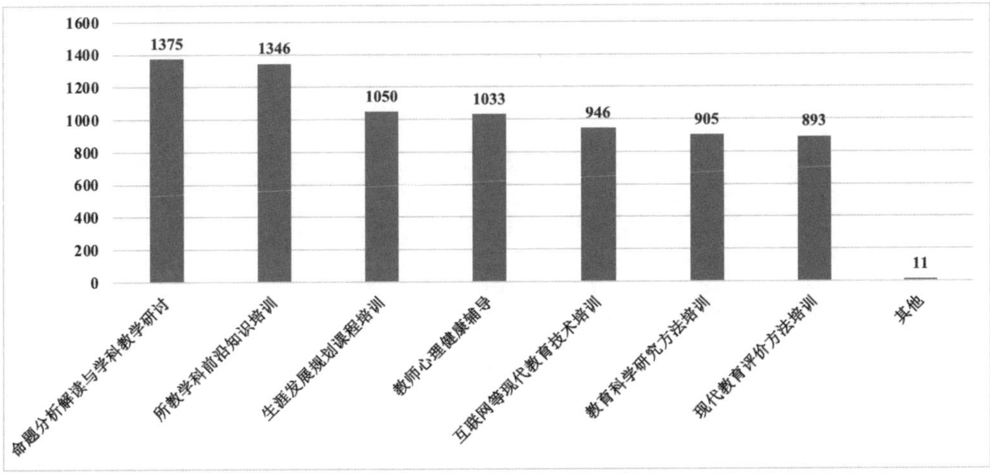

图 39　教师希望开展的培训活动

表 17　教师喜欢的培训形式

选项	人数	比例
同行介绍经验、互相教学展示、共同探讨	1377	74.76%
与一线名师研讨互动、交流对话	1373	74.54%
名校参观考察	1361	73.89%
听专家讲座和报告	966	52.44%
互联网在线课程	669	36.32%

专题七　普通高中教师队伍建设

引　言

2014 年，习近平总书记在同北京师范大学师生代表座谈时的讲话中提出，各级党委和政府要从战略高度来认识教师工作的极端重要性。2018 年《中共中央、国务院关于全面深化新时代教师队伍建设改革的意见》印发，这是新中国成立以来党中央出台的第一个专门面向教师的文件，将教师队伍建设工作提到了前所未有的政治高度。经过几年努力，教师工作的“极端重要性”已经成为战略共识。

2023 年是深入落实“十四五”基础教育发展提升计划的关键之年，也是全面贯彻落实党的二十大精神的开局之年。经过不懈努力，我国教师队伍建设也站在了新的历史起点。2023 年 5 月，习近平总书记在中共中央政治局第五次集体学习时强调，“强教必先强师，要把加强教师队伍建设作为建设教育强国最重要的基础工作来抓”。7 月，教育部启动实施“国优计划”，支持“双一流”建设高校为中小学培养研究生层次优秀教师。8 月，教育部等十部门联合实施《国家银龄教师行动计划》。教育部启动开展“国家基础教育教师队伍建设改革试点”。9 月，习近平总书记致信全国优秀教师代表，全面深刻阐述了中国特有的教育家精神。

河南省作为我国教育人口第一大省，基础教育阶段专任教师数量占全国专任教师总数的 8%。河南省教师队伍建设的质量和水平，深刻影响和制约着我国教师队伍建设的高质量、内涵式发展。而在各级各类教育中，高中阶段是从基础教育向高等教育过渡的关键期，是学生成长发展的重要阶段，高中教育质量的优劣直接关系到拔尖创新人才的培养。普通高中教师队伍的建设对学生的成长和发展有着直接的影响，对高中教育质量提升更是起着至关重要的作用。整体推进河南省普通高中阶段教师队伍建设有利于促进河南省普通高中阶段教育教学质量的提升,有利于为学生提供优质均衡的教育资源,为学生营造良好的成长成才氛围,更有助于促进高中学校的可持续发展和河南省普通高中阶段的高质量、内涵式发展。

一、河南省普通高中教师队伍建设现状

(一)专任教师数及生师比

2023 年,河南省普通高中学校教职工24.98万人,比上年增加 1.16 万人,增长4.87%。其中,承担普通高中教学任务的专任教师 19.31 万人,专任教师数虽略有波动,但整体上呈现持续攀升(具体数据见图 40),从 2019 年的 16.3 万人增长到2023 年的19.31万人,5 年增加3.01万人,增长18.47%。而在 2013 年,河南省普通高中专任教师数仅为 12.26 万人,10 年之间,这一数据实现了倍速增长(1.56倍)。2023 年,承担普通高中教学任务的专任教师 19.31 万人,比上年增加 0.89 万人。

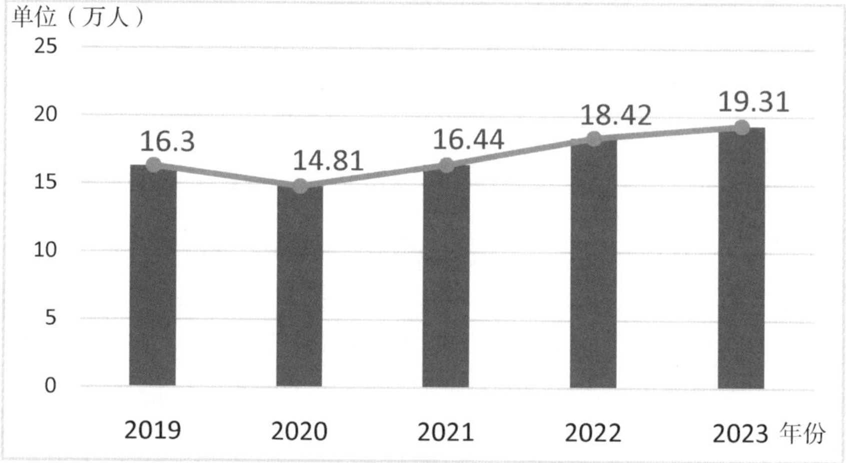

图 40　近五年河南省普通高中专任教师数

2023 年,河南省普通高中阶段生师比为 13.58 : 1,优于上一年的 13.59 : 1,普通高中阶段大班额问题对比上一年度有所缓解。但在全省范围内,仍然存在大班额和超大班额现象:56—65 人的大班有 1339 个,占2.60%;66 人及以上超大班 176个,占 0.34%。根据全国教育统计年鉴的数据:对比全国平均数据来看,2023 年度,

我国普通高中阶段专任教师共有221.48万人,生师比为12.66∶1。可见,河南省生师比仍然显著高于全国平均水平(高出7%),需要进一步补充师资以满足普通高中阶段教育质量提升需求,缓解大班额和超大班额现象。

(二)学历结构

2023年度,河南省普通高中阶段专任教师学历合格率98.72%,比上年降低0.13个百分点。虽然数据有所波动,但整体来看,近五年河南省普通高中专任教师学历合格率均大于98%(具体见图41)。其中,专任教师中研究生学历占11.61%,比上年增加了0.21个百分点。对比全国数据来看,全国教育统计年鉴数据显示,2023年全国普通高中阶段专任教师学历合格率为99.2%,高出河南省0.48个百分点;专任教师中研究生学历比例为14.01%,高出河南省2.4个百分点。可见,河南省普通高中阶段教师学历合格率和专任教师数中研究生学历比例都显著低于全国平均水平,需要进一步加大对在职教师的在职培训和继续教育方面的支持,从整体上提高普通高中专任教师学历水平。

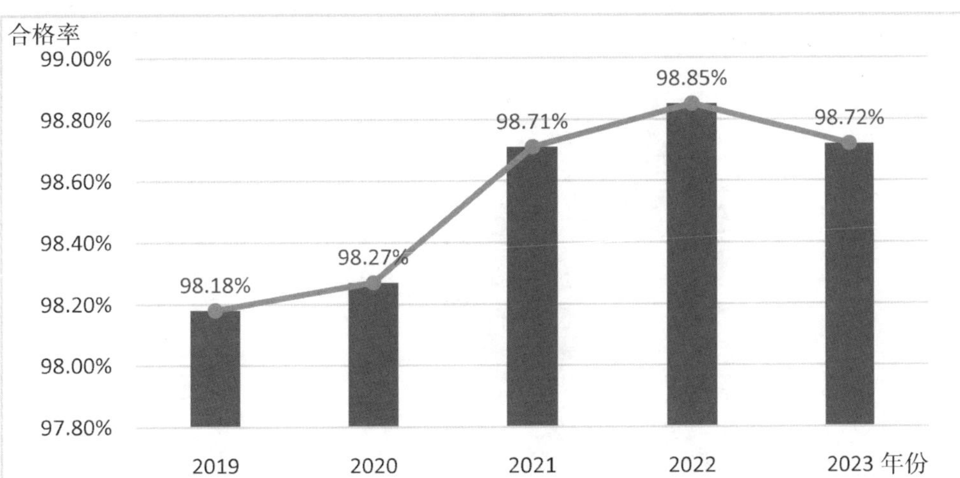

图41 近五年河南省普通高中专任教师学历合格率

从另一个角度看,截至2023年,河南省全省范围内,仍有1.28%比例的专科及以下学历普通高中教师。这一部分教师比例虽小,但河南省普通高中阶段教师基数大,1.28%的比例意味着全省普通高中阶段专任教师中仍然有近2500名教师未能满足岗位学历要求。

此外,对比省内不同地区教师学历情况①:郑州市普通高中阶段专任教师中研究生学历达到了25.39%,而在永城市、驻马店市和开封市这一数据还不足8%;另一方面,周口市普通高中阶段专任教师专科及以下学历仍然有4.72%,而济源示范区不合格学历教师数已经为0。可见,河南省普通高中阶段教师学历结构在地区分布上存在显著差异。

(三)年龄及职称结构

2023年,河南省普通高中专任教师中,24岁及以下人数为18454人,占总人数比例为10%;25—29岁人数为36455人,占总人数比例为19%;30—34岁人数为33253人,占总人数比例为17%;35—39岁人数为27092人,占总人数比例为14%;40—44岁人数为31829人,占总人数比例为17%;45—49岁人数为19873人,占总人数比例为10%;50—54岁人数为16286人,占总人数比例为8%;55—59岁人数为9320人,占总人数比例为5%。各年龄段人数分布如图42所示。

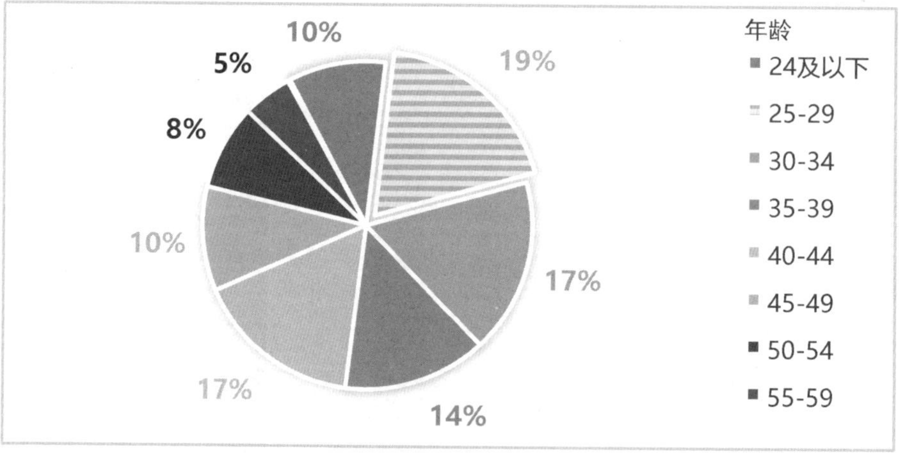

图42　河南省普通高中专任教师年龄分布

由图42可以看出,当前河南省普通高中阶段专任教师中年龄在25—44岁的人数最为集中,达到总人数的67%。其中,25—34岁的人数达到总人数的36%,年

① 仅查找到省辖市数据,因此,对比只在这一范围内进行。

龄在35—44岁的人数占总人数的31%。可见,当前河南省普通高中阶段教师以中青年教师为主,教师队伍年轻化,后备力量充足。

2023年,河南省普通高中阶段专任教师中,拥有正高级职称人数为211人,占总人数的0.11%;拥有副高级职称人数为34449人,占总人数的17.84%;拥有中级职称人数为53482人,占总人数的27.70%;拥有助理级职称人数为56364人,占总人数的29.20%;拥有员级职称人数为5258人,占总人数的2.72%;未定职称人数为43304人,占总人数的22.43%。① 各类职称中不同年龄阶段教师分布情况如图43所示。

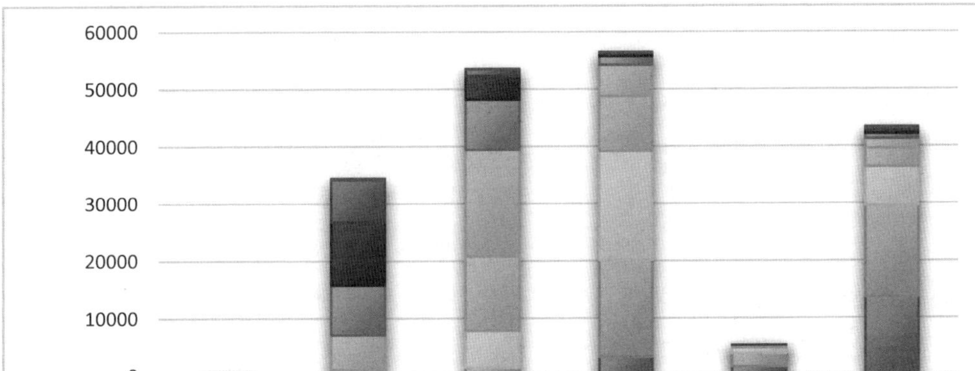

	正高级	副高级	中级	助理级	员级	未定职级
60岁及以上	17	245	40	3	0	201
55-59岁	84	7467	1168	198	4	399
50-54岁	76	10972	4113	533	8	584
45-49岁	27	8692	8765	1485	20	884
40-44岁	7	6041	18613	5421	77	1670
35-39岁	0	1030	12961	9555	359	3187
30-34岁	0	2	6454	18999	990	6808
25-29岁	0	0	1368	16950	2270	15867
24岁及以下	0	0	0	3220	1530	13704

■24岁及以下■25-29岁■30-34 岁■35-39岁■40-44岁■45-49岁■50-54岁■55-59岁■60岁及以上

图43　河南省普通高中专任教师各类职称中不同年龄阶段教师分布

① 2023年河南省普通高中专任教师年龄及职称情况统计过程中有数据缺失,统计总人数为193068。

结合年龄分布情况对职称结构进行进一步分析,可以发现,河南省普通高中阶段专任教师以25—44岁的中青年教师为主,这一年龄段教师占到教师总人数的三分之二(67%)。但是在这一年龄段的中青年教师中,中、高级职称教师比例明显偏低:45岁以下拥有正高级职称的教师仅有7人;拥有副高级职称的教师为7071人,占所有副高级教师总人数的20.53%。35岁以下拥有副高级职称的教师仅有2人;拥有中级职称的教师为7822人,占所有中级职称教师总人数的14.63%。

(四)学科结构

2023年,河南省普通高中阶段专任教师中不同学科教师分布情况如下:思想政治教师12685人,平均每所学校11.55人;语文教师30687人,平均每所学校27.95人;数学教师30222人,平均每所学校27.52人;外语教师(包括英语、日语及俄语教师)29387人,平均每所学校26.76人;历史教师11991人,平均每所学校10.92人;物理教师15998人,平均每所学校14.57人;化学教师15884人,平均每所学校14.47人;生物学教师14108人,平均每所学校12.85人;地理教师11430人,平均每所学校10.41人;技术教师(包括信息技术和通用技术教师)4314人,平均每所学校3.93人;体育与健康教师8023人,平均每所学校7.31人;艺术教师(包括音乐和美术教师)6665人,平均每所学校6.07人;综合实践活动教师323人,劳动教师151人。

由上述数据可以看出,河南省普通高中阶段主要课程教师相对充足,但是在新一轮课程改革和新高考背景下,部分新兴学科教师存在大量空缺。例如,已经被列为学生外语选考科目的日语和俄语教师人数仅为509和190人;当前劳动育人、综合育人背景下提倡设立的劳动和综合实践活动课程教师也仅有323和151人。可见,这些新兴科目在河南省普通高中阶段的绝大多数学校,都没有专任教师进行专门授课。

二、河南省推进普通高中教师队伍建设政策举措

（一）培养高质量教师队伍，深化教育改革

1.以教师培训为抓手，提升教师队伍整体素质

河南省教育厅2021年颁布的《关于公布2020年度河南省标准化县级教师培训机构创建验收结果的通知》中明确表示2020年底前全省已基本实现县级教师培训机构标准化的战略目标。河南省还积极利用“省培”“市培”等联动培训平台，启动实施县级教师培训机构教师素养提升工程，切实提高教师培训的质量和水平，推进优质教师教育资源的共建共享。

(1)加强体系建设与资金保障

河南省教育厅于2023年4月确定了北京师范大学等196个单位为“国培计划”承训基地，17个单位为“省培计划”承训基地，有针对性地设置农村骨干教师能力提升培训项目、中小学教师信息技术应用能力培训项目等五大类“国培计划”培训项目，和县域高中教师全学科全员培训项目、高中教师信息技术应用能力提升培训项目等五类“省培计划”培训项目。2023年度，河南省“国培计划”共培训教师约12.4万人，中央财政共下达河南省“国培计划”项目资金2.596亿元，比去年增加990万元。省培计划培训教师94142人，省级财政安排资金共2807.188万元。目前，河南省按照“国培”“省培”重示范，“市培”“县培”抓骨干，校本研修保全员的总体思路，持续完善以校本研修为基础，建立了以“国培计划”为引领的“国培”“省培”“市培”“县培”和校本研修五级联动教师培训机制，形成了从幼教到高中、从农村到城区的大培训格局。

(2)统筹规划，重点推进

2022年9月，河南省教育厅会同省财政厅和省人力资源和社会保障厅，印发的《河南省基础教育教师能力素养提升行动计划》，河南省坚持以高质量、精准化、立体化教师培训为抓手，对2022—2025年全省教师培训工作进行了统一规划。其中，除了对基础教育阶段各学段紧缺薄弱学科教师业务能力提升、教师信息化素养提升、教师国际理解教育能力拓展、新教师规范化培训、优秀中青年教师素质提升

和乡村教师素质提升等统一要求外,专门针对高中教师设置了“新高考适应能力提升行动”计划。2023 年度,“省培计划”中专门针对高中教师设置的“高中教师信息技术应用能力提升培训项目”和“县域高中教师全学科全员培训项目”共投入资金 1701.388 万元,91882 名教师从中受益。

2.以攀升体系为依托,完善教师梯队建设

河南省持续推动区域内教师梯级队伍攀升体系建设,形成了教师梯队“长链式”的发展模式。

(1)培育骨干教师

2023 年 9 月,为培育普通高中阶段骨干教师,进一步推进普通高中课程改革、高考综合改革和普通高中育人方式改革,促进课程、教材、教学、评价等有机衔接,构建高质量教育储备人才体系,河南省教育厅下达了《关于实施 2023 年度普通高中省级骨干教师专项培育计划的通知》,在全省范围内遴选 9 个学科共 696 名普通高中骨干教师培育对象开展省级专项培训,重点提高普通高中骨干教师的师德修养、专业素质、教育科研能力以及实施新课程的能力,进一步转变育人方式,努力建设一支高素质专业化创新型普通高中教师队伍。

(2)遴选名优教师

2012 年到 2022 年,河南省持续实施中原名师培育工程,10 年间累计培育中原名师 174 人、中原名师培育对象 109 人、省级名师 7500 余人、省级骨干教师近 5 万人。2023 年,河南省名优教师遴选和培育开启新篇章。

2023 年度,河南省教育厅从全省范围内遴选并确定 520 名教师为中原名师工作室省级名师培育对象,依托中原名师工作室,建立“师带徒”形式的跨区域教师发展共同体,创新名师培育模式。520 名新增的中原名师工作室省级名师培育对象中,114 位来自普通高中阶段,涉及语文、数学、英语、物理、化学、生物、历史、地理、音乐和体育 10 个学科。2023 年 5 月,经中原名师培育基地专家组考核评定、复核推荐、项目办复审、省级确认等程序,确定逯继英等 56 名教师为中原名师,其中普通高中阶段教师共 17 人。

除“中原名师”外,2023 年 1 月遴选了 1323 名教师为第十四批河南省中小学幼儿园名师、7353 名教师为第十五批河南省中小学幼儿园骨干教师。2023 年 9 月遴选 1267 名教师为第十五批河南省中小学幼儿园名师、8017 名教师为第十六批河南省中小学幼儿园骨干教师。在两批名师和骨干教师中，普通高中阶段名师 528 人，占名师总数的 20.39%；骨干教师 1341 人，占骨干教师总人数的 8.72%。此外，2023 年河南省教育厅为教育部新时代名师（名匠）名校长培养计划（2022—2025）入选人员举行了集中授牌仪式，赵明、贾慧敏、张怀华 3 位普通高中专任教师成为教育部“双名计划”名师培养对象，占全省入选人数的 50%；王瑞入选教育部“双名计划”名校长培养对象。

（二）整体布局教师队伍发展，促进教育公平

河南省目前共有教学点 1.25 万个，师资不足问题严重影响了乡村教育的高质量可持续发展。为落实习近平总书记给北京师范大学“优师计划”师范生重要回信精神，为进一步加强农村教师队伍建设，2023 年河南省教育厅印发《河南省师范教育质量提升行动计划（2024—2028）》。文件指出，要进一步“加强师范人才定向培养”，“聚焦高质量基础教育教师队伍建设目标，持续实施地方公费师范生培养计划、农村教育硕士师资培养计划，为县域、乡村定向培养 2.5 万名公费师范生，为县域中学定向培养 1000 名农村教育硕士。”对于普通高中阶段师范生培养，文件明确提出，要“适当增加物理、化学等新高考紧缺学科教师培养规模”。

2023 年河南省继续实施地方公费师范生培养计划，共分五种类型实施：“地方优师”公费师范生、“学科教师”地方公费师范生、“小学教育”地方公费师范生、“特殊教育”地方公费师范生和“学前教育”地方公费师范生。前两种类型施行分学科培养，第三种类型实施全科培养。其中，“地方优师”和“学科教师”按照“省来县去”和“市来县去”的要求向国家级脱贫县和乡村地区中小学（含高中）培养紧缺学科和薄弱学科师资。

2023 年度，河南省内师范类院校在全省范围内定向招收公费师范生 5000 名，其中，“地方优师”公费师范生共招收 800 人，比上一年度增加 285 人，由河南大学、河南师范大学和信阳师范大学三所学校承担培养任务，涵盖了英语、汉语言文学、物理学、数学与应用数学、化学、思想政治教育、音乐学、地理科学、教育技术学、体育教育、生物科学、历史学等 12 个专业门类。“地方优师”全力向全省 38 国家级脱贫县（区）培养紧缺学科和薄弱学科师资，为薄弱地区教育事业发展注入年轻血液，从源头上力争促进这些地区基础教育实现“优质均衡”，推动教育脱贫成果同

乡村振兴有效衔接。

“学科教师”地方公费师范生由信阳师范学院、洛阳师范学院、安阳师范学院、南阳师范学院、商丘师范学院、周口师范学院、郑州师范学院等 7 所高校承担培养任务,涵盖汉语言文学、数学与应用数学、英语、物理学、化学、生物科学、体育教育、音乐学、美术学、思想政治教育、历史学、地理科学、计算机科学与技术等 13 个学科,被录取的“学科教师”公费师范生在学习期间免学费和住宿费,并给予一定的生活补助。2023 年,共有 48 个设岗县(市、区)定向招收 2402 名“学科教师”公费师范生,是河南省较为有效的教师补充手段。

(三)加强师德师风建设,全面提升师德修养

1.进行统一布局,加强师德师风制度建设

师德师风建设是教师队伍素养提升的永恒话题,制度体系的构建是加强师德师风建设的重要保障。为深入学习贯彻习近平新时代中国特色社会主义思想,贯通学习习近平总书记关于教育的重要论述和重要指示批示精神,加强新形势下师德师风建设,筑牢广大教师为党育人、为国育才的初心使命,河南省教育厅于 2023 年 6 月下发《关于在全省教育系统做好师德集中学习教育的通知》,在全省范围内统一布局,对师德集中学习在制度上予以明确。

2.开展专项行动,推进师德师风常态化管理

2023 年,河南省教育系统围绕师德师风建设开展了六大专项行动,包括(1)政治建设“思想铸魂”行动,号召全省教师深入学习领会习近平新时代中国特色社会主义思想和党的二十大精神,学习习近平总书记关于教师队伍建设的重要指示批示精神;(2)规则立德“固本强基”行动,加强教师法治教育,学习新时代教师职业行为十项准则等系列师德规范,确保每位教师知准则、守底线;(3)专项整治“清朗净化”行动,全面排查师德师风突出问题,坚持对师德违规行为“零容忍”;(4)关键群体“教育提升”行动,分类开展教育培训,强化岗前专题培训;(5)以案明纪“警钟长鸣”行动,健全通报曝光制度,开展警示教育;(6)榜样引领“典型赋能”行动,做好优秀教师选树宣传,用好红色资源开展学习教育,通过省情考察、社会观察、调查研究、学习体验等形式,牢记嘱托学思想,激发勇毅前行动力。

3.完善研究与奖评体系,推进师德师风宣传教育

为深入学习贯彻落实习近平总书记关于教育的重要论述及全国、全省教育大会精神,持续加强和改进新时代师德师风建设工作,充分发挥师德典型的榜样示范引领作用,引导教师更好地落实立德树人根本任务,2018 年 10 月 30 日,根据河南省委高校工委、河南省教育厅《关于同意成立河南省师德建设研究中心的批复》(教师[2018]934 号)的文件精神,河南师范大学承建了"河南省师德建设研究中心"(以下简称"师德中心")。师德中心自成立以来,在河南省教育厅与高校工委的领导下,已开展多项卓有成效的决策咨询与项目研究工作,并与《教育时报》《河南卫视》以及河南省师德宣传中心建立了长期协作关系,为河南省师德师风建设提供强有力的支撑。

2023 年初,河南省教育厅以"奋进新征程,志做大先生"为主题,在全省启动开展了 2023 年师德教育系列活动。"奋进新征程,志做大先生"师德教育系列活动贯穿全年,开展了"出彩河南人"2023 最美教师宣传推介活动,师德教育主题征文、演讲比赛活动,师德师风优秀案例评选等多种活动。同时,2023 年河南省首次启动河南省教书育人楷模宣传推介活动,通过开展教书育人楷模宣传推介,不断增强教师教书育人、为人师表的责任感、使命感、光荣感,激励广大教师忠实履行教育职责,打造师德高尚、业务精湛、充满活力的高素质教师队伍。2023 年度,秦望、刘华东 2 位高中教师入选"出彩河南人"2023 最美教师,王南、刘新选 2 位高中教师入选首届河南省教书育人楷模。

三、河南省普通高中教师队伍建设成效

习近平总书记强调,要"加强中西部欠发达地区教师定向培养和精准培训,深入实施乡村教师支持计划"。河南省作为全国教育人口大省,教师队伍人员总数占全国教师总人数的十分之一,为了提高教师队伍整体素质,河南省以教师培训为抓手,建立了全面、立体化的精准培训体系,并对普通高中阶段教师制定了多项专门培训,对全省普通高中教师队伍建设起到了极大的推动作用。

(一)国培、省培,全面提升教师素养

国培方面,2023 年普通高中阶段教师参与国培总人数为 6324 人,占国培人员总数的 0.83%。就参训教师的城乡分布来看,乡村(包含县城)普通高中教师参与人数为 4834 人,占到了普通高中参训总人数的 76.44%,体现了河南省在国培中对乡村高中阶段教师的倾斜力度。就参训教师的职务来看,全体参训教师中,无行政职务的一线教师占普通高中参训人数的 71.44%,体现了国培项目对于教学一线教师的支持。

省培方面,2023 年普通高中阶段教师参与省培总人数为 169970 人,占省培人员总数的 37.18%,这一比例高于小学、初中、幼儿园和职业高中教师参训人数,是各级各类学校中人员最多的群体。就参训教师的城乡分布来看,乡村(包含县城)普通高中教师参与人数为 145707 人,占普通高中参训总人数的 85.73%,体现了河南省在省培项目中对乡村高中阶段教师的倾斜力度。就参训教师的职务来看,无行政职务的一线教师占普通高中参训人数的 79.43%,体现了河南省在省培项目中对于教学一线教师的支持。

(二)专门部署,突破重点、难点问题

除基础教育各阶段教师统一参与的培训项目外,河南省还针对普通高中阶段教师培训进行了专门部署。其中,针对新技术广泛应用的新背景,开展了高中教师信息技术应用能力提升工程 2.0 项目;针对新高考政策执行的新要求,开展了高中教师新高考适应能力提升培训。此外,针对师资薄弱环节和教师梯队建设发展要求,还开展了义务教育师资薄弱环节改善暨中小学教师素质提升工程培训、2023 年度省级名师培育对象和 2023 年普通高中省级骨干教师培育对象培训。专项培训项目共培训普通高中教师 93437 人。专项培训情况如下表所示:

表 18　高中教师专项培训列表

<table>
<tr><td rowspan="2">高中教师信息技术应用能力提升工程 2.0 项目</td><td>不分学科</td><td>45326</td></tr>
<tr><td>校级管理团队</td><td>244</td></tr>
<tr><td>高中教师新高考适应能力提升培训</td><td>不分学科</td><td>46650</td></tr>
<tr><td rowspan="7">河南省 2023 年义务教育师资薄弱环节改善暨中小学教师素质提升工程（万名优秀中青年教师培育计划项目）</td><td>高中语文</td><td>75</td></tr>
<tr><td>高中数学</td><td>50</td></tr>
<tr><td>高中英语</td><td>70</td></tr>
<tr><td>高中历史</td><td>55</td></tr>
<tr><td>高中物理</td><td>50</td></tr>
<tr><td>高中化学</td><td>50</td></tr>
<tr><td>高中生物</td><td>50</td></tr>
<tr><td rowspan="9">2023 年普通高中省级骨干教师培育对象</td><td>高中语文</td><td>113</td></tr>
<tr><td>高中数学</td><td>112</td></tr>
<tr><td>高中英语</td><td>117</td></tr>
<tr><td>高中物理</td><td>69</td></tr>
<tr><td>高中化学</td><td>70</td></tr>
<tr><td>高中生物</td><td>69</td></tr>
<tr><td>高中政治</td><td>51</td></tr>
<tr><td>高中历史</td><td>51</td></tr>
<tr><td>高中地理</td><td>51</td></tr>
<tr><td rowspan="10">2023 年度省级名师培育对象</td><td>高中语文</td><td>40</td></tr>
<tr><td>高中数学</td><td>15</td></tr>
<tr><td>高中英语</td><td>15</td></tr>
<tr><td>高中物理</td><td>16</td></tr>
<tr><td>高中化学</td><td>5</td></tr>
<tr><td>高中生物</td><td>5</td></tr>
<tr><td>高中地理</td><td>5</td></tr>
<tr><td>高中历史</td><td>5</td></tr>
<tr><td>高中体育</td><td>5</td></tr>
<tr><td>高中音乐</td><td>3</td></tr>
</table>

(三)省外跟岗,推动“三新”落地

为推动河南省“三新”改革顺利实施,2020 年,河南省教育厅与中国教育学会签订合作协议,实施中国教育学会新课程“领航计划”河南项目,学习借鉴山东省“三新”改革先行经验做法。2023 年 3 月,河南省 900 多所普通高中学校的 2000 余位校长和教师,分两批(第一批 3 月 12 日至 17 日,第二批 3 月 26 日至 31 日)赴山东省济南市、青岛市、潍坊市、烟台市、淄博市的 40 所普通高中学校开展跟岗研修。此次高中新课程省外跟岗研修活动围绕新课程、新教材、新高考形势下的普通高中课程规划和建设、课堂改革与育人方式改革、教育评价、学校管理等方面,设计了 20 节跟岗课程,通过专家报告、校长论坛、集中研讨、参观走访等多种形式展开,提升了河南省普通高中新课程、新教材、新高考实施水平。

四、河南省普通高中教师队伍建设存在的问题与困境

(一)教师基数大,教师队伍整体素质有待提升

教师是教育事业的中坚力量,其整体素质直接关系到学校教育教学质量和学生成长发展。2023 年全国教育事业发展统计公报数据显示,全国普通高中教育专任教师 221.48 万人,河南省 2023 年普通高中教育专任教师为 19.31 万,占全国总人数的 8.72%。随着教育事业的持续发展,河南省普通高中教师队伍规模正在逐渐扩大,已经成为全国普通高中教师队伍规模最大的省份。但是,如何确保大规模教师队伍的整体素质,成为摆在我们面前的一项挑战。

从数量上来看,河南省普通高中教育专任教师数量庞大。这一庞大的普通高中教师队伍虽然从数量上满足了河南省普通高中阶段教育需求,但是在数量庞大的背后仍然隐藏着普通高中阶段教师素质不足的隐忧。数据显示,普通高中阶段全国平均的专任教师学历合格率已经达到 99.2%,而河南省普通高中阶段专任教师的学历合格率仅为 98.72%,低于全国平均水平。这说明河南省的教师队伍中存在一定比例的教师学历不符合要求,这可能会影响到他们的教学质量和专业水平,从而对学生的教育造成一定的负面影响。这些学历不合格教师虽然从整体占比上

只占到了 1.28%,但是在河南省庞大的高中教师队伍中,1.28%的学历不合格教师意味着在河南省全省范围内仍然有将近 2500 位普通高中专任教师学历不合格。其次,特别值得关注的是,河南省部分薄弱地区普通高中专任教师学历合格率甚至不足 95%。这意味着在这些地区,教师队伍素质的不足问题更加突出。这可能会导致这些地区的教育资源分配不均,学生接受的教育质量也可能受到影响,甚至存在教育是否公平的问题。

可见,在当前的教育环境下,虽然教师基数庞大,但整体素质仍有待进一步提升,这一问题成为各级各类学校及教育管理部门亟待解决的重要问题。尤其是在普通高中阶段,作为学生成长的关键时期,教师的素质对学校的教育教学质量和学生成长至关重要。教师队伍整体素质的提升不仅仅是教育教学水平的问题,更是相关政策和管理机制的问题。在现实情况下,部分学校教师仍然存在学历水平不达标,教学水平、学科素养、专业能力不足等问题,这也正是影响普通高中学校整体教学质量提升的关键因素。基于此,有必要采取一系列措施在河南省全省范围内提升普通高中阶段教师队伍整体素质。一方面,加强教师培训,不断提升教师的专业素养和教学水平,使其能够更好地适应教育教学的新要求。另一方面,建立健全教师培训和评价机制,通过对教师进行定期考核评估,促进教师的专业成长和水平提升。同时,也可以通过提高教师的薪酬待遇、改善工作条件等方式,吸引更多优秀人才加入普通高中教师队伍。

(二)师资分布城乡及地市差距仍然存在,教育均衡水平有待提升

师资分布在城乡(包含县城)和区域之间,无论从质量还是数量上都存在明显差距。2023 年河南省教育统计提要数据显示:全省普通高中阶段生师比为13.58∶1,学历合格率达到了 98.72%;但是在部分经济欠发达、教育水平相对薄弱地区,生师比仍有 16.46∶1(开封市)和 15.88∶1(商丘市),而专科毕业专任教师比例在有些地区甚至达到了 4.72%,这一差距在城乡之间更加明显。在城市地区,由于经济发展水平较高,教育资源相对丰富,因此拥有更多的高素质、高学历的教师。而在农村地区和经济欠发达地区,由于经济发展水平较低,教育资源相对匮乏,因此师资数量和质量都相对较低。

师资分布在学科结构和专业配置上的差距也较大。在城市地区,由于教育资

源丰富,学校可以配备更加完善的学科结构和专业配置,包括音乐、美术、体育等各类专业教师。而在农村地区和欠发达地区,由于教育资源有限,往往只能满足基本的学科教学需求,无法提供更多的专业课程和全方位的素质教育。

师资分布在职称结构方面的差异也比较明显。城市普通高中专任教师的职称普遍高于乡村地区。在城市中,高级教师比例较高,而在乡村地区,一些教师可能只是初级或中级职称。这反映了城市和乡村在教育水平和教师专业发展上的差距。在城市地区,由于教育资源丰富,教师可以得到更多的培训和发展机会,包括参加各类研讨会、进修课程等;而在农村地区和欠发达地区,由于教育资源有限,教师往往缺乏培训和发展的机会,无法及时更新自己的知识和技能。在城市地区,由于经济发展水平较高,教师的待遇和福利也相对较好,包括更高的工资、更好的医疗保障等;而在农村地区和欠发达地区,由于经济发展水平较低,教师的待遇和福利往往较差,无法吸引和留住优秀的教师。

(三)新兴学科、小语种师资严重不足

2020 年教育部印发了《普通高中课程方案(2017 年版 2020 年修订)》,在科目安排上将“综合实践活动”“劳动”作为国家课程,并规定,“外语包括英语、日语、俄语、德语、法语、西班牙语。学校自主选择第一外语语种。鼓励学校创造条件开设第二外语。”并同时发布了 6 个语种的课程标准。但是自新版课程方案发布至今,河南省新兴学科和小语种等科目在师资配备上仍然存在较大缺口。2023 年河南省普通高中学校数为 1098 所,而对应的劳动(151)、综合实践活动(323)、日语(509)和俄语(190)等新兴学科和小语种课程教师严重不足。

就小语种而言,根据相关调研数据①,河南省共有 349 所普通高中开设小语种(其中公办 197 所,民办 152 所),开设数量已占我省高中学校总数的 31.8%。5 门小语种开设日语最多(约 74%),俄语次之(约 23%)。但是,河南省大多数普通高中学校开设小语种仍然属于自发行为,市县教育管理部门对所辖高中学校开设小语种也缺少明确的规章制度。另一方面,普通高考报考数据显示,2020 至 2022 年参加小语种高考的考生数分别是 7518 人、18134 人和 35167 人。总体来看,河南省

① 河南省普通高中发展研究中心针对河南省普通高中小语种开设情况的调研。

学习小语种学生总数具有持续迅速增长的态势。面对小语种学习需求的不断提升,对小语种教师的培养、培训、招聘和编制,需要纳入全省教师队伍建设进行整体考量。

(四)年轻教师职称晋升困难、流动性较大

2023年数据显示,河南省普通高中专任教师中,年龄在35岁以下的教师占到总人数的46%,是各个年龄阶段中占比最高的群体。但是,从职称分布来看,在这占到总人数46%的35岁以下教师中,获得中级职称的教师比例不足10%,仅有8.87%,这一年龄阶段中未定职级的比例则高达41.26%。然而,与此形成鲜明对比的是,50—54岁年龄段教师中67.84%的人员具有副高及以上职称,55—59岁年龄段教师中81.02%的人员具有副高及以上职称。

从河南省普通高中教师队伍整体年龄分布来看,中青年教师是河南省普通高中教师队伍中的主力军,也应该是普通高中教育质量提升工程中的生力军。但是,结合职称分布结构来看,年轻教师在职称评审和晋升中仍然处于劣势地位。造成这一问题的原因可能包括以下几个方面:(1)评审标准过高:职称评审通常对教师的学术研究、教学成果等方面有较高的要求。对于年轻教师来说,由于缺乏经验和积累,往往难以达到这些要求,导致晋升困难。(2)名额有限:高级职称名额通常有限,而年轻教师数量众多,竞争激烈,导致晋升机会有限。(3)评审过程不透明:有时职称评审过程可能存在不透明、不公正,甚至论资排辈的情况,导致年轻教师晋升困难。

然而,高中教育阶段教学压力大,相比年龄较大的高职称教师,年轻教师往往还面临着较大的生活压力,如果职称和待遇无法满足他们的期望,可能会导致他们选择离职或寻找更好的工作机会。也正是如此,造成了目前年轻教师流动性大、人员不稳定等现象。因此,要在专业发展、职称评审等多个方面加大对普通高中阶段年轻教师的政策倾斜力度。

五、加强河南省普通高中教师队伍建设的对策建议

(一)制订教师学历提升计划,多措并举提高普通高中教师队伍素质

河南省作为教育大省,普通高中阶段专任教师人数占全国专任教师总数的8.72%。河南省高质量教师队伍建设的成效对全国高质量教师队伍建设水平具有举足轻重的作用。高中教育处于衔接高等教育与基础教育的枢纽地位,普通高中教师队伍建设在整个教师队伍建设中也处于承前启后的关键地位。为了在教育强国建设中发挥河南作为教育大省的重要作用,仍然需要通过在职教师学历提升计划等进一步提升普通高中专任教师学历水平。同时,通过"硕师计划""地方公费师范生计划"等为普通高中教师队伍薄弱地区补充高质量教师。

1.制订学历提升计划:河南省省级教育行政部门应该和高校合作,连同普通高中学校一起,结合教师工作的实际情况,为普通高中教师制订具体的、可执行的学历提升计划,明确提升的目标、时间和措施。根据教师的实际情况和需求,确定适合他们的学历提升路径,如鼓励他们参加研究生课程学习、进修教育硕士等。

2.提供培训和支持:学校及各级管理部门应该为教师提供必要的培训和支持,帮助他们更好地进行学历提升。例如,可以组织专题讲座、研讨会等活动,邀请专家进行指导,为教师提供学习资源和支持。

3.加强教学与科研:学历提升不仅是为了获得更高的学历,更是为了提高教师的教学和科研能力。因此,学校应该鼓励教师将所学应用于教学实践中,开展基于校本的教科研活动,提高教学质量和教科研水平。

4.建立评价机制:为了确保学历提升计划的实施效果,学校可以建立相应的评价机制。对教师的学历提升情况进行定期评估,及时发现问题并进行改进。同时,也可以将评价结果作为教师评聘职称、晋升的重要依据。

5.建立激励机制:为了鼓励教师积极提升学历,学校可以建立相应的激励机制。例如,为提升学历的教师提供一定的奖励,或者在评聘职称、晋升等方面给予一定的优先考虑。

总之,制订普通高中教师学历提升计划,多措并举提高普通高中教师队伍素质

是提升学校教育质量的重要措施。学校应该根据实际情况和需求，制订具体的计划和措施，为教师提供必要的支持和激励，帮助他们更好地进行学历提升和提高教学科研能力。

（二）加强需求调查，分层分类、精准化开展教师培训

在职教师培训是提升教师队伍整体素质的重要渠道。普通高中教师培训主题除了要反映时代和社会需要，也要适应教师群体自身专业发展的需要。因此，应该以需求调查为基础，对培训主题进行精心组织，对培训人员进行严格筛选，对培训内容进行统一规划，使普通高中教师培训能够精准、高效实施。

1.需求调查：首先，需要了解普通高中教师的具体需求。可以通过问卷调查、访谈、观察等方式，调查教师在教学方法、学科知识、教育技术、学生管理等方面的需求，通过对调查结果的分析，了解教师的实际需求和期望，为后续的培训内容设计提供依据。

2.分层分类：根据不同地区、不同发展阶段普通高中教师的不同需求，可以将他们分成不同的层次和类别。例如，可以按照教学经验、学科背景、学校类型等因素对教师进行分类。在此基础上，针对不同层次和类别的教师，设计不同的培训内容和方式。

3.精准化培训：根据普通高中教师的需求和分层分类的结果，设计精准化的培训内容。例如，针对新教师可以提供教学方法、课堂管理等方面的培训；针对经验丰富的教师可以提供学科前沿知识、教育创新等方面的培训。同时，应该采用多种培训方式，如讲座、工作坊、案例分析、实践演练等多种形式，以确保培训效果。

4.评估与反馈：在培训过程中和培训结束后，需要对培训效果进行评估和反馈。可以通过问卷调查、教师自评、学生评价等方式，调查教师对培训内容及方式的满意度，以及后期培训目标的达成度。通过对反馈结果的分析，及时发现并改进培训过程中存在的问题，为今后的培训提供借鉴和改进方向。

5.持续更新：普通高中教师培训是一个持续的过程，需要不断更新和完善。因此，需要定期对教师进行需求调查和培训效果评估与反馈，并根据结果对培训内容和方式进行更新和改进。同时，可以鼓励教师之间多进行交流和分享，促进彼此的成长和进步。

总之,加强需求调查,分层分类、精准化开展普通高中教师培训是提高教师培训效果的关键。通过了解教师的实际需求,设计针对性的培训内容和方法,并进行持续的评估和更新,可以确保教师培训的质量和效果。

(三)“输血”和“造血”并举,推进区域、城乡教育均衡发展

一方面,通过建立常态化普通高中教师轮岗、交流机制,鼓励优质师资定期到乡村和教育发展相对薄弱地区进行轮岗,为这些地区输送优质师资、分享优秀经验。“输血”策略主要是通过外部资源输入,为区域、城乡教育提供必要的支持和帮助。可以从以下几个方面入手:一是资金支持,为欠发达地区和薄弱学校提供教育经费,确保学校的基本建设和教学设备的更新;二是师资支持,通过派遣优秀教师、教育专家到薄弱学校提供教学指导和专业培训,提升学校的教学质量;三是资源共享,建立区域内的教育资源共享机制,如优质课程、教学资料、教育技术等,使所有学校都能享受到优质的教育资源。

另一方面,通过乡村(包括县城)教师在职学历提升计划、乡村首席教师岗位计划等,为乡村普通高中教育培养一批优质师资,并通过 1+10+N 的模式以优带优,提升自身“造血”功能。“造血”策略是为了激发区域、城乡自身的教育发展活力,使其能够自我生成和维持发展的动力。主要途径包括以下几个方面:鼓励学校根据自身实际情况,制定发展规划,明确发展目标,提升自主发展能力;加强教师队伍建设,通过培训、研修等方式,提高教师的教育教学能力和专业素养,形成一支稳定、高素质的教师队伍;推动教育创新,鼓励学校在课程设置、教学方式等方面进行创新,探索适合本地区、本学校的教育模式,提高教育质量。

(四)提高教师地位,吸引高素质人才加入教师队伍

习近平总书记强调,要努力提高教师的政治地位、社会地位、职业地位,让广大教师享有崇高社会声望,在教书育人岗位上为党和人民事业做出新的更大贡献。全社会要大力弘扬尊师重教的良好风尚,使教师成为最受社会尊重的职业之一。这一重要论述为切实提高普通高中教师地位注入了“强心剂”。

提高普通高中教师地位要从多方面入手。首先,要切实提升普通高中教师的政治地位,给予教师职业发展的更大平台。要健全相关的地方性法规和制度,保障

和维护教师政治权利，充分发挥高中阶段教师在地方高中教育相关政策制定和实施过程中的作用，让教师参与到政策的制定过程中，保障教师的合法权利。其次，要着力提升普通高中教师的社会地位，增强教师的获得感与自豪感。自古以来，我国就有尊师重教的优良传统，这一传统应在新时代得到新的发展与弘扬。政府、教育部门、学校、家长、教师、学生要协力构建“从教光荣”“从教幸福”的社会氛围，从法律法规、教育政策、学校管理、教师评价等方面为教师发展“减负增能”，为教师提供有利于其持续实现专业发展的外部环境。再次，要全面提升普通高中教师的职业地位，增强教师的职业幸福感。健全普通高中教师工资长效联动机制，核定绩效工资总量时统筹考虑当地公务员实际收入水平，确保普通高中教师平均工资收入水平不低于或高于当地公务员平均工资收入水平。健全普通高中教师工资激励机制，核定绩效工资总量要向艰苦边远地区、薄弱学校倾斜，并根据教师聘用和岗位等级情况核定学校绩效工资总量。要通过提高普通高中教师待遇等方式，吸引高素质青年加入教师队伍，增强教师队伍活力。最后，加强教师编制的统筹配备，省级管理部门和各地市要依据国家课程方案和课程标准规定的课时数，结合学校实际，科学测算普通高中各学科教职工编制需求。同时，要拓宽职称晋升渠道，并对高素质青年人才在职称评聘上给予适当倾斜，使青年教师有更多展示和发展自己的舞台，从而稳定教师队伍。此外，要完善教师考核评价制度，要制定普通高中教师绩效考核办法，突出教育教学实绩和师德考核，将新课程新教材实施和考试招生制度改革重点任务完成情况作为重要考核内容。

专题八　信息技术赋能

一、信息技术赋能河南省普通高中教育发展的主要举措和成效

教育数字化转型背景下，信息技术的迅猛发展正在塑造教育的未来。为加快河南省普通高中教育信息化建设工程，从推进河南省普通高中教育数字化转型的一系列政策、数字化赋能河南省普通高中教师的培养与培训、数字化赋能河南省普通高中学生学习、数字化赋能河南省普通高中教育课程、数字化赋能河南省普通高中教育管理以及数字化赋能河南省普通高中学校现代化建设六个方面展开探讨，深入分析河南省在推进高中教育高质量发展方面做出的有效举措，并从确保优质教育资源的普及共享、提升教师数字化素养与技能、实现学生全面均衡的发展以及提高教育公共服务质量四个方面总结河南省推进高中教育高质量发展的成效。

（一）主要举措

1.发布推进河南省普通高中教育数字化转型系列政策

自2000年起，河南省教育厅发布了一系列相关政策，以习近平新时代中国特色社会主义思想为指导，全面贯彻党的教育方针，落实立德树人根本任务，坚持问题和目标导向，立足河南实际，响应国家号召，着力进行基础教育数字化转型，加快普通高中教育现代化步伐，具体行动如下：

（1）全力推进高中教学点数字教育资源全覆盖项目，确保优质教育资源的广泛共享和深度应用

2006年6月，河南省安阳市召开农村中小学现代远程教育工作会议，强调将远程教育工程作为民心工程和德政工程，通过卫星和网络技术，将优质教育资源送到

农村,缩小城乡差距,促进教育均衡发展①;2014 年 5 月 8 日,河南省开展中小学教师信息技术应用案例资源征集工作,遴选一线教师在教育教学中应用信息技术的典型案例,为下一步开发信息技术应用能力培训课程资源、建立国家和省级教师教育课程资源库奠定基础②;2017 年 7 月 28 日,河南省教育厅提出《关于加强和改进中小学实验教学工作的意见》,并要求各学校开发有特色的校本实验项目和配套的教学资源,重视数字化实验仪器和现代信息技术的使用研究,掌握现代实验教学技能。③

(2)推进全省智慧教育体系建设和中小学数字校园行动,提升高中学校基础设施普及覆盖率

2018 年 12 月 14 日,为深入贯彻全国教育大会精神,全面落实教育信息化 2.0 行动计划,加快全省基础教育信息化进程,河南省教育厅制定了《河南省中小学数字校园评估标准(试行)》④;2022 年 12 月 15 日,河南省教育厅等十部门印发了《河南省"十四五"县域普通高中发展提升行动计划实施方案》,以加快县高中数字化校园建设,提升县高中教育信息化水平⑤;2023 年 1 月 31 日,为贯彻落实国家关于"互联网+教育"的部署要求,加快实施教育数字化战略行动,河南省教育厅印发《河南省中小学智慧教育平台建设与应用实施方案》,以推动学生学习方式、教师教学方式和教育治理模式变革。并指出到 2024 年底前,基本完成全省中小学智慧教育平台建设,全省基础教育数字化转型取得显著成效。⑥

---

① 河南省教育厅.河南大力缩小城乡"数字鸿沟"农村中小学现代远程教育工程今年再投 2 亿多元[EB/OL].(2006-06-09)[2023-09-21].https://jyt.henan.gov.cn/2006/06-09/1627279.html.

② 河南省教育厅.关于做好中小学幼儿园教师信息技术应用案例资源征集工作的通知[EB/OL].(2014-05-08)[2023-10-06].https://jyt.henan.gov.cn/2014/05-08/1655617.html.

③ 河南省教育厅.关于加强和改进中小学实验教学工作的意见[EB/OL].(2017-07-28)[2023-10-06].https://jyt.henan.gov.cn/2017/07-28/1663907.html.

④ 河南省教育厅.河南省中小学数字校园评估标准(试行)[EB/OL].(2018-12-14)[2023-10-06].jyj.luohe.gov.cn/u/cms/www/201904/280914565qnh.pdf.

⑤ 河南省教育厅.河南省教育厅等十部门关于印发《河南省"十四五"学前教育发展提升行动计划实施方案》和《河南省"十四五"县域普通高中发展提升行动计划实施方案》的通知[EB/OL].(2022-12-15)[2023-10-06].https://jyt.henan.gov.cn/2022/12-15/2657464.html.

⑥ 河南省教育厅.关于印发《河南省中小学智慧教育平台建设与应用实施方案》的通知[EB/OL].(2023-01-31)[2023-10-06].https://jyt.henan.gov.cn/2023/01-31/2681712.html.

(3)完善高中教师培训实施方案和支持服务体系,提高高中教师应用信息技术优化课堂教学的能力

2010 年 4 月,河南省教育厅制定并印发《河南省普通高中教师全员岗位培训实施方案》①,培训方式为网上远程培训。其中,教育技术能力的培训时长为 50 学时,占总学时的 20.8%,要求教师掌握新的教学技能和方法,全面提高教育教学、教学科研方面的综合素质是本次培训的重要目标之一;2015 年 12 月 22 日,河南省教育厅结合本省普通高中教师信息技术应用能力提升工程规划,制定《关于组织实施高中教师信息技术应用能力提升工程的通知》②,以提升本省高中教师应用信息技术优化课堂教学能力、应用信息技术转变学生学习方式能力、应用信息技术促进专业发展能力;2020 年 1 月 2 日,河南省教育厅制定《河南省中小学教师信息技术应用能力提升工程 2.0 实施方案》③,致力于构建以校为本、基于课堂、应用驱动、注重创新、精准测评的教师信息素养发展新机制。

(4)加大对试点单位的信息化指导力度,积极探索应用信息技术手段解决教育改革与发展的问题

2008 年 5 月,河南省第十一届人民代表大会常务委员会在召开的第三次会议上通过了《河南省信息化条例》,这是河南省首个关于信息化发展的地方性法规,是具有基本性和纲领性的重要文件;该条例的颁布实施标志着河南省信息化发展进入法治化和规范化的轨道,对河南省信息化发展具有里程碑意义④;2016 年 12 月 14 日,各项目承担单位根据《河南省教育信息化试点项目实施方案》⑤计划安排,勇于实践,大胆创新,探索了一系列常态化的信息化教育教学模式、管理模式和工作机制,形成了一大批信息技术应用典型,在全省基础教育信息化建设进程中发

① 河南省教育厅.关于印发《河南省普通高中教师全员岗位培训实施方案》的通知[EB/OL].(2010-04-27)[2023-09-21].https://jyt.henan.gov.cn/2010/04-27/1654108.html.

② 河南省教育厅.关于组织实施高中教师信息技术应用能力提升工程的通知[EB/OL].(2015-12-22)[2023-10-06].https://jyt.henan.gov.cn/2015/12-22/1603028.html.

③ 河南省教育厅.关于印发河南省中小学教师信息技术应用能力提升工程 2.0 实施方案的通知[EB/OL].(2020-01-02)[2023-10-06].https://jyt.henan.gov.cn/2020/01-02/1605105.html.

④ 康超.河南省城乡基础教育信息化比较研究[D].西北师范大学,2011.

⑤ 河南省教育厅.关于公布区域及中小学教育信息化试点项目验收结果的通知[EB/OL].(2016-12-14)[2023-10-06].https://jyt.henan.gov.cn/2016/12-14/1603546.html.

挥了重要的示范引领作用;2018 年 12 月 12 日,河南省教育厅发布《关于创建教育信息化 2.0 示范区的通知》①,提出通过努力,初步形成以教育信息化支撑和引领教育现代化的新形态,实现信息化教学应用覆盖全体教师、数字化学习应用覆盖全体中小学学生、数字校园建设和应用覆盖全体学校。

2.开展数字化赋能河南省普通高中教师的培养与培训

数字化时代,信息技术为高中教师培训注入了新的动力,也为教育体系带来了前所未有的机遇和挑战。河南省长期以来高度重视教师队伍建设,始终坚持将教师培训作为加强教师队伍建设最直接、最有力的抓手。教育数字化战略提出之后,河南省积极落实国家教育数字化战略新部署,锚定新时代教师培训高质量发展目标,着力推动教师培训数字化转型,充分利用数字技术使培训资源更集中,培训过程更自主,培训服务体系更加完善,持续推动教师培训提质增效,为广大教师构建培训环境新生态。具体行动如下:

(1)实施教师技术应用能力和人工智能素养提升工程,助力提升教师数字素养

中华人民共和国教育部于 2014 年印发《中小学教师信息技术应用能力标准(试行)》,落实教育规划纲要,构建教师队伍建设标准体系,全面提升中小学教师信息技术应用能力,促进信息技术与教育教学深度融合。② 2014 年,河南省教育厅组织实施高中教师信息技术应用能力提升工程,以提升我省高中教师应用信息技术优化课堂教学能力、应用信息技术转变学生学习方式能力、应用信息技术促进教师专业发展能力为主,采取网络研修与集中研讨、现场实践结合的混合式培训方式,依托“省培”“市培”“县培”“校本研修”等对我省高中教师进行不少于 100 学时的信息技术应用能力提升专项培训。③ 2023 年,河南省教育厅办公室发布了关于印发《2023 年教育信息化和网络安全工作要点》的通知,深入开展人工智能助推教

---

① 河南省教育厅.关于创建教育信息化 2.0 示范区的通知[EB/OL].(2018-12-12)[2023-10-06].https://jyt.henan.gov.cn/2018/12-12/1581142.html.

② 中华人民共和国教育部.教育部办公厅关于印发《中小学教师信息技术应用能力标准(试行)》的通知[EB/OL].(2014-05-28)[2023-10-05].http://www.moe.gov.cn/srcsite/A10/s6991/201405/t20140528_170123.html.

③ 河南省教育厅.关于组织实施高中教师信息技术应用能力提升工程的通知[EB/OL].(2015-12-22)[2023-10-05].https://jyt.henan.gov.cn/2015/12-22/1656499.html.

师队伍建设行动试点,旨在夯实基础教育的数字化转型根基。① 为进一步推动教师数字素养的提升,2023 年河南省教育厅《关于进一步加强和改进中小学人工智能教育的通知》中提出,加强人工智能教育师资队伍建设和开展人工智能教育教师的全员培训。整合高校、科研机构、社会力量等多方资源,通过联合联办等多种方式,逐步实现每校不少于 2 人的人工智能教育教师配置,打造满足全省人工智能教育需要的师资队伍。建立省、市、县(区)、校多层级培训机制,加快提升教师数字素养。②

(2)推进校园数字资源建设与教师数字化培训,建构优质教育资源与教育环境

2008 年至 2009 年,为提高教师实施新课程的能力和水平,各级培训部门围绕"通过培训使广大教师熟悉新课程、掌握新课程、驾驭新课程"的目标要求,坚持"先培训、后上岗,不培训、不上岗"的原则,开展了多层次、多形式、多样化的培训。通过远程网络方式,对全省广大高中教师进行全员通识培训、课标培训和教材培训,全省累计培训高中教师 10 万余名。③ 2013 年,河南省教育厅印发《教学点数字教育资源全覆盖项目实施方案》的通知,其中提到,教学点教师的信息技术能力培训是本次项目建设的重要内容之一,各地要根据"教学点数字教育资源全覆盖"建设进度,同步组织开展教学点教师应用能力培训,确保各教学点能够使用设备和资源开展教学,保证财政投入发挥最大效益。2018 年,为加快全省基础教育信息化进程,河南省教育厅印发了《河南省中小学数字校园评估标准(试行)》,标准中要求学校能组织教师参加相关部门开展的信息技术培训和教研活动,培训成绩达标后计入继续教育学分;主动开展校内数字校园建设与应用培训,提高教职员工的信息技术应用能力和信息素养。④

---

① 河南省教育厅.关于印发《2023 年教育信息化和网络安全工作要点》的通知[EB/OL].(2023-03-07)[2023-10-05].https://m.jyt.henan.gov.cn/2023/03-07/2702447.html.

② 河南省教育厅.关于进一步加强和改进中小学人工智能教育的通知[EB/OL].(2023-06-27)[2024-07-29].https://jyt.henan.gov.cn/2023/06-27/2768136.html.

③ 河南省教育厅.河南省委高校工委常务副书记、教育厅副厅长 李敏在全省普通高中课程改革工作推进会上的讲话[EB/OL].(2010-11-02)[2023-10-05].https://jyt.henan.gov.cn/2010/11-02/1654173.html.

④ 河南省教育厅.关于印发《河南省中小学数字校园评估标准(试行)》的通知[EB/OL].(2018-12-14)[2023-10-05].jyj.luohe.gov.cn/u/cms/www/201904/280914565qnh.pdf.

(3)关注乡村教育贫困与教师数字能力培训,促进教育公平与教育质量的提高

为更好地发挥互联网在教育精准扶贫、精准脱贫中的重要作用,补齐教育短板,消减“数字鸿沟”,河南省教育厅于2018年发布关于实施“网上结对 线上牵手”互联网+教育精准扶贫行动的意见。其中的重点任务之一为全面提升师生信息化素养:优先安排贫困地区中小学校教师和信息化管理团队参加国家及省市县组织的各类信息化培训。多层次、多学科、多方式开展名师远程课堂和网络协同教研相结合的“双师教学”模式教师培训,加强乡村教师信息化培训精准帮扶工作。鼓励结对学校双方教师组成协同教研共同体,通过网络研修加强集体备课、研课等教学交流,远程授课教师对乡村教师进行长期陪伴式培训,定向帮扶乡村教师提高专业化水平与信息技术应用能力。依托省基础教育资源中心,积极引入云计算、物联网、大数据、人工智能等前沿技术支持的应用场景和实训操作等通识资源,免费供师生使用,逐步提高师生信息化素养和视界。① 河南省于2022年底实施《河南省“十四五”县域普通高中发展提升行动计划实施方案》,该计划强调了高中教师的能力素质提升。首先,推进校长职级制改革,开展县域高中校长职级评定工作,旨在提高校长的教育管理能力和办学治校水平。其次,开展普通高中新课程培训,省级负责县域高中校长和教师的全员培训,市级负责市直高中校长和教师的全员培训。此外,为提高县域高中教师的能力素质,计划选派一批具备一定教学经验、管理能力和培养潜质的县域高中青年教师参加河南省的“万名中小学校长培训计划”,全面提升他们的教育理论素养和实践创新能力。②

3.出台数字化赋能河南省普通高中学生学习举措

教育部在2001年提出,要普及全国中小学信息化教育,以信息化推动教育现代化,从而实现我国基础教育阶段的跨越发展。要想利用信息技术教育实现学校教育改革和创新人才的培养,教师和学生都需要具备相应的信息素养,具有运用信息技术解决问题的能力。为了提升河南省高中学生的信息素养,各地区和学校需

① 河南省教育厅.关于实施“网上结对 线上牵手”互联网+教育精准扶贫行动的意见[EB/OL].(2018-08-06)[2023-10-05].https://jyt.henan.gov.cn/2018/08-06/1657961.html.

② 河南省教育厅.河南省教育厅等十部门关于印发《河南省“十四五”学前教育发展提升行动计划实施方案》和《河南省“十四五”县域普通高中发展提升行动计划实施方案》的通知[EB/OL].(2022-12-15)[2023-10-05].https://jyt.henan.gov.cn/2022/12-15/2657464.html.

充分利用信息技术赋能河南省高中学生的学习与培养,努力提高信息化水平,充分利用信息技术赋能教育教学、赋能校园建设、赋能学生学习,加快教育优质均衡发展,促进师生素养、学校管理水平的整体提升,培养能够适应"数智化"时代发展的学生。具体措施主要有:

(1)出台相关政策举措,加快培养学生自主学习能力

2013 年,为快速、高效、规范地推进河南省中小学信息化,结合我省实际,特编制《河南省中小学校数字校园建设标准(试行)》,提出数字校园建设要加强学生信息化应用能力建设,突出培养学生的自主学习能力、协作学习能力、探究学习能力。① 2018 年,河南省教育厅印发《河南省中小学数字校园评估标准(试行)》的通知,提出要全面提升师生信息素养,推动从技术应用向能力素质拓展。其中对学生信息素养的要求包括三个方面,即学习态度与思想意识、学习方式与技能、在教育评价方面倡导学生的发展性评价。2021 年,为贯彻落实教育信息化 2.0 行动计划,加快全省中小学数字校园建设进程,省教育厅发布了《河南省中小学数字校园评估标准(V2.0)》新文件。② 该评估标准的制定与发布,鼓励和激发中小学各学校智慧校园建设、教辅人员信息素养提升,尤其是全校师生信息素养的全面提升等,深入推进信息技术赋能教师教学以及学生的学习和培养。

(2)组织开展实践活动,全面提升学生科学和信息素养

2020 年 11 月 2 日,河南省中小学人工智能教育高峰论坛暨专题培训会在郑州开幕并顺利开展。会上,河南省教育厅党组成员、副厅长、一级巡视员刁玉华指出,人工智能赋能学生,将深刻改变学习方式,学生可以根据自己的需要随时随地安排和调整自己的学习内容,由"统一的课堂学习"变为"个性化的自主学习"。此外,他还提出,将以此次论坛为契机,积极探索符合河南省的智能教育发展路径,力争到 2025 年,将全省中小学人工智能教育全面铺开,初步完成中小学人工智能教育体系化建设,基本实现教学应用覆盖全体教师、学习应用覆盖全体适龄学生、数字校园建设覆盖全体学校,信息化应用水平和师生信息素养普遍提高,推动提升全省

① 河南省教育厅.关于印发《河南省中小学校数字校园建设标准(试行)》的通知[EB/OL].(2013-12-30)[2023-10-06].https://jyt.henan.gov.cn/2013/12-30/1661995.html.

② 河南省教育厅.关于印发河南省中小学数字校园评估标准(V2.0)的通知[EB/OL].(2021-07-12)[2023-10-06].https://jyt.henan.gov.cn/2021/07-12/2181424.html.

教育信息化整体水平。① 2023 年 6 月 21 日，第二十四届河南省学生信息素养提升实践活动科创实践类项目竞赛顺利举行。在开幕式上，河南省教育厅二级巡视员徐恒振表示，要把学生信息素养提升实践活动作为推进科学教育、培养创新品质的重要抓手，积极主动融入教育数字化发展新赛道，全面提升学生科学和信息素养。②

(3) 推进数字校园建设，全面提升学生信息化应用水平

2019 年，河南省周口市教体局出台 2019 年工作要点，确定教育信息化建设作为 2019 年度首批重点推进工作之一。要点中指出，数字校园建设要覆盖全体学校，要持续推动信息技术与教育深度融合，全面提升信息化应用水平和师生信息素养，构建一体化的“互联网+教育”大平台。③ 信息技术在学生的学习和培养中起到重要的推动和促进作用，对全面提升学生的信息素养、促进学生综合素质的发展、实现素质教育具有十分重大的意义。此外，河南省周口市出台《关于加快推进教育信息化建设工作的实施意见》，以“互联网+教育”引领支撑教育现代化、优质均衡发展。提出五个重点工作，包括建设智慧教学环境、构建智慧教学资源服务体系、开展以模式创新为核心的智慧应用、加大智慧型人才培养力度和注重特色创新，全面提升学生、教师、学校和资源等多方面的信息化水平，深入推进教育信息化建设的实施和发展。④

4. 实施数字化赋能河南省普通高中课程改革举措

河南省从 2001 年开始制定《河南省教育信息化发展规划》，以其为统领全面提高教育质量和效益、培养适应时代要求的创新人才，根据教育信息化发展的实际和未来需要，在基础教育信息化建设各个方面都做出了巨大努力。经过多年的建设和发展，教育管理信息化水平显著提高，信息技术与教育融合发展的水平显著提

---

① 河南省教育厅.全省中小学人工智能教育高峰论坛暨专题培训会召开[EB/OL].(2020-11-03)[2023-10-06].https://jyt.henan.gov.cn/2020/11-03/1884460.html.

② 河南省教育厅.第二十四届河南省学生信息素养提升实践活动科创实践类项目竞赛举行[EB/OL].(2023-06-21)[2023-10-06].https://jyt.henan.gov.cn/2023/06-21/2765112.html.

③ 河南省教育厅.周口市教体局“四抓”“四好”推进重点工作[EB/OL].(2019-04-18)[2023-10-06].https://jyt.henan.gov.cn/2019/04-18/1632843.html.

④ 河南省教育厅.信息化为周口教育高质量发展插上翅膀[EB/OL].(2019-06-14)[2023-10-06].https://jyt.henan.gov.cn/2019/06-14/1632868.html.

升,对教育改革和发展的支撑与引领作用充分显现。为进一步将信息技术与高中学科课程进行有效整合,具体措施如下:

(1)以课程改革为突破口,注重高中通用技术课程的实施

河南省教育厅于2009年规划发布了《河南省教育厅关于加强普通高中通用技术课程实施工作的意见》,从高中通用技术课程的管理实施、资源建设和教学评价三方面强调要充分认识开设通用技术课程的重要性。首先,各级教育行政部门要高度重视通用技术课程的实施工作,在经费投入、设施配备、队伍建设、资源开发、课程评价等方面提供必要保障,确保普通高中学校通用技术课程的顺利实施。其次,各普通高中学校通用技术课程实施工作由校长负责,并指定一名校领导具体负责落实。按相关文件要求,开全通用技术课程的两个必修模块,开足课时,并积极创造条件开设选修模块。最后,认真做好普通高中通用技术课程教学评价工作。根据我省普通高中通用技术课程开设现状,将通用技术课程学业水平考试列入考查科目,由学校负责组织实施。各级教育行政部门要督促、指导所属普通高中学校制定考查方案,考查方案和结果报教育主管部门备案。各普通高中学校要按照有关文件要求,认真做好通用技术课程学分认定、综合素质评定和学业水平考试等相关工作,加强对通用技术课程教学评价的过程管理,建立学生技术与设计活动档案。各级教育行政部门要把通用技术课程实施情况纳入普通高中学校教育教学工作评估范围,并把评估结果作为对学校考核的重要内容。①

(2)大力开发优质校本课程,促进信息化课程资源的普及共享

2017年,河南省普通高中网络课程联盟成立暨平台启动仪式在郑州举行,仪式上提出三点要求:一要建好用好河南省普通高中网络课程在线服务平台。利用优质教育资源,为各联盟学校普通高中学生提供网络选修课程,在此基础上,逐步扩大服务范围,为更多的普通高中尤其是薄弱学校师生提供帮助。二要逐步完善运行机制。联盟作为一个开放性、分享型、非营利性的学习共同体,成员单位之间互不具备行政指导力,如何调动大家的积极性、主动性和创造性,把自己最好的网络课程资源拿出来分享,是一个全新的课题,需要在实践中积极探索、逐步完善。

---

① 河南省教育厅.河南省教育厅关于加强普通高中通用技术课程实施工作的意见(2010—2020年)[EB/OL].(2009-07-03)[2023-09-21].https://jyt.henan.gov.cn/2009/07-03/1653994.html.

三要发挥好联盟的“种子”培训作用。要积极推动名师网络工作室建设，充分利用联盟单位的专家团队和名师资源，广泛开展网络教研培训，使新的教育理念、教育技术、教学方法在更多的教师群体中生根发芽，加快推动“城乡教育一体化，公共资源均等化”步伐，实现河南在线教育更大的创新突破。①

(3)优化高中网络课程结构，加强教育信息化基础设施建设

2010年河南省教育厅发布的《河南省中长期教育改革和发展规划纲要(2010—2020年)》中指出，将教育信息网络建设纳入全省信息化建设整体规划，融合先进技术，超前部署教育信息网络。积极创造条件，在中小学基本实现校校、班班多媒体教学。重点加强农村学校信息基础建设，缩小城乡数字化差距。建立覆盖各级各类教育机构的高速宽带，逐步构建标准统一、传输流畅、运行安全而又能够支持大规模、多制式、多功能的教育应用平台和远程服务系统，完善教育信息安全技术保障体系。② 随后，《河南省教育信息化十年发展规划(2011—2020年)》针对网络学习空间人人通工程指出，按照教师优先、经济发达地区优先、职业教育优先的原则，使每个教师、高校学生、中学学生和职业类院校学生，都有一个实名的网络学习空间，通过资源推送、网校选课、网校辅导、建立名师工作室等多种方式，加大优质资源的开发、推送与共享，使信息技术与教育的融合落实到每个教师的教学和每个学生的学习中。③ 2018年河南省教育厅办公室关于印发《2018年网络安全和信息化工作要点的通知》中也强调，要加快网络学习空间建设与应用。继续开展“一师一优课、一课一名师”活动；结合网上“晒课”和“优课”推荐，组织中小学教师看优课、学优课；健全网络教研制度，加快名师网络工作室建设，推进“三个课堂”的建设与应用，充分发挥“专递课堂”在教育扶贫、网络扶智中的作用。2023年河南省教育厅《关于进一步加强和改进中小学人工智能教育》的通知中提出，实施人工智能教育课程体系建设行动，落实在中小学设置人工智能相关课程的政策要求，

---

① 河南省教育厅.河南省普通高中网络课程联盟成立暨平台启动仪式举行[EB/OL].(2017-06-05)[2023-09-27].Https://jyt.henan.gov.cn/2017/06-05/1618446.html.

② 河南省教育厅.《河南省中长期教育改革和发展规划纲要(2010—2020年)》公布[EB/OL].(2013-09-18)[2023-09-22].Https://jyt.henan.gov.cn/2013/09-18/1702153.html.

③ 河南省教育厅.关于印发《河南省教育信息化十年发展规划(2011—2020年)》的通知[EB/OL].(2010-07-29)[2022-09-21].Https://jyt.henan.gov.cn/2012/10-23/1654492.html.

以发展学生人工智能素养为导向,强化顶层设计,规范课程研发。制定人工智能教育课程开展保障措施,确保课程开设制度化、规范化、常态化。①

5.实施数字化赋能河南省普通高中教育管理改革举措

数字化赋能教育管理转型升级,其本质是以新兴技术为主要手段,以信息数据为核心要素,将数字技术、数字思维应用于教育管理全过程,对教育管理、教育决策和教育服务的方式、流程、手段、工具等进行全方位、智能化、系统性功能重塑和流程再造。以信息技术赋能河南高中教育管理改革的举措有:

(1)创建完善的教育管理信息系统,提高高中教育管理公共服务质量

2012 年 8 月,河南省教育厅印发《河南省教育信息化十年发展规划(2011—2020 年)》,指出要整合信息资源,提升教育服务与监管能力,提高教育管理公共服务质量与水平,加快学校管理信息化进程,提高教育信息化公共安全保障能力。② 2018 年 3 月,河南省教育厅印发《2018 年网络安全和信息化工作要点》通知,提出要全面推进"互联网+教育",探索形成一批基于互联网的教育服务模式和基于大数据的教育治理新模式,要优化网络安全和信息化管理体制,加强集约管理。《通知》中还明确提出,根据省发改委关于省教育管理公共服务平台建设的批复要求和推进政务信息系统整合的部署安排,完善项目实施方案,2018 年底前完成省教育管理数据中心建设。③ 2022 年 5 月,河南省教育厅印发《河南省"十四五"教育信息化发展规划》,健全优化教育管理信息化体系,全面打通数据孤岛,提升教育数字化治理与服务能力。④ 2023 年 1 月,河南省教育厅印发《河南省中小学智慧教育平台建设与应用实施方案》的通知,提出中小学智慧教育平台要能够提高教育治理效能,提供监测数据支撑。⑤

① 河南省教育厅.关于进一步加强和改进中小学人工智能教育的通知[EB/OL].(2023-06-27)[2024-07-29].https://jyt.henan.gov.cn/2023/06-27/2768136.html.

② 河南省教育厅.河南省教育信息化十年发展规划(2011—2020 年)[EB/OL].(2012-10-23)[2023-10-06].https://jyt.henan.gov.cn/2012/10-23/1654492.html.

③ 周口职业技术学院.河南省教育厅办公室关于印发 2018 年网络安全和信息化工作要点的通知[EB/OL].(2018-03-21)[2023-10-06].https://2kvt.edu.cn/into/1033/2189.htm.

④ 河南省教育厅.关于印发《河南省"十四五"教育信息化发展规划》的通知[EB/OL].(2022-05-17)[2023-10-06].https://jyt.henan.gov.cn/2022/05-17/2450237.html.

⑤ 河南省教育厅.关于印发《河南省中小学智慧教育平台建设与应用实施方案》的通知[EB/OL].(2023-01-31)[2023-10-06].https://jyt.henan.gov.cn/2023/01-31/2681712.html.

(2)构建数字化教育科研管理服务平台，推动高中科研资源优化配置

数字化教育科研管理平台是数字化教育平台的延伸应用，创建并实施数字化教育科研管理平台可以营造适宜的工作环境，让研究成为教师的工作常态，规范和引领学校科研管理工作，提高教师的教学效率，推进教育科研高质量发展。构建数字化教育科研管理新生态，首先，探索科研管理新制度，建立三级管理体系，为实现数字化管理提供基础保障。教育科学规划领导小组负责协调、解决全市科研机构发展建设中的重大问题。领导小组下设教育科学规划领导小组办公室（以下简称“规划办”），作为日常办事机构。规划办既是教育科研机构的管理部门，也是教育科研数字化管理规划与运行管理者（县区规划办是二级管理单位；学校教育科研工作委员会是三级管理单位）和数字化管理的依托单位，承担科研机构的建设和发展任务。其次，出台管理方法，健全管理制度，引领教育科研数字化管理科学发展。制定校级课题立项管理制度以及课题立项逐级申报制度，实现各级课题公示制度和有效认证制度，建立基于平台的教育科研管理激励制度。最后，构建数字化教育科研管理服务平台。收集整理科研管理服务中的各类数据，依靠科研课题、优秀成果、研究团队及人才数据建立关联模块，实现科研数据多样化统计和大数据分析。

(3)整校提升信息技术应用能力，加快高中教育信息化建设的进程

河南省教育厅关于印发《河南省中小学教师信息技术应用能力提升工程 2.0 实施方案》的通知中提到，要立足整校推进，形成整校提升信息技术应用能力的校本模式。组建校长领衔的学校信息化管理团队，围绕学校教育教学改革发展目标，制定并落实学校信息化发展规划，制定校本研修主题，指导教师开展基于课堂教学的信息技术应用能力培训，组织校本应用考核评价，提升学校管理团队信息化发展规划领导力和信息化指导能力。[illegible]信息技术应用能力的校本研修新机制，整校推进，全员参与，以问题为导向，立足应用信息技术解决课堂教学实际问题，提升教师应用信息技术解决学情分析、教学设计、学法指导、学业评价等问题的能力，有效提高教育教学质量。①

① 河南省教育厅.关于印发河南省中小学教师信息技术应用能力提升工程2.0实施方案的通知［EB/OL］.（2019-12-27）［2023-09-23］.https：//jyt.henan.gov.cn/2020/01-02/1658588.html.

6.出台数字化赋能河南省普通高中现代化建设举措

教育是提高人民思想道德素质和科学文化素质的基本途径,是发展科学技术和培养人才的基础工程。实施科教兴国战略,建设现代化数字校园是真正实现教育优质资源共享的战略保证。学校信息化建设与应用是教育信息化的主阵地。加强各级各类学校信息基础设施建设和信息化应用,是教育信息化工作的重要任务。河南省在信息技术赋能河南高中教育学校的现代化建设方面做出了积极努力,主要有:

(1)缩小城乡“数字鸿沟”,推进数字校园标准化建设

针对城乡学校之间的“数字鸿沟”,在安阳市召开的河南省农村中小学现代远程教育工作会议上,河南省副省长王菊梅反复强调,一定要把农村中小学现代远程教育工程作为民心工程、德政工程,通过卫星传播技术、网络技术,把优质教育资源送到农村,以缩小城乡差距,促进城乡教育均衡发展。① 在《河南省教育信息化十年发展规划(2011—2020年)》学校信息化建设与应用能力提升行动一章中提到,中小学校和中等职业学校应推进数字校园标准化建设。首先,制定中小学校和中等职业学校数字校园建设标准,采用政府推动、示范引领、重点支持、分步实施的方式,推进中小学校、幼儿园、中等职业类学校加强网络等基础设施建设。其次,推进教育信息化试点校和区域综合试点建设。以促进教育公平为重点,提高教育质量为核心,选择不同经济社会发展和教育发展水平的区域,不同类型和层次的学校,开展教育信息化建设与应用试点,建设一批教育信息化创新与改革试点校、一批教育信息化创新与改革实验区。通过试点校和实验区的建设,探索思路,积累经验,完善机制。鼓励企业和社会力量参与试点工作,鼓励教育发展水平不同的学校结对参与试点工作。②

(2)深入开发教育资源,升级学校信息化软硬件配置

2022年5月,河南省教育厅印发的《河南省“十四五”教育信息化发展规划》中

---

① 河南省教育厅.河南大力缩小城乡“数字鸿沟”农村中小学现代远程教育工程今年再投2亿多元[EB/OL].(2006-06-09)[2025-01-21].https://jyt.henan.gov.cn/2006/06-09/1627279.html.

② 河南省教育厅.河南省教育信息化十年发展规划(2011—2020年)[EB/OL].(2012-10-23)[2023-09-22].https://jyt.henan.gov.cn/2012/10-23/1654492.html.

提出，立足教育发展新阶段，着力健全教育新型基础设施，促进信息技术与教育教学融合创新，打造教育服务新业态，推动教育数字化转型。到 2025 年，建成全省教育专网和教育云体系，形成云网融合的信息网络支撑环境；建成省级“互联网+教育”大平台，实现数据互通、资源共享、业务协同；建成融合贯通的数字教育资源公共服务体系，使师生时时处处获得优质资源的意愿得到满足。健全优化教育管理信息化体系，全面打通数据孤岛，提升教育数字化治理与服务能力。构建新时代信息化能力素养培训体系、多层次网络安全保障体系和教育监测与评价体系。提升终端设备配置水平。提升普通教室、专用教室和实习实训室数字化教学装备配置水平，在用教室全部配置多媒体教学设备，信息技术教室能满足课程开设需求。建设基于人工智能技术，具备教学行为感知、学情统计分析和课堂交互协作的智能化教室和基于虚拟现实（VR）、增强现实（AR）、物联和智能技术的各类实验室、实训室，提高云终端配置比例。支持各地结合实际情况，为师生提供符合技术标准和教学要求的智能终端。①

（3）完成学校宽带网络接入任务，增强学校网络安全

2019 年，河南省教育厅、河南省通信管理局转发教育部办公厅工业和信息化部办公厅《关于开展学校联网攻坚行动的通知》中指出，首先，加快完成中小学校宽带网络接入任务，务必于 2019 年 8 月底前全部完成学校宽带网络接入。各地通管办负责组织当地基础电信企业，优化完善学校宽带网络接入设施。其次，全面落实教育部、工业和信息化部关于学校提速降费的有关政策。全省各基础电信运营公司要按照《基础电信企业支持方案》，结合我省实际，认真制定提速降费专项工作方案，细化各项优惠政策措施。② 在增强学校网络安全方面，各级各类学校成立网络安全和信息化组织协调机构，负责全校网络安全和信息化的统筹规划、管理协调与资金调配等。学校应设立“信息化建设与管理办公室”“数字化建设与管理办公室”“信息化管理中心”等具有行政管理职能的专（兼）职机构，具体负责信息化

① 河南省教育厅.关于印发《河南省“十四五”教育信息化发展规划》的通知[EB/OL].(2022-04-26)[2023-10-05].https://jyt.henan.gov.cn/2022/05-17/2450237.html.

② 河南省教育厅.河南省教育厅河南省通信管理局转发教育部办公厅工业和信息化部办公厅关于开展学校联网攻坚行动的通知[EB/OL].(2019-02-01)[2023-09-22].https://jyt.henan.gov.cn/2019/02-01/1658245.html.

发展规划拟制、政策标准拟定、项目审核管理、运维服务保障等工作。

(二)取得成效

1.推进学校教学点数字教育资源全覆盖项目,确保优质教育资源的普及共享

河南省基础教育资源网依托国家基础教育资源库,建成了具有河南特色的拥有较大数量的基础教育教学资源。此网络通过同步课堂、名师讲堂、名校网络课堂等多种方式,将优质教育资源推送到每一个班级。仅2013年就已经开发出版了《名师同步课堂》《中小学班会指南》《中小学书法教学》《河南地理知识博览》等一系列约5000学时的多媒体教材,组织引进《美丽中国》《中国通史》等一批高质量的电子教材,改变了传统教学黑板加粉笔的方式,课堂教学逐步被图文并茂的多媒体教材所取代。同时,还开发了"河南历史文化博览"等5000余学时的网络资源,丰富了网络资源内容;引进了700余种电子期刊和理化生仿真实验系统软件和工具软件,使网络课程资源更加实用;审定上传教师课件、课例等本土资源一万多件,使基础教育资源网逐步成为教师备课、网络教研、经验交流的重要阵地。①

2.加快实施教师信息技术应用能力提升工程,提升高中教师数字素养与技能

河南省教育厅通过实施"中小学教师信息技术应用能力提升工程2.0"②,为教师提供了更加系统和完善的培训和支持,使他们能够更好地适应数字化教育的需求。特别是在高中教师方面,通过混合式培训方式和具体的专项培训计划,提升了高中教师应用信息技术的能力,促进了课堂教学方式的转变和学生学习方式的优化。通过深入开展人工智能助推教师队伍建设行动试点,进一步引领教师在人工智能教育方面的专业发展。同时,《中小学教师信息技术应用能力标准(试行)》的印发和落实,规范了教师在教育教学和专业发展中应用信息技术的准则,推动了中小学教师信息技术应用能力的全面提升和信息技术与教育教学的深度融合。③

---

① 邵水潮.河南省基础教育信息化发展的现状与思考[J].数字教育,2015(01):46-50.

② 中华人民共和国教育部.教育部发布《关于实施全国中小学教师信息技术应用能力提升工程2.0的意见》构建教师信息素养发展新机制[EB/OL].(2019-04-03)[2023-10-05].http://www.moe.gov.cn/jyb_xwfb/s5147/201904/t20190403_376571.html.

③ 中华人民共和国教育部.教育部办公厅关于印发《中小学教师信息技术应用能力标准(试行)》的通知[EB/OL].(2014-05-28)[2023-10-05].http://www.moe.gov.cn/srcsite/A10/s6991/201405/t20140528_170123.html.

3.开展学生实践能力和信息素养联合培养活动,实现学生全面均衡发展

河南省郑州市金水区教育局大力推进学校标准化建设,加快教育优质均衡发展。开展依托“1+3”教育信息化发展模式,总投资6.8亿元实施智慧教育项目,推进教育教学与信息技术融合创新、师生信息素养提升等四大工程。全面实施优质素质教育,加强“五育并举”,有效培养学生终身运动习惯、艺术素养和劳动习惯,促进学生德、智、体、美、劳全面发展。① 河南省孟州市以“四个一体化”为抓手,推进义务教育优质均衡发展。大力开展体育、艺术、科技和劳动实践等主题教育,十分注重学生实践能力和信息素养的培养,促进学生全面发展。截至2022年12月,孟州市建成人工智能实验校20所,组建人工智能学生社团72个。②

4.健全优化数字化智慧教育教学管理平台体系,提高教育公共服务质量

紧密结合教育工作实际,在教育系统平台开展腾讯智慧教育平台应用工作,打造“智慧教育系统”。规范学校班级群使用,构建安全、高效、精准、规范的家校沟通模式。为保障智慧教育平台的有效应用,电教馆组织专业人员开展线上、线下培训共计十余场,有效提升了教育系统平台的办公效率和教师队伍的信息化水平。建成基于数字校园的教育教学应用系统:校园监控系统、IP校园广播系统、班班通多媒体系统、智慧课堂网络支持系统、无线互联网服务系统、高清视频课堂录直播系统以及集学生考勤、图书借阅和餐饮消费的一卡通系统等。

5.加快数字化智慧校园和人工智能教育基地建设,助力高中教育高质量发展

2013年年初,河南省有28个市县和学校入选教育部第一批教育信息化试点单位。河南省郑州市第十二中学现有软硬件建设已达到了创建数字化校园的环境要求。在郑州市教育局支持下,2020年暑假实施光纤改造工程,实现了各栋楼之间的光纤连接,完成网络中心机房改造工程,升级到1000兆带宽级别,更新了交换机和服务器。借助光纤改造,在综合楼成立了基于光纤的数据链路中心,保障了该校网络安全,并实现了校园监控系统、IP校园广播系统、智慧课堂网络支持系统、班班通多媒体网络等系统的多网合一。在教育信息化应用终端建设方面,建设了服

---

① 河南省教育厅.金水区教育局:大力推进学校标准化建设 加快教育优质均衡发展[EB/OL].(2022-12-27)[2023-10-06].https://jyt.henan.gov.cn/2022/11-24/2645314.html.

② 河南省教育厅.孟州市:“四位一体”推进义务教育优质均衡发展[EB/OL].(2022-12-24)[2023-10-06].http://jyt.henan.gov.cn/2022/12-24/2661699.html.

务于学生个性化学习的智慧课堂学习终端,包括智慧黑板和 iPad;服务于师生校园学习的应用终端,包括基于物联网的图书数字设备和基于互联网的高清画屏和触摸一体机。郑州三十四中的“翻转课堂”等成果已经在全国引起广泛关注,郑州二中的“泛在学习”经验受到了教育部副部长杜占元的高度评价,在国际性会议上介绍了其经验,得到了与会代表的充分肯定。此外,教育部公布的中小学人工智能教育基地名单中,全国共 184 所中小学入选。其中,河南省实验中学等 6 所河南中小学上榜。①

二、信息技术赋能河南省普通高中教育发展面临的主要困境

当前教育数字化转型背景下,信息技术正在塑造教育的未来。自 2000 年起,河南省教育厅发布并落实了一系列相关政策和举措,加快了河南省普通高中教育信息化进程,但在实施过程中仍存在一些问题,阻碍着信息技术赋能河南省普通高中教育的发展,具体包括:河南省普通高中教育教师数字素养水平有待提升、河南省普通高中教育学生信息素养水平有待提高、信息技术赋能河南省普通高中教育课程改革有待深入、河南省普通高中学校信息化建设与应用水平有待提升,这些严重制约了河南省普通高中教育信息化建设的进程。

(一)河南省普通高中教育教师数字素养水平有待提升

数字化时代,信息技术为高中教师发展注入了新的动力,为教育体系带来了前所未有的机遇和挑战。新一轮信息技术革命与世界经济、社会各个领域的深入融合,催生出“教师数字素养”概念,即教师在数字环境中取得成功所需的一系列相关技能。在数字时代,政府与相关部门需不断适应和采纳新的教育技术,以确保河南高中教师在教育领域发展中保持领先地位。教师作为人才的培育者,数字工作的推动者,教师数字素养的提升对于实现教育现代化、提升基础教育的质量具有十分重要的意义。然而,在推进教育数字化过程中,存在诸多挑战和障碍,例如教师

① 河南省人民政府.河南省 6 所学校入选教育部中小学人工智能教育基地名单[EB/OL].(2024-01-23)[2024-07-29].https://www.henan.gov.cn/2024/01-23/2890970.html.

培训机会和资源支持不足，信息技术与教育教学融合有限，教师对数字化教学理念认识不到位等问题，这些都阻碍了河南省普通高中教育信息化建设进程。

1.高中教师培训机会和资源支持不足

河南省长期以来高度重视教师队伍建设，始终坚持将教师培训作为加强教师队伍建设最直接、最有力的抓手。教育数字化战略提出之后，河南省积极落实国家教育数字化战略新部署，锚定新时代教师培训高质量发展目标，着力推动教师培训数字化转型，充分利用数字技术赋能培训资源更集中，培训过程更自主，培训服务体系更加完善，持续推动教师培训提质增效，为广大教师构建培训环境新生态。随着信息技术与教育领域深度融合发展，对高中教师发展支持服务体系建设将更加关注。虽然高中会开展教师信息技术应用培训，但大多只是流于形式，未能根据信息技术的发展及时更新，导致大多数教师数字素养的提高效果有限。首先，学校对信息技术课程重视程度不够，在应试教育为主流的情况下大多数学校重视分数，轻视其他学科，所以会出现信息技术课程可以被随意挪用的情况。其次，资源分布不均也是制约信息技术发展的一大因素。信息技术的发展依赖于相关设备的支持，而在省域内资源分布不均，经济发展水平差距较大，所以基础设施分布差异较大也成为制约教师数字素养发展的一大因素。最后，教师主动性不够，教师本身对信息素养重视程度不够，对数字化教学理念认识不到位，未充分放大信息化教学的优势。因此，相关部门和学校首先要重视信息技术的发展，为广大教师提供机会和平台，其次要充分利用人工智能等新技术赋能教师专业发展，积极探索人工智能与教师队伍建设深度融合的新模式和新路径，另外教师要主动使用信息技术进行信息化教学，不断提高信息素养。

2.信息技术与教育教学融合有限

教师数字素养是教师适当利用数字技术获取、加工、使用、管理和评价数字信息和资源，发现、分析和解决教育教学问题，优化、创新和变革教育教学活动而具有的意识、能力和责任。随着大数据、物联网、人工智能、5G 等技术的相继出现，信息技术走进教育领域。为贯彻落实党的二十大重要精神、扎实推进实施国家教育数字化战略行动和完善教育信息化标准体系，教育部于 2022 年发布了《教师数字素养》行业标准，从教师数字化意识、数字技术知识与技能、数字化应用、数字社会责任、专业发展五个维度诠释了提升教师数字素养的要求。此外，教育部部长怀进鹏指出,下一步数字教育要致力于培养一大批具备数字素养的教师,加强教师队伍建设,将人工智能技术融入教育教学和管理的全过程、全环节。① 因此,高中教师应具备利用数字技术开展数字化教学的实践能力,注重人工智能能力的培养,不断提升自身的数字素养。实现信息技术与课程的深度融合是未来教学发展的关键。首先,教师主动意识缺乏,在教学中不能主动利用信息技术教学,信息素养不够,提升高中教师的数字素养使其能够满足高中教育教学发展的需要。其次,新一代人工智能工具在教育中的应用可以帮助教师完成重复且烦琐的教学任务,为教师节省大量时间,让教师更加专注于教育教学上,但是,由于教师对数字化教学工具不够熟悉,导致教师不能熟练运用数字化教学工具教学,不能有效地将数字化资源用于教学。最后,部分教师不能充分了解高中学生的学习需求和习惯,从而不能结合学生的学习需求设计出能提高学生学习积极性的数字化教学模式,教学质量不高。因此,教师要了解学生个性特点和学习需求,从学生出发,设计融合信息技术与其他学科的新型课堂模式。

3.教师对数字化教学理念认识不到位

首先,虽然有些高中教师具备数字化教学意识,但缺乏积极的心态推进教学改革,对数字化教学理念的认识不到位,主要表现为“不用”“怕用”和“难用”。部分教师习惯运用传统教学方式,对利用信息技术开展教学存在抵触心理,未充分学习研究数字化教学,有些教师只是在常规教学环境中使用线上教学平台,较少借助信息技术来管理学生,以及与学生开展课堂以外的日常互动,也缺乏信息技术辅助课堂教学活动的意愿。其次,是一些教师认为一个学期的课时较少,觉得只要把教学内容讲清楚、说明白就行,不需要更多数字化教学手段,开展数字化教学可能无法完成正常教学任务,担心造成教学事故而无法承担相应的后果。最后,一些教师认为开展数字化教学缺少学校的行政支持和激励机制,因此缺乏数字化教学的强烈动力,对数字化教学不够重视,对学校组织的信息技术方面的培训敷衍应付。

4.数字化教学整体支持和服务体系尚未形成

从高中教师视角来看,高中学校缺乏对教师团队开展数字化教学的充分支持。

① 中华人民共和国教育部.十四届全国人大二次会议举行民生主题记者会,教育部部长怀进鹏回答记者提高厚植人民幸福之本 夯实国家富强之基[EB/OL].(2024-03-10)[2024-05-05].http://www.moe.gov.cn/jyb_xwfb/55147/202403/t20240310_1119485.html.

首先,多数培训项目采用讲座的形式,不同教龄、专业技术背景、学段、数字化水平的教师经常在一起培训,培训内容重复、陈旧且缺乏针对性,未能根据信息技术的发展及时更新,导致教师数字素养的提高效果有限。其次,教师缺乏支持开展数字化教学的教育信息化资源和教学资源平台,开展数字化教学实践的经费来源也不稳定,导致教师无法完全投入数字化教学改革。最后,教师面临职称评定等职业发展的压力,数字素养虽然是教师必备的核心素养,但目前尚未建立与之相应的科学评价体系与激励机制,教师对提高数字素养的重视度不足。从学校视角来看,校园环境中普遍缺乏应用数字技术交流的氛围,不利于教师养成自觉利用多种数字技术开展工作、交流情感与学习成长的习惯。部分学校领导对开展数字化教学不够重视,在经费方面缺少对数字化教学硬件条件的支持,如数字教学场所滞后,教室多媒体设备陈旧、缺乏可用于教学活动的新技术和教学资源平台等。学校数字化教学整体支持和服务体系尚未形成,无法为教师数字素养的提升提供足够支撑。

(二)河南省普通高中教育学生数字素养水平有待提高

在数字技术高速发展的情况下,国家越来越重视中小学生数字素养的培养和提升。在创新型国家发展战略中,作为一种契合数字时代需求的教育实践,数字素养教育日益受到国家重视。学生数字素养水平的高低是教育数字化转型进程的直接体现,所以,关注并提升高中学生数字素养水平对于推动河南省普通高中教育信息化建设进程有重要意义。然而,目前高中学生数字素养的培养仍存在学生数字素养培育生态构建不完善、学生数字应用技能培育资源与场景缺失、学生数字化专业技能培育乏力以及学生数字素养评估体系有待完善等问题。

1.学生数字素养培育生态构建不完善

兼容数字技术的工具性和人文性并实现高度统一的价值理性是学生数字素养培育的最终目标,这必然会涉及数字技术本身及与其联结的多元育人主体之间的融合。目前,学校对学生数字素养的培育体系中还没有充分重视社会参与,多元育人主体间也缺乏紧密的联结互动,导致各育人主体功能发挥受限,成为学生数字素养培育可持续发展的掣肘。首先,高中学生数字素养的培育具有阶段性和终身性的特点,需要对教学目标、实践目标和发展目标进行整体设计,并实现学生在学校、社会的接续培养,完成整个人才培养链的价值传递、增值和最大化。因此,学生数字素养的培育是一个复杂的系统工程,不仅需要学校、政府的参与,还需要发挥社会的独特作用。其次,政府、学校和社会的协作不足,制约了学生数字素养培育的可持续发展。总体来看,学生数字素养培育多元主体良性互动格局尚未形成,无法形成协同耦合的培育合力,不利于学生数字素养培育的可持续发展。最后,基于“数字素养”的学生信息技术课程体系不够完善。信息技术教师在开展课堂教学活动时应基于“数字素养”,科学运用信息技术手段,积极改变传统课堂教学模式,在教学中巧妙地为学生搭建一座自主学习的平台,在培养学生自主学习能力的同时帮助学生对教学内容加深理解记忆,掌握正确的学习方法,进一步提高教学效果。

2.学生数字应用技能培育的资源与场景缺失

首先,资源不足制约了学生数字素养的提高。数字素养需要多种资源,如计算机设备、图书馆资源和在线学习平台,但河南省的一些学校可能会出现资源短缺的问题,尤其是在数字化信息素养这方面,例如基于人工智能技术的智慧教学工具。其次,数字素养课程的设计与学科课程的设计之间存在差异,这容易导致数字素养类课程内容与学科知识融合不紧密。最后,该类课程由专门的数字素养教师来授课,然而,这些教师可能缺乏对学科知识的深刻理解。这意味着数字素养类课程的内容和重点可能与学科课程的内容和要求不匹配,导致学生在学科知识和数字素养技能之间的脱节。针对以上问题,首先要善于发掘和利用教材等资源,例如,信息技术教材的后面都有一张配套光盘,教师应利用配套光盘中的素材资源合理设计教学活动,进而有计划、有目的地培养和调动学生学习的积极性。其次,要充分利用网络资源和人工智能等新兴技术作为教学工具。互联网有非常强大的储存功能,蕴含着大量的资源,在教学时,教师要以学生的需求为出发点,以满足学生的需求为目的,在互联网上收集所需资源,并将收集到的资源融入课堂教学活动中,丰富课堂内容。同时,教师需具备熟练使用人工智能等技术辅助教学的能力,以人工智能为代表的新一代技术能够有效整合优质学习资源,根据学生的个性化学习需求进行有效教学,破解地域限制导致的教育不均衡问题,缩小教育数字鸿沟,提高教学效果,让课堂教学更加高效。最后,学校和教师可以充分利用人工智能技术,在高中信息技术课堂实施人工智能教育,重点培养学生对半结构化问题和非结构化问题的解决，通过多角度、多层次的思维活动，提升学生的批判性思维和创新意识①。

3.学生数字化专业技能培育乏力

数字技术所导致的海量信息和知识链的快速扩充，为学生学习提供了无边界的学习场，利用信息技术进行自我赋能成为学生数字素养形成的基础。然而，现阶段数字技术与教育教学仅是简单叠加，没有实现深度嵌入和耦合，这也成为制约学生数字素养培育发展的因素之一。首先，教师数字化能力不足，无法支撑学生数字化专业技能提升。当前，学生数字素养培育面临着学习资源跨界重组和教学组合管理方式调整的重大挑战。教师数字化能力成为数字技术与教育教学实践深度融合的关键，直接影响到学生数字素养培育的质效。其次，目前教师的数字化教学认知和意识、数字技术使用及数字化教学设计与组织等能力和素养仍然滞后。许多教师将数字技术窄化为教学的辅助工具，数字技术并没有深度融入教学内容、教学组织、教学模式的创新和变革中，无法满足学生对各种数字技术特点、数字技术与特定专业领域知识技能融合的学习需求。最后，在数字时代，学生获取数字技术知识和技能的方式和手段正在发生根本性转变，人机结合的认知方式和泛在性学习成为学生学习的新常态。这要求数字教育教学具备易获取性、交互性、学习环境情景性和个性化的特征。然而，受学校的数字化水平、传统学科专业设置和“学校—教师—学生”单向管理模式等因素的限制，数字技术并没有全方位、全过程渗透到教育教学中。主要表现在：数字技术与学科课程融合存在学科壁垒；多样化数字教育资源、虚实融合学习情景，以及联结多元学习者协作的交流空间开发不足；个性化和精准化服务不完善，无法为学生提供跨学科、跨时空、跨模态的教学空间和情景，制约了学生人机结合认知和思维方式的形成，以及学生利用数字技术进行多样化、开放化、实时化、个性化学习方式的转变。

4.学生数字素养评估体系有待完善

为了加快实现信息技术和不同领域的深层次融合，加大科学利用信息技术方法和工具解决实际问题，在理解信息技术对社会发展影响的基础上，实现个性化创新。在为未来社会培养具备数字素养与技能的人才时，为了促使学生能够快速适

---

① 张雷.人工智能教育在高中信息技术课堂的实施[J].学周刊，2024(24)：77-79.

应信息化社会,将其培养成新时代的劳动者和创造者至关重要。同时,为了提高信息化社会发展程度,培养有责任、有担当、有涵养的新一代“数字公民”,将学生培养成信息社会的生产者非常重要。尽管数字素养研究范围与层次在逐渐系统化、体系化,但数字素养能力评价却始终有所欠缺,数字中国发展亟须制定明晰的数字素养评估体系。随着时代的发展,教育信息化评估由以技术环境和数字资源为核心逐渐转变为以学习发展和保障机制为导向,对于学习者能力的评估尤为重要。相较于技术环境与数字资源,对学习者与社会公民数字素养能力的评估更难观测量化,故需要基于数据价值进行增值性评价探索:一方面,借助物理感知、情境识别、数字画像等智能技术,对学习者数字行为能力与数字素养进行多模态呈现与深度挖掘,给予及时反馈的同时,由智能适应系统提供数字素养提升专属方案;另一方面,以数字素养内涵框架及培育目标为评估的参考依据,对社会公民数字学习、数字工作、数字生活全过程、多维度进行增值探索性评价,实现评价促进数字素养框架内涵的迭代与全社会数字素养技能的提升。

(三)信息技术赋能河南省普通高中教育课程改革有待深入

现代信息技术赋能课程是促进我国教育改革的重要内容,是响应我国教育信息化的重要举措。《国家中长期教育改革与发展规划纲要(2010—2020年)》提出:“信息技术对教育发展具有革命性影响,必须予以高度重视。”①信息技术赋能高中教育课程,就是要把信息技术渗入到高中课堂教学中,使现代信息技术真正成为教师、学生自主使用的认知和探究新知识的手段,从而丰富学生的学习方式,促进学生进行有效学习,提高学生学习的深度和层次,提高教学效率,使教学和信息技术完全融为一体,以实现高质量教学。但由于学科特点不同、教师信息技术应用能力有限、学校信息化建设及应用水平不够等原因,导致信息技术与高中教育课程融合不够深入,信息技术赋能高中教育课程改革仍需持续推进。主要体现在以下四个方面:学校对高中通用技术课程的实施关注度不够;学校信息化课程资源的开发及普及程度不足;学校网络课程结构及基础设施建设亟待优化;学校教育数字化服务

① 中华人民共和国教育部.国家中长期教育改革和发展规划纲要(2010—2020年)[EB/OL].(2010-07-29)[2023-09-21].http://www.moe.gov.cn/srcsite/A01/s7048/201007/t20100729_171904.html.

平台迫切需要建立健全。

1.学校对高中通用技术课程的实施关注度不够

通用技术课程作为高中教育的重要组成部分,旨在培养学生的创新精神和实践能力,提升学生的综合素质。然而,学校在开展通用技术课程时存在一些问题,导致学校对高中通用技术课程的关注度不够高。首先,部分学校对通用技术课程的重要性认识不足,将其视为次要或辅助课程,从而在资源配置、课时安排等方面给予的关注不足。但是通用技术课程的开展需要相应的实验设备、实践场地等教学资源的支持,而资金、场地等诸多因素的限制,导致了很多学校没有充足的教学资源,影响了课程的实施效果。其次,通用技术课程涉及多个领域的知识和技能,对教师的专业素养要求较高。然而,目前很多学校缺乏专业的通用技术教师,教学质量难以保证。此外,当前高中通用技术课程的评价体系尚不完善,缺乏科学、合理的评价标准和方法。这导致学校和教师难以准确评估学生的学习成果,也难以发现教学中存在的问题。最后,受到应试导向的影响,在高考指挥棒下,学校和教师往往更加关注与高考密切相关的学科,而对通用技术课程等"非高考科目"的关注度不足。这导致学生在通用技术课程上的投入时间和精力有限,难以充分体验和实践。

2.学校信息化课程资源的开发及普及程度不足

河南省普通高中学校信息化课程资源的开发及普及程度不足,影响着河南省普通高中教育质量的提升和学生的全面发展。究其原因,首先是资金和技术的支持不足。开发和维护信息化课程资源需要相应的资金和技术支持,一些学校可能由于经费紧张或技术能力不足而难以有效推进。其次是教师信息素养有限。教师的信息技术应用能力和信息素养直接影响信息化课程资源的开发和使用。如果教师的信息技术水平不高,就难以有效地利用和开发信息化课程资源。最后是资源开发和整合复杂且困难。信息化课程资源的开发和整合需要多个部门之间的合作与协调,但在实际操作中可能存在困难,导致资源的开发和整合进度缓慢。

3.学校网络课程结构及基础设施建设亟待优化

一是技术的快速发展与课程的滞后性。随着人工智能等信息技术的快速发展,新的教育工具、平台和教学理念不断涌现。然而,许多学校的网络课程结构未能跟上这一步伐,导致课程内容、教学方式和评估手段相对滞后,无法满足学生和社会的新需求。二是学生需求的个性化和多样化。学生的需求和兴趣日益多样化,他们对网络课程的要求也越来越高。如果学校的网络课程结构过于单一、缺乏灵活性,就难以满足学生的个性化学习需求,从而影响他们的学习积极性和学习效果。三是当前网络课程缺乏互动性和实践性。许多网络课程仍然以传统的讲授式教学为主,缺乏互动性和实践性。这种教学方式容易使学生感到枯燥无味,难以激发他们的学习兴趣和动力。优化网络课程结构,增加互动性和实践性元素,可以帮助学生更好地理解和掌握知识,提高学习效果。四是课程内容的系统性和连贯性不足。一些学校的网络课程在内容编排上缺乏系统性和连贯性,导致学生在学习过程中难以形成完整的知识体系。优化网络课程结构,确保课程内容之间的有机联系和递进关系,有助于学生更好地理解和掌握知识,提高他们的学习效率。五是评估体系不够完善。许多学校的网络课程评估体系仍然以传统的考试为主,缺乏对学生学习过程、学习态度和学习能力的全面评估。优化网络课程结构,建立完善的评估体系,可以帮助学生更好地了解自己的学习情况,及时调整学习策略,提高学习效果。

4.学校教育数字化服务平台迫切需要建立健全

需基于当前教育数字化发展趋势的实际需求建立健全教育数字化服务平台。首先,建立健全教育数字化服务平台,平台可以整合和优化教育资源,提供丰富多样的在线学习材料和教学工具,以满足学生个性化学习需求,从而提升教育质量。通过数字化服务平台,可以将优质的教育资源辐射到更广泛的地区,特别是偏远地区和农村学校,打破地域限制,促进教育公平。其次,数字化服务平台可以提供家校互动的功能,让家长能够更方便地了解孩子的学习情况,与教师进行沟通和交流,共同促进孩子的成长和发展。最后,随着信息技术的飞速发展,教育领域也面临着数字化转型的挑战。建立健全学校教育数字化服务平台,是推进教育信息化发展的重要举措。通过数字化服务平台的建设和应用,可以推动教育理念、教学内容、教学方法和教学手段的创新和变革,有助于学校更好地应对数字化转型带来的挑战,提高教育教学的效率和效果。建立健全学校教育数字化服务平台是当前教育发展的重要任务之一,需要学校、政府和社会各界的共同努力和支持。

(四)河南省普通高中学校信息化建设与应用水平有待提升

学校信息化建设与应用是教育信息化的主阵地。加强各级各类学校信息基础设施建设和信息化应用,是教育信息化工作的重要任务。尽管河南省在信息技术赋能河南省普通高中教育学校的现代化建设方面已经做出了诸多努力,但在推进数字校园标准化建设过程中仍存在学校信息化建设与应用水平不足的问题。主要体现在以下四个方面:城乡学校之间存在"数字鸿沟";学校信息化软硬件配置需要升级;学校网络安全意识及其保护措施仍需加强;学校教育教学环境的智能化水平有待提高。

1.城乡学校之间存在"数字鸿沟"

我国已进入教育信息化 2.0 时代,以信息化发展更加公平而有质量的教育是新时代的内涵①,也是教育信息化改革的内在要求。但是,城乡学校之间仍然存在"数字鸿沟"。一边是城市学校拥有校园网,一边是农村学校信息闭塞,先进的教育理念和教学方法"春风不度玉门关"。随着信息技术不断发展,网络基础设施日益完善,许多研究的关注焦点不再仅仅是技术设备的差异,而是从微观视角关注到人与技术的交互影响,例如不同群体操作使用网络信息技术水平上的差异、使用网络媒体时间长短的差异,还有使用网络应用类型的差异以及不同社会群体利用网络获取知识的能力差异②,城乡学校之间的差异除了设备差异,还包括技术使用者的能力、素养等方面的差异。因此,在城乡、校际和阶层区隔之下需要慎重考虑和理性审视信息技术带来的"数字鸿沟"问题。

2.学校信息化软硬件配置需要升级

教育资源是教育信息化建设的重要组成部分。深入开发教育资源,实现资源共享是实现教育公平的必然要求。尽管目前河南省普通高中学校信息化基础设施日益完善,但是许多学校信息化软硬件配置仍然需要升级,如果学校仅仅依靠当前的信息化基础设施配置,已经无法满足学生和教师追求更加信息化教学的要求,影

---

① 胡钦太,刘丽清,丁娜.教育公平视域中在线教育的困境与出路[J].中国电化教育,2020(08):14-21.

② 刘玉君,张德祥.在线学习能促进教育公平吗?——疫情期间中小学在线学习"数字鸿沟"的实证研究[J].基础教育,2022(02):58-68.

响河南省教育数字化转型进程。因此,需要在确保学校硬件设备达到一定的标准后,相关部门及学校自身要重视配套的教育软件资源的开发,力求做到信息化教育软硬件建设的同步进行,从而充分发挥教育信息化的作用。

3.学校网络安全意识及其保护措施仍需加强

随着人工智能等技术的飞速发展,网络攻击手段也变得越来越复杂和隐蔽,学校网络安全面临着越来越多的挑战。① 首先,学生行为的不可预测性是学校网络安全面临的挑战之一。学生是网络使用的主要群体之一,但他们的网络行为往往难以预测和控制。一些学生可能会因好奇心或无知而点击不明链接、下载恶意软件或泄露个人信息,从而给学校网络带来安全风险。其次,学校网络存储着大量的敏感信息,包括学生的个人信息、考试成绩、课程表等。这些信息一旦泄露或被篡改,不仅会对学生的个人隐私造成侵害,还可能对学校的教学和管理造成严重影响。尽管学校已经开始重视网络安全教育,但许多师生仍然缺乏足够的网络安全意识。他们可能不了解其潜在的风险,不知道如何防范网络攻击,也不知道如何保护自己的个人信息。最后,学校网络通常包括多个子系统,如教学管理系统、图书馆系统、校园一卡通系统等。这些系统之间的数据交换和共享需要确保安全,但管理起来却非常复杂。此外,学校网络还可能涉及多个部门和人员,如何协调各方资源、确保网络安全也成为一个挑战。因此,为了保障学校网络的稳定运行和师生信息的安全,学校必须继续加强网络安全意识教育,提高师生对网络安全的认识和防范能力。同时,学校还需要建立完善的网络安全保护机制,对人工智能带来的教育公平、人性化互动缺乏、算法歧视、隐私泄露等伦理问题采取多种技术手段和管理措施来确保其应用于教育的安全性、稳定性及透明性。

4.学校教育教学环境的智能化水平有待提高

为持续推进河南省教育信息化进程,推动教育数字化转型,学校教育教学环境的智能化水平也要逐步提升。首先,由于技术更新十分迅速,新的教学工具、平台和软件不断涌现,但是许多学校由于资金、资源或人员限制,无法及时引进和更新这些技术,智能化教学设备的普及率较低。这可能导致一些学校无法提供足够的

---

① 兰国帅,杜水莲,宋帆,等.生成式人工智能教育:关键争议,促进方法与未来议题——UNESCO《生成式人工智能教育和研究应用指南》报告要点与思考[J].开放教育研究,2023,29(06):15-26.

智能化教学环境,从而限制了学生的学习机会和发展潜力,导致教育教学环境的智能化水平相对滞后。其次,尽管智能化教学工具能够提高教学效率和质量,但许多教师可能缺乏相关的技能和知识来有效地使用这些工具。他们需要接受培训和教育,以便更好地利用这些工具进行教学,提高智能化教学水平。而且,学生群体对智能化教学工具的接受程度各不相同。一些学生可能更容易适应和接受新的教学方式,而另一些学生可能需要更多的时间和帮助来适应这种变化。因此,学校在推广智能化教学时还需要考虑学生的实际情况和需求。最后,技术和教学的融合不足。智能化教学不仅仅是引入新技术,更重要的是将技术与教学有效融合。然而,在实际操作中,许多学校可能只是简单地将新技术引入教学环境中,而没有充分考虑如何将其与教学内容、教学方法和学生需求相结合,以实现更好的教学效果。因此,为了提高学校教育教学环境的智能化水平,政府、学校和社会应加大对智能化教学环境的投入,以提高整个教育系统的智能化水平。

三、信息技术赋能河南省普通高中教育发展的未来展望

随着信息技术的飞速发展,河南的普通高中教育正迎来前所未有的变革机遇。我们可以从政策、教师、学生、课程、管理、学校六个角度,对信息技术赋能河南省普通高中教育发展的未来,进行以下展望。

(一)信息技术驱动河南省普通高中教育信息化发展

近年来,河南省政府高度重视教育信息化工作,出台了一系列政策文件,为普通高中教育信息化发展提供了明确的方向和支持。信息技术赋能河南省普通高中教育发展具有重要意义。政策制定者应从基础设施、资源、课程、数字能力与素养等方面分析和制定国家教育政策,构建智慧教育新生态。① 未来河南省将继续加大基础设施建设投入、加强数字资源建设与管理、提升教师信息技术应用能力、深化信息技术与教育教学融合以及强化政策保障与监管等措施来推动教育信息化的

① 刘德建,曾海军,黄璐璐,等.智慧教育让全民享有终身学习机会——基于 2023 全球智慧教育大会观点[J].电化教育研究,2024(05):98-105.

发展。相信在不久的将来河南省普通高中教育信息化水平将得到进一步提升,为实现教育现代化和建设教育强省奠定坚实基础。同时我们也期待有更多的创新政策出台为河南省的教育事业注入新的活力。

1.加大基础设施建设投入

未来,河南省将继续加大基础设施建设投入,特别是针对普通高中教育领域。政策将鼓励和支持学校加快校园网全光网改造和无线网络全覆盖,提高网络带宽和稳定性,确保师生能够流畅地使用各类教育信息化应用。同时,政策还将推动物联网、大数据、人工智能等新技术在校园的广泛应用,为教育教学提供有力支撑。

2.加强数字资源建设与管理

数字资源是教育信息化的重要组成部分。未来,河南省将加强数字资源建设与管理,推动数字资源的共建共享和优质资源的整合。政策将支持购买或使用符合条件的社会化、市场化优质在线课程资源,鼓励学校和在线教育企业的优质教育资源向薄弱地区免费或优惠开放。同时,政策还将加强数字资源的质量监管和版权保护,确保师生能够获取到高质量、合法的数字资源。

3.提升教师信息技术应用能力

教师是教育信息化应用的主体。未来,河南省将进一步提升教师的信息技术应用能力,使其成为推动教育信息化发展的关键力量。政府将实施"教师信息技术应用能力提升工程",通过培训、实践等方式提高教师的信息技术素养和应用能力。同时,政府还将鼓励教师参与信息技术与教育教学的融合创新实践,推动教学模式和学习方式的变革。

4.深化信息技术与教育教学融合

深化信息技术与教育教学的融合是教育信息化的核心目标。未来,河南省将加强信息技术在教育教学中的应用推广,推动线上线下混合式教学、网络合作教研等新模式的发展。政府将鼓励学校开展智慧课堂、翻转课堂等新型教学模式的探索与实践,提高教学效率和质量。同时,政府还将加强信息技术在评价监测、管理服务等方面的应用,提升教育管理的科学化、精细化水平。

5.强化政策保障与监管

政策保障与监管是教育信息化发展的有力保障。未来,河南省将加强政策保障和监管力度,确保各项政策的有效实施。政府将建立健全教育信息化发展考核评价机制,定期对学校的教育信息化发展情况进行评估和考核。同时,政府还将加强网络安全防护体系建设,提高教育信息化应用的安全性和稳定性。

(二)信息技术赋能河南省普通高中教育教师培养与培训

随着信息技术的飞速发展,其在教育领域的应用日益广泛,为教育带来了颠覆性的变革。教师作为教育教学的关键力量,在信息技术赋能的过程中扮演着重要角色。未来,教师将更加注重信息技术的应用,利用信息技术手段创新教学方式,提高学生的学习兴趣和积极性。同时,不仅需要提升教师的信息技术应用能力,还需要提升教师整合技术的学科教学知识(TPACK)能力,探索"互联网+"时代的教师专业发展新模式,从而更好地适应"互联网+教育"的需求。① 此外,应构建教师信息技术应用能力评价体系。加强教师之间的合作与交流,通过线上线下的方式共同研究教育教学问题,分享教学经验和方法,推动教育教学的不断进步。最后,应加强信息技术在教育领域的研究和创新,为河南省普通高中教育的发展提供有力的技术支撑和智力支持。

1.加强教师信息技术应用能力培训

未来,河南省应进一步加强教师信息技术应用能力培训,提高教师的数字素养和应用能力。培训内容应包括信息技术基础知识、常用软件操作、网络教学资源获取与应用等方面。同时,培训形式应多样化,包括线上培训、线下实践、校本研修等,以满足不同教师的需求。

2.推动信息技术与教育教学深度融合

为了更好地发挥信息技术在教育教学中的作用,河南省应推动信息技术与教育教学的深度融合。这包括鼓励教师利用信息技术开展教学模式创新、探索新型评价方式、提高课堂互动性等。同时,还应加强信息技术在教育教学管理中的应用,如学生信息管理、教学资源管理、教学评价管理等,提高教育管理的效率和科学性。

3.建立教师信息技术应用能力评价体系

为了激励教师积极学习和应用信息技术,河南省应构建教师信息技术应用能

① 饶爱京,万昆,任友群.优质均衡视角下县域基础教育信息化发展策略[J].中国电化教育,2019(08):37-43.

力评价体系。该体系应包括教师信息技术应用能力标准、评价方法和奖惩机制等方面。通过定期评价和奖惩激励,促使教师不断提升自身的信息技术应用能力,以更好地应用于数字化教学。

4.鼓励教师参与信息技术研究与应用项目

为了推动信息技术在教育领域的应用和发展,河南省应鼓励教师参与信息技术研究与应用项目。通过项目合作和实践,教师可以更深入地了解信息技术在教学中的应用价值和潜力,掌握更多先进的信息技术工具和方法。同时,项目合作还可以促进教师之间的交流和合作,形成共同学习和进步的良好氛围。

5.支持教师在教育领域研究创新信息技术

为了更好地适应信息技术在教育领域的发展趋势和需求,河南省应加强信息技术在教育领域的研究和创新。这包括关注新技术在教育领域的应用前景、探索新技术与教育教学深度融合的路径和方法、研究新技术对教育评价和管理的影响等方面。通过不断地研究和创新,为河南省普通高中教育的发展提供有力的技术支撑和智力支持。

(三)信息技术赋能河南省普通高中学生学习与培养

信息技术的引入为河南省普通高中学生的学习带来了前所未有的机遇与挑战。学生是教育的主体,也是信息技术教育应用的主要受益者。在信息技术的赋能下,学生的学习方式将发生深刻变化。未来,河南省普通高中应充分利用信息技术手段,为学生构建智能化的学习环境、整合多元化的学习资源、推广自主学习模式、培养跨学科学习能力和终身学习意识。这将有助于提升学生的学习效果和综合素质,为他们的未来发展奠定坚实的基础。

1.智能化学习环境的构建

未来,河南省普通高中将致力于构建智能化的学习环境,为学生提供更加便捷、高效的学习支持。通过引入物联网、人工智能等先进技术,实现教学设备的智能化管理和控制,为师生提供更加舒适、安全的学习环境,未来强人工智能将通过对学生学习目标的智能规划、教学材料的智能生成、师生教与学状态的智能识别、智能交流辅导等实现教育数字化和智能化,从而弥补传统教学中教师受精力限制难以兼顾学生个体差异的不足①,同时,智能化的学习环境还能够根据学生的学习情况和需求,为他们提供个性化的学习资源和教学策略,帮助他们更好地实现学习目标。

2.多元化学习资源的整合

信息技术的发展为学生提供了丰富多样的学习资源。未来,河南省普通高中将加强对多元化学习资源的整合和优化,为学生提供更加全面、优质的学习资源。学校可以通过与在线教育机构、图书馆等合作,引入更多优质的在线课程和图书资源;同时,学校还可以利用自身的教学资源,开发具有地方特色的课程和资源,为学生提供更加贴近实际、具有实用性的学习内容。

3.学生自主学习模式的推广

信息技术的发展为学生提供了更多自主学习的机会。未来,河南省普通高中将积极推广自主学习模式,鼓励学生利用信息技术进行自主学习。学校可以通过开设自主学习课程、提供自主学习平台等方式,引导学生掌握自主学习的方法和技巧;同时,学校还可以加强对学生自主学习的监督和指导,确保学生能够在自主学习的过程中取得良好的学习效果。

4.跨学科学习能力的培养

信息技术的发展为跨学科学习提供了更多可能。未来,河南省普通高中将注重培养学生的跨学科学习能力,帮助他们建立跨学科的知识体系。学校可以通过开设跨学科课程、组织跨学科实践活动等方式,引导学生将不同学科的知识和技能进行融合和应用;同时,学校还可以加强与其他学校的合作与交流,共同开展跨学科学习项目和研究活动,为学生提供更加广阔的视野和学习机会。

5.终身学习意识的培养

信息技术的发展使得终身学习成为可能。未来,河南省普通高中将注重培养学生的终身学习意识,引导他们树立终身学习的观念。学校可以通过开设信息素养课程、引导学生使用数字化学习工具等方式,帮助学生掌握终身学习所需的数字技能和学习方法;同时,学校还可以加强对学生终身学习的指导,为他们提供持续

① 廖剑,许邯郸,刘明,等.数智分身:人工智能时代教师本位人机共教模式[J].现代远程教育研究,2024,36(04):85-93.

的学习资源,帮助他们不断适应社会发展的需求。

(四)信息技术赋能河南省普通高中课程改革与转型

信息技术赋能课程教学改革,需要促进信息技术与学校课程、教学、评价、空间、队伍建设等要素的深度融合,不断探索数字环境中的新课程、新教学、新评价、新空间、新治理等,形成数字技术全面支持的教育发展新生态。① 未来,河南省普通高中应充分利用信息技术手段,赋能河南高中教育课程改革,科学制定建设应用行动策略、坚持重点突破与系统深化、突破多模态学习资源瓶颈、建立双向驱动评价新范式以及转向关注课堂的课例研究方面,推动课程教学深化改革。

1.科学制定建设应用行动策略

河南省高中教育推进课程教学改革的工作重点和方向是要尊重学生主体地位,发挥教师主导作用,注重启发式、互动式、探究式教学,克服单纯教师讲学生听、教知识学知识等现象,引导学生主动思考、积极提问、自主探究。改革教学评价方式,充分利用人工智能和大数据技术,加强过程性与增值性评价,注重发挥教学评价的引导、诊断、改进与激励作用。

2.坚持重点突破与系统深化

在推进高中教育数字化课程教学改革落地实施中,河南省普通高中应当坚持以下几方面的行动策略:一是坚持以推动课程教学改革为主要任务,要围绕课程与教学这一关键环节和任务展开,推进数字技术与教育教学的深度融合。二是抓好利用数据这一关键点,以教育数据平台和智能分析引擎,作为学校治理、教学实践、教研评价等教育业务场景全面数字化转型的路径。三是坚持高中教师队伍建设同步发展,以教师数字化素养提升为切入点,推动区域和学校教学改革常态化开展等。

3.突破多模态学习资源瓶颈

教学是课程实施的基本途径,是提升学校教育质量的中心环节。信息技术赋能课程教学场景面临多模态学习资源匮乏、学习者状态感知多集中于理论设计、多模态学习资源推荐效果不理想的瓶颈。河南省普通高中需要因地制宜规划学校课

① 王海洋.数字化如何赋能课程教学改革[N].中国教育报,2023-12-11.

程教学改革，注重增强教学的综合性、实践性与选择性，满足学生多样化学习需求。

4.建立双向驱动评价新范式

当前学生评价的实践需求主要聚集在学生综合评价，重点涉及知识图谱、学习分析等技术的应用。河南省高中学生综合评价要构建以核心素养为底座的学生全面发展理论模型与指标体系，依托常态化教与学信息化应用所采集的学生客观行为、身心发展和结果数据，积极探索形成各指标与多模态数据的关联映射关系，从而建立起理论指导技术应用、技术应用优化理论模型的双向驱动评价新范式。

5.转向关注课堂的课例研究

教研是教师教学质量提升和教师专业成长的重要机制。当前基于视频图像分析的课例研究正成为一种趋势，它既为课例研究提供视频证据，同时也使传统的定性评课转向叙事评课，使教师本位的课例研究转向关注课堂教学分析的课例研究。

（五）信息技术赋能河南省普通高中教育管理改革与转型

普通高中教育是建设高质量教育体系的重要环节，是教育强国建设的重要基础。信息技术赋能河南高中教育管理需以制度创新为着力点，深化普通高中特色化发展：一是重塑多元主体关系，激发普通高中特色化发展积极性；二是调整利益格局，优化普通高中特色化发展制度环境；三是深化评价改革，创新普通高中特色化发展育人模式。① 推动互联网、大数据、人工智能、第五代移动通信等新兴技术与教育教学深度融合，利用新兴技术更新教育理念、变革教育模式，对教育管理、教育决策和教育服务的方式、流程、手段、工具等进行全方位、智能化、系统性功能重塑和流程再造。健全优化教育管理信息化体系，全面打通数据孤岛，提升教育数字化治理与服务能力。②

1.建立互联互通的统一平台

信息技术赋能河南省普通高中教育管理改革与转型，首先需要建设符合国家

---

① 黄丽静，朱敬.我国普通高中建设制度变迁脉络、逻辑与路向[J].教学与管理，2024(10)：7-12.

② 河南省教育厅.关于印发《河南省加快教育新型基础设施建设专项行动方案(2023—2025年)》的通知[EB/OL].(2023-10-31)[2024-05-09].https://jyt.henan.gov.cn/2023/10-31/2839064.html.

标准规范的、统一的信息数字化平台,从而实现平台统一、标准统一、用户管理统一以及信息资源的分布式储存和检索统一,实现资源与信息纵向、横向贯通。

2.推动信息数字化校园建设

要以现代教育理论为依据,以促进教师专业发展为前提,以促进信息技术与学科深度融合为核心,以有效支持教育教学创新、教育均衡为根本目的,开展信息数字化校园建设与应用。创新校园管理新场景、新方式、新机制,让信息技术在智慧校园的建设中发挥应有的能量,推动建设整体协同、高效运行、精准服务、科学管理的教育管理现代化治理模式。

3.共建共享数字化教育资源

整合河南省高中学校校内资源及外部资源进行共建共享、协同发展,全面推动应用。建立并逐步完善教育信息资源,建设共建共享激励机制,保障信息资源建设工作持续、高效地向前发展。

4.推进高中教育管理智能化

以种子教师示范引领来推动其他教师的应用,以优秀教师和优秀学生的智慧物化来促进教学质量整体提升、均衡发展。促进学校基础设施网络化、教育管理智能化、师生发展智慧化、课程整合创新化以及教育信息化的均衡发展,实现智能化工作环境整合升级。

5.建立数据安全保障体系

河南省高中教育需严格按照国家网络与信息安全的要求,制定信息数字化智慧校园建设管理规范,建立有效的安全保障体系和规范的安全管理体系,保护个人隐私和数据安全。面对数字化转型过程中出现的数据安全风险、算法风险、数字技术教学运用失范风险等问题,要坚持法治与伦理并举。① 高中学校应将此项目纳入学校重点工作,提供建设资金,专款专用,以保障项目的实施。

(六)信息技术赋能河南省普通高中学校现代化建设

为深入实施教育数字化战略行动,构建高质量教育支撑体系,助力教育强省建

① 黄景文,肖彩彩,欧启忠.基础教育数字化转型之“变”与“不变”[J].教学与管理,2024(22):6-10.

设,到 2025 年,要基本形成结构优化、集约高效、安全可靠的教育新型基础设施体系,并通过迭代升级、更新完善和持续建设,实现长期、全面的发展。建设全省教育专网和教育云体系,形成云网融合的信息网络支撑环境;建成省级“互联网+教育”大平台;实现数据互通、资源共享、业务协同。加快河南普通高中数字化转型,推动各级各类学校数字校园全覆盖,支持有条件的学校建成智慧校园。建成融会贯通的数字教育资源公共服务体系,师生时时处处获得优质资源的意愿得到满足。未来行动展望如下:

1.建设全省教育专网和教育云体系

充分利用国家和我省公共通信资源,按照分级负责原则,建成由省级主干网、市县教育网和学校校园网组成的全省教育专网,覆盖各级各类学校和其他教育机构,推动网址、域名和用户的统一管理。加强教育专网和电子政务外网、互联网等公共网络的互联互通,优化教育专网网内、网间互访质量,为高中学校提供快速、稳定、绿色、安全的网络服务。依托各级政务云、各基础电信运营企业行业云等云资源,构建教育云支撑体系,淘汰整合教育行政部门和学校“低小散旧”的数据中心。

2.建成省级“互联网+教育”大平台

建设省级“互联网+教育”政务服务一体化平台,部署教育管理服务业务平台、数据平台、可信认证体系和大数据仓,建成全省教育数字治理的共享底座,制定教育基础数据、业务数据、数据交换等标准规范体系。以省“互联网+教育”政务服务一体化平台为枢纽,推进河南省高中教育管理平台、资源平台和第三方应用的深度聚合,并与省一体化政务服务平台实质性联通,实现平台互联、数据互通、资源共享、业务协同,构建“互联网+教育”大平台。

3.推动各类学校数字校园全覆盖

未来持续提升高中学校普通教室、专用教室和实习实训教室数字化教学装备配置水平,所有教室全部配置多媒体教学设备,信息技术教室能满足课程开设需求。建设基于人工智能技术,具备教学行为感知、学情统计分析和课堂交互协作的智能化教室和基于虚拟现实(VR)、增强现实(AR)、物联和智能技术的各类实验室、实训室,提高云终端配置比例。

4.优化优质数字教育资源配置

加快河南省高中教育专业教学资源库建设,建设涵盖专业人才培养方案、专业课程体系、课程教学资源等开放资源,形成一批校企协同、特色鲜明、资源丰富的示范性虚拟仿真实训基地。政府、学校应与社会企业等多主体联动,加强数字教育基础设施建设。① 积极汇集河南省内外数字图书馆、数字博物馆、数字科技馆等资源,为高中师生提供海量的优质资源和精准服务。建立数据质量监管和评估机制,提高数据的真实性、准确性、规范性和一致性。创新教育大数据应用,支撑教育科学决策、精准管理和高效服务。

5.建成数字教育资源公共服务体系

依托省一体化政务服务平台,推动业务管理与公共服务全程网上办理,实现"一窗受理、一网通办",推动基于大数据、人工智能的教育督导。分级建设网络安全态势感知平台,实现平台联动对接、信息实时共享。健全网络安全信息通报、共享和报告机制,强化在漏洞收集验证、安全风险感知方面的协同。

① 甘健侯,杨超,周菊香.数字化赋能中国式教育现代化的内涵意蕴、内在逻辑与路向设计[J].中国远程教育,2024(07):5-14.